本著作获广西师范大学马克思主义学院学术著作出版资助

广西哲学社会科学规划研究课题"当代新兴食物技术的伦理问题研究"
（项目编号：21BZX002）阶段性成果

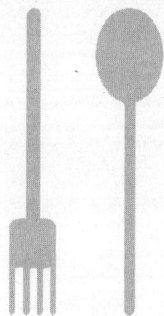

味道伦理学

食物消费的道德

［丹］克里斯蒂安·科夫 / 著

练新颜 / 译

GUANGXI NORMAL UNIVERSITY PRESS
广西师范大学出版社
·桂林·

著作权合同登记号桂图登字：20-2022-224 号

图书在版编目（CIP）数据

味道伦理学：食物消费的道德 / （丹）克里斯蒂安
•科夫著；练新颜译. --桂林：广西师范大学出版社，
2022.10
　　书名原文: The Taste for Ethics: An Ethic of Food
Consumption
　　ISBN 978-7-5598-5491-9

　　Ⅰ．①味… Ⅱ．①克… ②练… Ⅲ．①伦理学
－关系－食品－消费－研究 Ⅳ．①F768.2②B82-059

中国版本图书馆 CIP 数据核字（2022）第 192322 号

广西师范大学出版社出版发行

（广西桂林市五里店路 9 号　邮政编码：541004 ）
网址：http://www.bbtpress.com
出版人：黄轩庄
全国新华书店经销
广西瑞丰印务有限公司印刷
（南宁市望州路北四里 2 号　邮政编码：530012）
开本：889 mm ×1 240 mm　1/32
印张：11.375　　　字数：250 千
2022 年 10 月第 1 版　　2022 年 10 月第 1 次印刷
定价：68.00 元

如发现印装质量问题，影响阅读，请与出版社发行部门联系调换。

中文版译者序

丹麦哲学教授彼得·坎普（Peter Kemp）把克里斯蒂安·科夫（Christian Coff）的著作《味道伦理学：食物消费的道德》誉为"伦理学的新起点"，因为科夫的著作把伦理学拓展到食物的生产和选择的责任领域。其实，关于食物生产领域的伦理思考在学界已经有了比较成熟的理论，比如农业伦理、动物福利伦理等。在我看来，科夫真正拓展的"新起点"是对选择食物的消费者的伦理探讨和反思。为什么消费者的伦理是一个"新起点"？在人们的传统观念里，消费者似乎没有责任保障食物生产系统的道德实施，反而是生产者有责任和义务保证其提供给消费者的食物达到安全标准，并有义务不断完善自身的生产设施和条件以满足员工福利、环境保护、动物保护等方面的法律和监管要求。许多国家的政府把监管的重点放在生产端，其制定的相关安全标准和环境、动物保护等管理规定，往往是针对生产方，消费者几乎无须对此负责。消费者被认为是处在"孩子"状态的一方，对市场上的食物

没有太多鉴赏力和判断力，很容易被外界伤害，需要被保护。由
此，消费者的力量和责任被忽视了。科夫告诉我们，其实消费者
并没有那么"无辜"，在某种意义上，消费者是当前食物消费伦理
困境的"同谋"——因为消费者对食物生产的历史采取一种冷漠
的态度，以利己主义为中心，一心只想得到廉价的食物，从而导致
整个食物生产环境的恶化，一些注重生产伦理的农场或销售商反
而因为遵守伦理而被挤出了市场。科夫提出了"消费者政治"的
概念，他认为消费者在影响食物系统和食物环境方面是非常有效
的力量，消费者对某种产品的抵制或支持、对某一品牌的认知都
对食物系统有影响力。当然，要实现消费者在食物上的"政治权
力"并不是一件容易的事，其中最关键的是"知情选择"。消费者
要花一定的时间和精力去了解食物生产的历史，只有在充分了解
食物生产历史的基础上，才能做出符合道德的判断和选择。

　　我认为，科夫的著作之所以成为"伦理学的新起点"还有另一
个重要的原因，就是把食物哲学建立在更广泛的基础上。在传统
的伦理中，饮食是每个人的"私事"，其中体现着一些个人的美德，
如节制、尊重自然、仁爱等。食物伦理并不是传统的哲学家和社
会学家的关注点。在启蒙运动以来的理性主义传统下，饮食属于
比理性、精神低一级的基本的生理范畴，哲学家总是对食物采取
一种忽视的态度，食物被认为是非理性的、非反思性的、平庸的、
没有意义的，甚至是对精神和理性的困扰——我们只有摆脱食物
和饮食的困扰，才能更好地思考。正是传统伦理学上的缺位，导
致科学基本上成为今天食物伦理学最重要的基础。我在即将发
表的文章《食物环境伦理的科学主义误区》中指出，现代食物伦理

特别是食物环境伦理无论在规定什么是"好食物",还是在规范"如何促进食物系统的善"方面,都是以科学为基础的。食物伦理过度依赖科学作为基础,从而把伦理问题变成了科学问题,变成了用科学量化和技术手段去解决问题。食物环境伦理的"科学主义"误区将会导致道德上的选择困难、对目前的食物环境伦理的解构以及人作为道德主体地位的降低。可以说,当前我们面临的绝大部分食物伦理困境都是科学技术发展过于迅猛而使人们试图用科学技术来解决伦理问题导致的。所以,科夫提倡食物伦理学的考量应该建立在更广泛的基础上,从"什么是食物""什么是好食物"开始思考,到"我们应该吃什么""我们应该怎样分配食物""我们应该怎么吃",再到对"人—食物—自然"关系的反思。为什么要将食物伦理建立在科夫提到的自然史、解释学、现象学、科学技术哲学、人类学、社会学等学科的基础上?科夫反复强调,食物伦理是为了自己和他人的美好生活,而不仅仅是营养学意义上的"健康"。食物既涉及人与自然的关系——因为我们每天和自然最亲密的接触就是通过食物来实现,又涉及人与人之间的关系——聚餐有着强大的社交能力,食物能拉近人与人之间的距离;食物既涉及历史背景和社会环境——食物的消费总是在一定的历史背景和社会环境中进行的,某种意义上食物是一个人身份认定、自我理解和社会地位展示的手段,又涉及审美和品位——经过加工的食物体现了烹饪美学,食物的自然状态也有审美价值。食物具有这样复杂的背景和关系,这是科学无法处理的领域。那么,对食物的考量应该从什么地方开始?科夫主张,我们可以从追溯和了解食物的生产历史开始。食物有其独特的生产历史。关于食物的生产历史，我们可以从食物包装上的说明知悉，可以从食物生产厂家的资料上得到，更可以从食物身上的"痕迹"获知。科夫认为，食物消费伦理实际上是一种"追溯的伦理学"。面对现代食物伦理的困境，科夫的倡导意义重大。

在新时代，食物是一个关乎生态、经济、政治等领域的重大话题。习近平总书记曾就食物问题指出，"坚决制止餐饮浪费行为""中国人的饭碗任何时候都要牢牢端在自己手上"。2021年9月10日，国家主席习近平向国际粮食减损大会致贺信时强调，当前新冠肺炎疫情全球蔓延，粮食安全面临挑战，希望各方携手合作，为实现零饥饿、零贫困目标贡献力量，为维护世界粮食安全、推动构建人类命运共同体做出更大贡献。可见，"后疫情时代"要求食物伦理更加多样化：食物伦理既要体现"美好生活"，又要体现"勤俭节约"的传统美德；既要契合当前环境伦理的要求，又要契合城乡、社会乃至全球食物的公平正义的要求。如何更进一步深化和拓展食物伦理研究，构建新时代的食物伦理，是学界甚至是每个人都需要思考的问题。

练新颜

2021年10月

目 录

第二部分

**理智化的
食物**

第三部分

**食物伦理
及其生产
历史**

致　谢

　　本书是我在丹麦哥本哈根伦理与法律中心进行的几个关于食物伦理的研究项目的一部分。我非常感谢中心的工作人员,他们与我就哲学、道德和食物进行了鼓舞人心且令人振奋的讨论,尽管食物的讨论大多是在午餐休息时进行的。我还要感谢他们推荐相关的哲学文献,并且和我讨论这些文献的内容,他们对我在食物和消费方面如何使用哲学文献也提出了建议。没有他们的鼓励、批评、耐心以及对我作品的评论,这本书就不可能问世。我也要对尼尔斯·马特森·约翰森(Niels Mattsson Johansen)、彼得·坎普、雅各布·伦托夫(Jacob Rendtorff)、利斯贝思·维斯奥芙特·尼尔森(Lisbeth Withøfft Nielsen)和艾米丽·哈兹(Emily Hartz)致以感谢。尤其是瑞典林雪平大学(Linköping University)的托马斯·艾切(Thomas Achen),他向我介绍了认知哲学方面的内容。

　　第六章中提到的实证研究是我与丹麦消费者合作社(Danish Consumers Co-operative Society, FDB)的莉丝·沃尔博(Lise Walbom）于 2003 年和 2004 年在丹麦合作进行的。感谢她和该组织使这些非常规的研究成为可能。

本书的翻译有时候需要从丹麦语译成英语，有时候则需要从德语和法语译成英语，这确实是一项艰巨的任务，有时看似几乎不可能。因此，我非常感谢爱德华·布罗布里奇对这本书的翻译和校对。

这本书的大部分是在丹麦研究委员会于 2001 至 2004 年的两项资助下完成的。其中一小部分是我在担任由欧洲联盟（欧盟）支持的"科学与社会"研究中的第六个框架计划的"食物伦理问题的伦理追溯和知情选择"（Ethical Traceability and Informed Choice in Food Ethical Issues）项目协调员期间撰写的。

克里斯蒂安·科夫

序　言

　　本书的出版标志着伦理学的一个新起点。在我们的文化中，伦理首先是一个与他人有关的"美好生活"（the good life）问题。伦理的核心是友谊，它受到古希腊思想［尤其是亚里士多德（Aristotle，前384—前322）］和犹太—基督教传统的博爱观念的启发。后来的道德哲学家也把人与动物的关系纳入其中，人们一致认为虐待动物的行为在道德上应受到谴责。但早期的道德教育没有讨论人与食物的起源、人与食物生产系统之间的关系。由于古时候食物的生产—消费路径很短，因此研究这个问题毫无疑问没有什么意义。对高质量食物的兴趣，当然由来已久，人们经常强调健康的饮食习惯是美好生活的条件。在工业化之前，这种"高质量"食物的生产过程很容易为消费者所熟知。但在现代，通常情况下事实不再如此。因此，伦理学必须扩展到食物生产和选择的责任领域，而这正是克里斯蒂安·科夫所要探讨的食物伦理。

　　科夫的研究展示了道德的关注点可以从对地球上所有人美好生活的关心，拓展到在公平的食物生产方面的美好生活实践，特别是如何利用我们的诚实正直或生命的关联性对生物、生态系统和人类的身份进行伦理上或关怀上的反思。这里的伦理不仅仅是一种对人的伦理，还包含了一种对自然的伦理，一种在我们的整个物质生活中对自然的伦理反思。作为味道的伦理，食物伦理涉及我们与所有食物的关系——通常不是在我们吃饭的时候，也不是在我们聚餐庆祝的时候，而是在我们购买食物或者生产食物原材料的时候。在实践中，这意味着食物伦理涉及任何参与食物生产的人——无论是作为专业生产者，还是仅仅作为普通人种植蔬菜或养鸡，特别是作为消费者，我们都应该注意那些"有着最健康生产历史的食物"①。食物伦理与农业，农产品的加工、营销和流通，以及我们对饮食的选择有关。因此，食物伦理与维护和促进人类健康的良好状况有很大关系。从这个意义上说，食物伦理是美好生活的条件之一。

在科夫的研究中，伦理学从关注人与人之间的关系延伸到食物的可追溯性，进而延伸到在生活环境中人与自然的整体关系。他的开创性工作提出了一种新的思维方式。我们希望采取负责任的行动，创造健康和美好的生活。本书告诉我们，作为消费者，作为孩子的父母，作为一个企业或机构的厨师等，我们应该如何思考、如何选择我们的食物。本书也涉及每一个在现代科技社会

---

① 此句的原文为"food with the healthiest production history behind it"。我们不能将这句话简单地理解为"生产过程最符合健康标准的食物"，因为在食物伦理中，健康的食物具有更广泛的含义，不仅要符合现代营养学的健康标准，更是强调在食物生产过程中生产环境的健康（水、土壤没有污染等）、社会的健康（公平、公正等）。下文"人类健康的良好状况"中的健康也是广泛意义上的"健康"。——译者注

中生产、销售食物的人。《味道伦理学:食物消费的道德》讨论了当今我们面对复杂的生产机器,想要做一个负责任的消费者所面临的主要困难,这样的讨论有助于我们更精准地肩负起责任。

彼得·坎普博士

丹麦教育大学哲学教授

前　言

在过去十年间,越来越多的消费者对道德①产生了兴趣。本书关注的正是食物消费者及其实施相关道德行为的可能性。和往常一样,当讨论一个新的主题时,必然会出现对定义和词汇的搜索与追溯:什么是"食物伦理"? 真的存在关于食物的道德吗? 为什么在此之前消费者没有对食物方面的道德产生兴趣呢?

有两个因素似乎特别重要。首先,西方消费者当今可获得的食物种类丰富且数量惊人,这会使人们把注意力集中在人类饥饿和食物供应等基本问题之外的其他问题上。其次,生命科学技术的迅猛发展及其引发的相关风险,带来了干预自然界生命的新形式。这反过来又引发人们对食物生产实践的伦理思考,尤其是对

---

① 在英文中,"ethics"既有"道德"也有"伦理"的意思,根据中文的翻译传统,一般而言,"道德"是我们平常所说的调整人与人之间关系的行为规范,而"伦理"更多的是指道德的理论化。按照原文的意思,一般消费者关心的是道德,即行动中的规范,而不是专业道德研究者所关心的道德理论化,即"伦理"。故"ethics"在文中根据不同的主语,翻译为"道德"或"伦理"。——译者注

基因技术在食物生产中应用的思考。特别是在欧洲,这导致了转基因食物支持者和反对者之间的激烈争论。我们发现,在反对者中,很多人生活在西方,大多不受饥饿威胁,因而很难理解人们对可能带来无法预见后果的、有风险的新技术的需求,而这些新的食物技术对西方消费者的好处似乎很小,甚至完全没有。另一个例子是疯牛病危机。疯牛病的产生和蔓延使得许多消费者对破坏自然的做法持怀疑或批评态度。总而言之,从耕种到食品加工的食物生产实践,不仅面临着有关农业和食物文化等社会方面的各种问题,还面临着环境和动物福利等日益受到关注的问题。未来的技术发展似乎不太可能在短期内解决这么多问题。作为直接的回应,我们应该进行道德反思:在食物生产实践中什么是"过多",什么是"过少"? 这是至关重要的。今天,在探讨食物伦理时,我们的诉求是"在公平的食物生产实践中与他人和为了他人共同过上美好生活的愿景"①。

事实上,说食物"危机"并不夸张——这不是从供应危机的角度,而是从伦理危机的角度。食物研究的相关人员和食品工业已经准备利用技术发展带来的新机遇,而关键的问题却是:消费者似乎想要减缓甚至阻止这种技术的发展。将其称为"危机"意味

---

① 这是基于保罗·利科(Paul Ricœur, 1937—2005)对道德的定义:在一个公正的制度下,道德的目的在于与他人和为了他人的美好生活。(见《作为一个他者的自身》第七章)我对此定义做了两点修改。第一,保罗借这句话所说的"目的在于"(aiming at)是借用亚里士多德在《尼各马可伦理学》里的道德定义(目的在于美好生活)。我更倾向于"愿景"(vision of)而不是"目的在于"。第二,因为这里的主题是食物伦理,所以用"食物生产实践"(food production practices)取代"制度"(institutions)。

着既定秩序的瓦解，而在新秩序建立之前存在一个无形的中间位置、一个转折点或一个转变。一场危机造成一种以不稳定为主导的局势，其结果显然是无法预见的。"危机"一词来自古希腊语，由动词"区分"和"决定"衍生而来。在汉语中，"危机"的概念包含双重含义，因此由两个标志组成：一个是开始，一个是结束。如果危机带来的变化是戏剧性的，它可能导致一场不可逆转的革命和对现有秩序的剧烈变革。食物的生产实践于是处于危机之中——因为现有秩序瓦解的特征是无数次试图区分"好的"和"坏的"食物生产实践以及"好的"和"坏的"技术发展。

　　食物是一门涉及生命科学、农业、经济、烹饪艺术和美学的学科，也是社会学、人类学和心理学常探讨的主题之一。但到目前为止，食物在哲学上是一个被排除在外或者只是次要的主题。其中的原因也许是食物是一个与土地相关联的（earth-bound）、唯物主义的主题，其研究很难提高到比纯粹的功利主义的成本—收益分析更高的哲学水平。功利主义是食物伦理的一个重要方面，忽视它是愚蠢的。而且在大多数人的观念里，功利主义是任何一种食物伦理的组成部分。但它肯定不是我们思考和理解食物的唯一方式。以非功利的方式研究食物伦理是一种冒险。对于像我这样的农学家（agronomist）来说，这是一种更大的冒险。"agro"的意思是土壤，农学家忙于研究土壤的规律。因此，我冒着被视为"农民哲学家"（peasant philosopher）的风险——这是法国哲学家伊曼努尔·列维纳斯（Emmanuel Lévinas，1906—1995）给德国哲学家马丁·海德格尔（Martin Heidegger，1889—1976）起的名字。在列维纳斯看来，海德格尔对人与人的关系并不了解，只是了解人与自然的关系["自然"被海德格尔称为"土地"(德语: die Erde)]。

海德格尔说,把握自己的存在和理解自我是哲学的主要任务。在他看来,他人的存在不是对自我的补充,而是干扰了自我的存在。食物伦理当然是一种人与自然的关系,但不应该局限于此。因此,我们不需要跟随海德格尔的脚步。我希望通过本书让读者明白,食物伦理也是人与人之间的关系问题。

我们如果简要地探讨列维纳斯,并遵循他关于"农民哲学"的思想,就会推断出农业生产是那些不了解人与人之间关系的人的工作。看看现今的农业生产实践及其给予大众的糟糕印象,我忍不住要说列维纳斯是对的。今天,机器已经取代了人力,所以在大多数农场里只有一个人在耕地和劳动。在许多情况下,农民已成为一种孤立的职业,和社会接触有限。"农民"这个词是用一种居高临下的方式来指某人愚蠢或指愚蠢本身。这是怎么发生的?我相信,正是因为那些足够"聪明"的人把农业抛在脑后,投身于他们认为对智力有更大挑战的活动。他们把艰苦的耕种土地的体力工作留给了那些不善于思考的人。如果消极意义上的农民概念被广泛接受,农业种植和食物生产就成了那些不会思考的人的工作。那么,把农业种植和食物生产留给那些不会思考的人,就等于不关心食物,不做关于食物的思考。

这当然是一个令人惊讶的主张,应该被仔细探讨。从某种意义上说,我们似乎比以往任何时候都更关心食物。我们至少可以从以下三种角度关注食物。第一,将其视为社会背景的一部分。食物的消费通常发生在社会环境中,食物消费有助于一个人的身

份认定和自我理解以及社会地位的展示。第二，食物的审美维度
包含"对经过加工后的食物的鉴赏力"（prepared taste）。经过烹
饪的食物呈现的是经过加工后的美学，而在其生长或自然的状态
中呈现的则是天然或未经过加工的美学。人们非常注重将食物
从天然形式转化为"准备好的"形式①。第三，通过科学和经济的
手段，利用智力活动使食物生产和加工合理化。所以我们必须
问，从什么意义上说我们不关注食物？上述主张应该被理解为，
我们不从广义的角度来考虑食物，而是将其简化为所提到的一个
或多个领域。关于食物的知识通常非常具体和详细。例如，我们
看到有大量的非常受欢迎的烹饪书，里面显然存在许多关于烹饪
的详细知识。这本身不是问题。只有当这些详细的知识阻碍我
们在社会和环境的背景下更广泛地理解食物和食物生产，并排除
了食物伦理作为我们在公正、公平的食物生产实践中与他人和为
了他人过上美好生活的愿景时，它们才成为一个问题。

在本书的第二部分，我描述了这些详细同时又简化的食物观
点是如何以及为什么会在我们的文化中占据主导地位的。我批
评了对食物的狭隘理解，因为在我看来，这常常妨碍我们看到食
物生产和消费的伦理方面。从某种意义上说，本书试图恢复"农
民"的概念，关注这个词的积极而不是消极的意义，并考察食物生
产实践和哲学之间的联系。这意味着，我将试着把哲学家们关于
食物生产实践的抽象观点整合在一起，并且不仅从物质和经济的

---

① "准备好的"形式，原文为 prepared form。在这里，"准备好的"是指食物经过
切、洗等工序，可以直接食用或直接烹调。——译者注

角度,而且从历史和伦理的角度研究食物。

食物在被食用之前有其起源和历史。消费者可能知道或不知道这段历史。它可能重要,也可能不重要。然而,如果伦理与食物有任何关系,这种关系只能在加工食物的生产历史中被找到。本书所主张发展的食物伦理学基于人文主义传统,如现象学、解释学和符号学等,这些理论均被用于分析我们对食物的感觉和反思。这样的描述和分析引出了本书的中心目标:考察消费者将自己的食物伦理观付诸行动的可能性。因此,食物伦理在这里被阐述为一种叙事伦理。正是对生产历史的叙述或自我体验,形成了对食物的伦理态度的基础。

今天,西欧的大多数人生活在城市,他们与自然的接触是相当有限的,更不用说和农业的接触了。在城市里,大多数东西都是出于特定的目的而制造的,这让我们在反思自然时禁不住采用同样的思维方式,即从效用和效益的角度来看待自然。然而,有一种接触自然的方式,是即使城市居民也能每天与自然接触的方式:通过食物与自然接触。食物"来自"大自然,它是大自然"制成"的。这表明,食物可以作为一个起点,作为消费者道德的起点和作为自然环境伦理的起点。我的目的是想看看,如果把食物伦理作为一种协调人与环境、自然之间的关系伦理,我们能走多远。

食物源自自然。但在食物的准备和烹饪中,自然被转化为文化。作为文化,食物是人与人之间关系的一部分,也是人与人之间关系的中介。但是,就像我们很可能忘记食物产自自然一样,食物消费对他人(例如那些参与食物生产的人)的影响也鲜为人知。

　　在本书的写作过程中，我在 1998 至 2002 年间参与建立了一个由消费者支持的名叫兰德布鲁格斯劳格特（Landbrugslauget）的农业协会，该协会位于哥本哈根附近。它依托于一个股份制的农场，叫作布林克霍尔姆（Brinkholm）。拥有这座农场的主要是 500 名大多来自哥本哈根的消费者，此外还有农民。这使得这些消费者有可能对农业和食物生产实践有更深入的了解。他们可以通过另一种方式了解食物生产历史。这个项目的工作给了我很多灵感，在某种意义上，这些工作经验可以说是本书基础的一部分。

　　我想对我所采用的方法，或者更准确地说是研究食物伦理问题时发展起来的方法，再补充几句。本书由三部分组成。第一部分即第一章，对本书阐述的具体的食物伦理进行了概述。第二部分包括两章，对工业化国家占主导地位的"科学"的食品制度进行了批判性分析。这些批评针对的是，对食物狭隘且有限的理解，以及在大多数工业化国家盛行食物生产实践所产生的后果。第二章阐述了作为一门自然科学，现代生物学是如何使生命和食物理智化的。第三章讨论了日常生活中出现的食物理智化更为实际的影响。在第三部分，我对一些批评做出了更具建设性和哲理性的回应。第四章从哲学的角度探讨了消费者与食物伦理相关联的可能性。接下来的第五章更详细地介绍了如何将食物作为一种与环境、与他人和社会联系起来的方式。第六章是最后一章，提出了道德溯源的实证研究结果，并讨论了消费道德的认识问题。如前所述，关于食物伦理的文献仍然很少，只有少数哲学家写过关于食物的文章。除了第六章涉及实证调查——"实证"

灵感来自"消费者支持"的农业①，我的方法在很大程度上是对哲学和伦理著作的探索。我相信这会从食物伦理的维度诞生丰硕的成果，尽管这些哲学著作大多数与食物完全无关。这并不是要评论这些哲学家的不足，而是要以一种务实的方式借鉴他们的工作成果，从而引出一种新的食物伦理形式。

---

① 所谓"消费者支持"（consumer-supported）的农业，正如作者之前说的布林克霍尔姆农场，是消费者和生产者直接对接的生产、销售模式。更多的资料参见：安德烈·维尤恩、卡特琳·伯恩：《都市农业景观——生产性生态城市设计》，练新颜译，北京：中国建筑工业出版社，2020。——译者注

第一部分

食物和伦理

第一章

吃、社会与伦理

人们知道食物的道德含义吗？存在营养哲学吗？

——弗里德里希·尼采《快乐的科学》

    文化可以用价值观和道德来描述，德国哲学家弗里德里希·尼采(Friedrich Nietzsche, 1844—1900)推测食物和伦理之间存在着文化联系。然而，他从来没有分析过这一联系，他留给我们的只是一种模糊的感觉，即食物的摄入一定会对人的性格和美德产生某种影响，正如后文提到的古希腊饮食学。

    我提出的问题与尼采的相反：不是食物如何影响我们的道德和价值观，而是我们的道德和价值观如何影响我们的食物消费。"政治消费者"①或"有道德的消费者"的概念意味着，消费者越来

---

① 政治消费者，原文为 the political consumer，是指希望能通过政治层面的行动，例如成立一些相关游说组织或促进立法等来实现消费伦理的消费者。为了便于中文的理解，后文有时也将其翻译成"政治化的消费者"。——译者注

越致力于从政治角度选择商品。众所周知的例子有：消费者抵制壳牌公司，因为该公司计划在北海①下沉一个石油平台用以处置废弃物；消费者抵制法国葡萄酒，作为对法国军方进行原子弹试验的抗议。这种由消费者实施的政治行动显然具有伦理基础：保护环境和人类。

这两起事件受到了媒体的广泛关注，长时间成为头条新闻。它们因具有戏剧性而成为媒体报道的焦点。但在大多数情况下，关于食物生产实践的报道并没有获得任何媒体的重大曝光，因此消费者对这些实践仍然不甚了解。这让人对有政治意识的消费者行动的实际影响提出了质疑。

例如，2001 年北欧部长理事会发表了一份名为《食品标签：北欧消费者改进建议》的报告。报告包含了对 1300 名北欧消费者进行的态度调查（通常是在消费者离开超市时进行的调查）及其后续电话访问（包括一些消费者态度）的结果。其中一些结果令人非常吃惊（见表 1）。

表 1　消费者的态度

问题	调查结果
你认为表明自己作为消费者的态度重要吗？例如，明确抵制某些商品	近 70% 的北欧消费者认为表明自己作为消费者的态度很重要，例如明确抵制某些商品

---

① 北海，大西洋东北部的边缘海。——译者注

续表

问题	调查结果
你愿意为了保护动物福利和环境而在食物上花费更多吗	接近四分之三的消费者声称会为了保护动物福利和环境而在食物消费上花费更多
你会偏向于购买有机食物吗？即便它的价格更贵一些	将近半数（48%）的消费者声称他们倾向于购买更贵一些的有机食物

资料来源：北欧部长理事会，《食品标签：北欧消费者改进建议》，2001：38。

表1显示了消费者在被问及这些问题时的态度。这是他们在参与调查时所认为的正确答案。但态度是一回事，现实是另一回事。表明自己在这方面的态度不需花钱，实际行动却要付出代价：48%的人声称更喜欢有机食品，但目前有机食品只占丹麦食物消费的5%—6%。带有"道德标识"的咖啡消费所占的市场份额甚至更低。

接受调查的消费者的想法和行为之间的差距如此之大，不可能是一种偶然。调查报告清楚地表明：在相关态度调查中的"政治性消费"远比在实际消费行为中更常见。[1] 社会学家和人类学家以超过三十年的研究表明，人们在参与相关调查时，并没有告诉调查者自己真正的消费习惯。[2] 态度与行动或行为之间缺乏一

---

[1]　Nordic Council of Ministers, *Food Labelling: Nordic Consumers' Proposals for Improvements* (TemaNord 2001, 573, Copenhagen, 2001), p.38.

[2]　基于此，一些社会学家提出了一种更具体的方法，叫作"垃圾学"（garbology），即针对人们对垃圾的研究，该研究方法假设垃圾不会说谎。垃圾是实实在在的经验材料。

致性让调查结果受到了质疑。消费者真的说出了他们的真实态度吗？或者,他们是在假装自己在政治上比实际中更正确吗？

在我看来,态度与实际行动、行为之间的差距仅仅被解释为消费者为了在采访中假装"政治正确"而歪曲事实是十分荒谬的。态度与行动、行为的不一致并不一定等同于夸张或自命不凡。我认为,为了理解态度与行动或行为①之间的差距,我们必须采取另一种方法。

关于消费的问题涉及消费者的自我意识及其社会身份。在大多数情况下,人们会"虚构"自己的形象:他们从自己的生活故事(通常称为叙事身份)和其他来源(包括想要成为什么样的人)中选择元素来创建自己的身份。因此,自我概念不一定是符合现实的。它往往是自我构建的,部分是虚幻的;但其在社会环境中以及对于身份认同很重要。我建议应该从道德上对这种构建的身份加以解释,消费者声称要做的和他们实际做的之间的差距代表了他们对美好生活的愿景与其现实生活之间的差距。②

然而,在这种情况下,我们关注的对象不仅仅是一般意义上的"美好生活",更具体地说,是与食物生产实践相关的"美好生活"。我们将密切关注消费者对关于食物生产实践的美好生活的看法。调查显示,可以毫不夸张地说,消费者(至少在北欧国家)

---

① 我在这里不区分行动和行为,这在社会学中尤其如此。例如 Kaj Ilmonen, "Sociology, Consumption and Routine", in *Ordinary Consumption*, ed. Jukka Gronow and Alan Warde (London:Routledge,2001), p.10.

② 有时态度被解释为作为公民的身份,而行为被解释为作为消费者的身份。

已经具备了"味道伦理",即食物消费的道德。人们也许还会放心地认为,许多其他欧洲国家的情况也是如此。

在对消费者态度的调查中,道德态度和行为之间的差距表明了两点:第一,消费者的道德参与程度很高(由于态度和行为之间的差距,消费者被当作"道德双重标准"的例子,他们的道德意识常常被低估或否定);第二,一定有一些障碍导致了态度和行为之间的差距,从而阻止消费者将他们的态度付诸实践。这让我们想起了一句名言:"我不明白我在做什么。因为我所愿意的,我不做;我所恨恶的,我倒去做。因为我所做的,不是我所愿意的善事。不,我不愿意做的恶,可我总是做。"在保留"吃不是罪恶"的前提下,这似乎描述了许多有道德的消费者的情况。然而,不同之处在于,消费者购物的后果并不明显,因为他们并不清楚食物的生产历史。他们可能知道是什么构成了美好的生活,但不知道通向美好生活的正确途径。

1. 吃和消化之间的亲密关系

大多数人与食物、与"吃"有着密切的关系。我们对食物比对其他事物更有鉴别力。为什么这样说呢?

吃饭的过程可以分为几个步骤。暂且把文化和宗教偏见以及对什么能吃或什么不能吃的所有先入为主的观念放在一边,吃东西之前我们往往先依据食物的外观和气味来判断食物。通常是通过食物的外观来区分它是可食用的还是不可食用的。这种区分方法用在我们离食物相对较远的情况。然后，我们通过气味来判断食物。嗅觉当然比视觉与人的关系更为亲密，虽然不及味觉。人在产生嗅觉时和食物之间还有一定的距离，而在产生味觉时，与食物是有着密切的物理接触的。如果我们在视觉和嗅觉上都不反感，就可以大胆地去品尝食物。品尝是对可食用或不可食用的最终判断，是食物通过检验的最后一步。在这一步，食物仍然可能被接受或拒绝。而到了吞咽这一步，结果通常是不可逆的。

自亚里士多德时代起，生理上的味觉一般分为四种：咸、酸、苦和甜。所有其他的口味都可以从这些基本的味觉元素中衍生出来。这一当时流行的理论与其他古希腊的分类体系如土、水、火、气四元素非常一致，但过于简化。如今，许多食物研究人员都相信，有更多种类的口味存在。

味觉不是孤立的，而是与其他感官相关的。大多数患过感冒的人不仅有短暂的嗅觉丧失的经历，同时还有味觉减弱的经历。比如一个苹果，第一口尝起来和下一口的味道不同，这也要归功于嗅觉。就像嗅觉会很快适应新的气味并变得不那么敏感一样，味觉也会在此基础上发生变化。

味觉不仅与其他感官相连，而且与心智相连，如前所述，还与文化价值观相连。新捕获的海豹的眼睛被因纽特人视为美味佳肴。然而，在大多数西方文化中，吃海豹那吸引人的眼睛是令人厌恶的。味觉还进一步依赖于语境，不仅是文化语境，还包括人们的心理状态以及就餐时的实际氛围和情境。可见，生理味觉显然有其主观性的一面。神经生物学告诉我们，味觉以化学信号的形式被大脑记忆,作为特定的标记或细胞和神经模式。这些记忆模式会被一系列参数改变,其中一些参数是社会的、情感的、生物性的、象征性的,等等。这在美食界并不是什么新闻。法国享乐主义者和哲学家米歇尔·翁弗雷(Michel Onfray,1959—)写道:

> 所有美食家都知道,造成菜单中的"神秘主义"的一部分原因是诗一般的菜名对真实菜品的隐藏、伪装、覆盖,以及我们假定通过人的加工工艺和技巧能使天然食物呈现出我们希望的外观。①

消化紧随品尝之后。消化道的功能非常丰富(比味觉更丰富,我要补充一下)。相比其他任何生物,人类可以依靠更多种类的食物生存。但我们只吃了可食用食物的一小部分。众所周知,在战争时期,人们面对饥饿的胁迫,几乎什么东西都可以吃。

人类的消化系统从口开始。唾液中的细菌和酶负责分解食物。事实上,食物的烹饪可以看作对其消化的延伸。因为在许多情况下,在准备的过程中,食物变得更容易消化。例如,面包是由谷物制成的,与其他所有的禾本科植物一样,这些谷类植物不适合人类消化。牛能消化草,但人不能。而面团的发酵过程,尤其是漫长的发酵过程,改变了面包中营养物质的结构,使其更易被人消化。唾液还可以用于在人的体外准备和保存某些种类的食

---

① Michel Onfray, *La raison gourmande. Philosophie du goût* (Paris: Grasset, 1995), p.54.

物。例如在某些文化中，人们把轻轻咀嚼过的卷心菜放在玻璃杯中备用。在胃里，食物在盐酸、细菌和其他微生物的帮助下被分解。

在吃的过程中，我们身体周围的一些东西会被我们吃掉，并被身体吸收。当我们吃东西时，外在世界成为正在吃的人的身体的一部分，从这个意义上说，"吃"使外在和内在联系起来。食物被吞下后，并不会立即成为身体的一部分，而是被放置在身体的一个特定的腔体——消化道中。成年人的消化道约有 12 米长，表面积大约 400 平方米（相当于一个网球场的大小）。消化道可以说是一个连接人体内部和外部的通道或管道。然而，人们在消化道中发现的一些物质并不属于人体，尽管其中一些物质后来会成为身体的一部分。消化道中充满了各种微生物。例如，通过对大约 400 个不同人种的身体进行检查，人们发现人体大约有 100万亿个细菌（相比之下，人体只有 50 万亿个细胞）。许多细菌附着在肠道的细胞上，它们对肠道功能的发挥是必不可少的。消化道内微生物的组成是不稳定的，随时间而变化。未出生胎儿的消化道是无菌的，但随着母亲的分娩，婴儿会开始携带来自母亲肠道和乳汁的微生物。当然，消化道微生物的组成有一些共性，但从另一方面来说，它们就像指纹一样具有独特的个体特征。

此时，消化道里的物质尚未成为人体的一部分，而是一种由细菌、真菌和其他微生物组成的生命形式，它们是消化所必需的。然而，消化道显然不是一个与我们理解的"周边"或"环境"概念相等同的"外部世界"。它是一个封闭的"外部世界"。消化道里的内容物处于边缘地带，这使得我们很难给它下定义：它处于身体的内部却又不是身体,它是身体的外部却又不是环境。"吃"是一种转变途径,使"外在的东西"变成了我们自身的一部分。"吃"让我们面临一种最基本的转变,即与周围环境的差异性相遇,通过"吃"这种"内化"的活动,外部的差异性变成了我们自身的一部分,进入我们的身体。

我们周围的环境,即自然,和我们的相互结合是通过消化(希腊语:pepsis)实现的,它将最终转化为"身"(拉丁语 carne,意为肉),即变成"肉"。或者也有人会说这是"转世"(reincarnated,再生)——非人的物质通过消化吸收,进而作为人体的一部分而存在。在这种内化过程中,我们的环境就是外在的内在。[1] 在消化的过程中,外部世界发生了变化。在这个过程里,外部世界既不再是外部世界,又还不是身体;最后,在化身中,环境被具身化为我们身体的一部分。

对所有的生物来说,向外部世界开放以允许外部世界的物质进入身体是必要的,但同时这也使有机体在病原体等恶意入侵者面前变得脆弱。许多宗教仪式都考虑到饮食可能会使人类面临危险。例如,希腊东正教修道院的修女们经常在餐前餐后祝福自己,以保护自己在用餐过程中免受身体的打开和闭合导致的危险攻击。[2] 外部世界远非无害。轻率地让食物进入体内是非常危险

---

[1]　Lars-Henrik Schmidt, *Smagens Analytik* (*Analytics of Taste*)(Århus: Modtryk, 1991), p.83.

[2]　Deborah Lupton, *Food, the Body and the Self* (London: Sage Publications, 1996), p.16.

的,必须采取预防措施来保护自己。一个人对食物必须挑剔又挑剔。

　　从一种状态过渡到另一种状态,比如吃东西,会把身体外部的东西变成身体的一部分,被认为是危险的,因为过渡状态既不是一种现有的状态也不是接下来的一种状态。根据英国人类学家玛丽·道格拉斯(Mary Douglas)的说法,过渡状态介于两者之间,无法加以界定:它既不是过去的样子,也不是将来的样子。①消化就处于这样一种过渡状态或边缘时期。某种秩序在一开始是显而易见的——我们吃的东西被归类为食物。然而,在进入消化道后不久,食物进入了边缘时期,并被转化为某种无法定义的物质。它不能用一些清晰的概念来描述,这让我们很难理解它是什么。它似乎是完全混乱的。无序是指物质没有边界和特定模式,但有可能变成无法预见的新状态,从而导致未来无法预测的变化。由于过渡时期的危险,仪式经常围绕着"过渡"进行,就像上文说的希腊东正教修道院的例子。"过渡"的仪式通常象征死亡和出生,这种象征性或隐喻性的语言也适用于"吃"。被吃掉的食物曾经活着,被吃掉之后就死了。然而,我们也可以说,在人们真正开始吃的时候,食物通常已经死了;而当我们吃的时候,它们又复活了,只不过已经变成了我们身体的一部分。当然,其中的危险在于,我们在吃东西的时候,也存在被吃掉的风险;因为某些

---

　　① Mary Douglas, *Purity and Danger: An Analysis of Concepts of Pollution and Taboo* (London: Routlege, 1966), pp.95-98. 中译本见:玛丽·道格拉斯:《洁净与危险》,黄剑波·卢忱·柳博赟译,北京:民族出版社,2008。

原因,食物可能是有毒的,在最坏的情况下我们会被杀死(或被吃掉)。这样的话,外部世界就不会化身为我们的身体,而是我们以身体为代价,化身为外部世界。

饮食这一过程中发生的"化身"使得德国哲学家路德维希·费尔巴哈(Ludwig Feuerbach,1804—1872)说道:"人如其食。"(德语:Der Mensch ist was er ißt)[1]费尔巴哈这样说是想给伊曼努尔·康德(Immanuel Kant,1724—1804)一个唯物主义的答案(这个答案具有挑衅性!)。在这之前大约 50 年,康德提出了一个关于"人"的问题。康德的问题是:"人是什么?"(德语:Was ist der Mensch?)费尔巴哈无意隐藏自己的唯物主义观点;相反,他把关于人的唯物主义解释当成了一种美德。费尔巴哈的极端唯物主义哲学的出发点是当时蓬勃发展的食品科学,这在当时是一个相对较新的科学领域。食物的化学成分通过与人体的成分相比较,显示出许多相似之处,这为费尔巴哈得出激进结论提供了灵感。实证科学回答了康德关于"人"的问题。食物和我们的相似之处是惊人的:血液中的铁摄入量过少可以被测定为缺铁;人吃高脂的食物会变胖,吃低脂的食物会变瘦;健康的食物会让人健康,幸福来自"让人开心的事"[2];如果一个人吃了胡萝卜……不,这很荒谬。我们都知道无论我们吃什么都不会变成食物的样子。这种相似性只能体现在分子水平上,甚至仅仅体现在非常有限的领

---

[1] Ludwig Feuerbach, *Die Naturwissenschaft und die Revolution*, in Kleinere Schriften III (1846—1850), ed. Sämtliche Werke B. X.(Stuttgart: Frommann, 1982), p.367.

[2] 让人开心的事,原文为 funtex。——译者注

域。人类与他们所吃的食物有本质上的不同。食物在人体内被消化分解，并被合成新的分子，这使分子的转化有了一种合理的说法，即转化物质。

德裔美国哲学家汉斯·约纳斯（Hans Jonas，1903—1993）也持这种观点。在其《别忘了生命的原则》（*Das Prinzip Leben*）一书中，约纳斯用自己的术语提出了一种生物哲学或有机体哲学。[①]他的哲学核心是生命的本体论地位问题："存在"是什么？传统上，人们认为生命的本质和物质成分决定了生命的基本品质。但约纳斯持相反的观点：

> 从本质的观点来看，有机体从来都不是完全相同的；然而，有机体的自我之所以是"自我"，正是因为它们并非由相同的物质构成。[②]

如果一个有机体在两个不同的时间里完全相同，那只有一个原因：它不再是活的。新陈代谢，即物质"在"有机体中的流动，是生存和延续本体的必要条件。从这个意义上说，生物不同于组成它们的物质，因此也不同于它们所吃的食物。约纳斯将生物的实质方面描述为"偶然"，他认为形式（form）是生物体更鲜明的特质。在生物学理论中，"形式"的概念与"组织"（organization）的概

---

① 《别忘了生命的原则》一书最初于 1973 年以《有机体与自由》的书名出版，是 1963 年《生命现象》的重写和扩展版本。此处的引文是根据德语版翻译的。

② Hans Jonas, *Das Prinzip Leben* (Frankfurt am Main: Suhrkamp, 1997), p.145.

念密切相关,因为正是物质的组织方式赋予物质以形式。形式或组织是超然的,因为它们或多或少保持不变,并保持其特性,尽管由于新陈代谢,有机体中的物质被替换了。约纳斯进行了更深入的论述:

形式不是物质构成的结果,而是物质构成的原因。自我(德语:Selbstheit),只要持续,就是由一股总是想成为他者的洪流所推动并不断更新的。与现象学的"个体"(individuality)概念相比,只有在生命主动的"自我整合"(self-integration)中,"个体"的概念才获得了它的本体论地位。这个本体论意义上的个体,它的存在贯穿每一时刻。它的持续性和在持续中的"自我",首先表现在个体自身的功能方面。功能是自我利益的实现,并且不断持续实现的表现。在这种自我保存中,有机体以两种方式与它获得的物资①相联系:物质②作为物质是本质性的,而其成为形式则是偶然的。生物有机体与当下的物质的合成物结合,但不受限于任何特定时间的物质的合成物,而只与它自身构成的形式联系在一起。有机体依赖于物质,又独立于物质;有机体的功能同一性并不与物质实体的同一性相结合。简而言之:有机体形式与物质的关系可以被描述为"对自由的渴望"(德语:

————————

①② 此处的"物资"(substance)和"物质"(matter)两个词都可以译为"物质",但是前者更强调的是能为我所用的物质,而不是泛指一般的物质。——译者注

bedürftiger Freiheit）。③

形式保留了下来，而物质被取代了。约纳斯将形式看作生命的本质，将偶然性看作物质的本质。形式被描述为以物质差异为标志的一连串时刻。时间性在约纳斯的生物哲学中成了生物活着的特征。形式与物质的关系不是被动的；相反，形式正在积极地塑造物质。形式既独立于实际的物质，当然又完全依赖于物质而存在。约纳斯将其描述为"依赖的独立"。形式的这种辩证自由并不是绝对的，而是受实际需要的物质的限制。这也是一种"被迫的自由"，因为形式必须通过新陈代谢来替换物质。辩证自由是生命的一种基本品质。

活着的存在，包括人类，必须靠吃才能生存：吃什么，世界就是什么（What is eaten is the world）。对营养的需要迫使生物体向外部世界开放，并发展面向外部世界的感官。与世界交流的开放性使体验世界成为可能。约纳斯将这种开放描述为对饥饿的超越。正是食物的缺乏，才使得生物走向世界，去把握和感受世界：拥有世界就是生命的超越。陌生的环境可能潜在地成为个体的一部分；同时，个体也可能成为环境的一部分。向世界的延伸是意向性（intentionality）作用的结果，意向性是生命的基本特征。

今天，如果说"人如其食"有什么意义的话，那不是从纯粹的唯物主义观点来看的。物质是偶然的，而形式或组织控制新陈代

---

③　Hans Jonas, *Das Prinzip Leben* (Frankfurt am Main: Suhrkamp, 1997), pp.149-150.

谢,赋予有机体个性。吃胡萝卜不会把我们变成胡萝卜;胡萝卜的物质会被组织成另一种形式。物质被整合到人体中,因此也被赋予了人的形式。然而,费尔巴哈的格言仍然承载着某种意义,对许多人来说是有意义的,否则它不会像现在这样被经常引用。吃是具有"歧视性"的。吃东西的时候,我们通常会对食物很挑剔。然而,我们选择食物不是只从物质的观点出发,仅仅考虑食物对身体健康的好处,文化价值观以及食物与身份认同、自我理解的关系对食物"歧视"体系的形成同样重要。"人如其食",不仅是从物质上,也是从文化上而言的。[1]

2. 吃:在生与死之间

吃是一场持续的"大屠杀"(源自希腊语的"燔祭"),正如米歇尔·翁弗雷所说:为了生存,身体需要吸收尸体的养分,需要吸收从自然环境中、从根须撕扯出来的东西,需要吸收发酵腐烂的食物和挂在墙上的肉。[2] 这听起来不是很雅致,但这是我们在吃之前对待食物的一些方式,比如烟熏火腿。在现代工业化的肉类生产中,人类通过计算得出最有效的、不留痕迹的对动物的大规

---

[1] 参见 Jean Baudrillard, *La société de consommation* ; Pierre Bourdieu, *Distinction. A Social Critique of the Judgement of Taste.*

[2] Michel Onfray, *La raison gourmande. Philosophie du goût* (Pairs: Grasset, 1995), p.111.

模屠杀表现出来的理性令人恐惧。公众一般不希望了解屠宰场的工作，即使他们的餐桌上有来自屠宰场的食物。对动物的大规模屠杀超出了大多数人的心理承受能力。当然，这并不能使屠杀动物的事实消失且不再发生。

这是饮食的悲剧。吃总是意味着要牺牲一些东西，吃总是要有一些牺牲品，总是有物在人吃东西的时候死去。饥饿导致了"吃的困境"：吃的时候，我们杀死别的生命；但如果不吃，我们就会死。不管我们吃不吃，都会有一些生命死去。饥饿会导致我们或其他生命的死亡。我们不吃就是让别的生命吃自己：在坟墓中献出自己的生命。美食的美学作用是隐藏"吃"的日常必要性和野蛮冲动。美学把吃饭的必要性变成了一种不服从于任何其他事物的快乐，即无目的的快乐，因为它的目的不是吃饱而是快乐本身，也就是从吃饭中获得审美满足。

大部分食物是有机体，它们来自大自然。人类食物中只有一小部分是无机物，比如盐。有机体是有生命的，至少曾有过生命。我们吃的食物有过生命，现在死了，或者即将死去。对于有些食物，人是吃活的，对于另一些则是将其杀死后再吃。动物通常是被杀死后再被吃掉，而且在人们购买时它们就已经死了或被宰杀了。植物在被吃掉时，既是死的，也是活的（例如，蔬菜和水果从土壤或其自身的其余部分分离出来后会继续新陈代谢，所以它们还是活的）。我们认为"吃活的"是对动物的一种可怕的侵犯，因为它们能够感受到痛苦。在吃之前先将动物杀死是人道的。

然而，有些人觉得吃肉本身就是一种冒犯。对于他们而言，吃肉等同于谋杀，正如 1791 年素食主义者约翰·奥斯瓦尔德

(John Oswald)在《自然的呼唤:为那些受迫害的动物们祈求仁慈和正义》(*The Cry of Nature or, An Appeal to Mercy and to Justice, on Behalf of the Persecuted Animals*)中阐述的那样。[①] 饮食习惯往往揭示出人与自然的关系以及人思考自然的不同方式。这种争论并不新鲜。其中最古老的资料可以追溯到公元前关于素食主义的争论。当时奥维德(Ovidius,前43—约17)对恩培多克勒(Empedocles,活跃于前450年)更早些时候的观点提出异议。食用肉类甚至被视为杀害同类。万物都来自地球,又回归地球,却不可避免地要吃掉对方。然而,我们尚不清楚为什么这一推论只适用于肉类;同样的论点似乎也适用于植物。

　　食用肉类,即将动物纳入自己的身体,是否对该动物构成冒犯? 一些人认为不是。他们认为"吃"是对死亡的否定,"吃"甚至成为对被吃的东西的一种正面的积极评价。法国哲学家雅克·德里达(Jacques Derrida,1930—2004)被问及一顿饭的道德含义时,只是回答说:道德问题从来就不是一个人该吃还是不吃,吃的是死还是活,吃的是人还是动物的问题;其基本前提是我们必须吃,因此吃本身就是好的和正义的。对德里达来说,杀死动物无关紧要,因为我们必须靠吃来维持生命。因此,吃是对死亡的一种拒绝,而吃的道德问题则与美餐有关。毫无疑问,德里达崇尚法国著名的烹饪艺术享乐主义传统,这种传统以餐桌上的乐

---

　　① John Oswald, "The Cry of Nature or, An Appeal to Mency and to Justice, on Behalf of the Persecuted Animals", in *Radical Food*. *The Culture and Politics of Eating and Drinking 1790—1820*, ed. Timothy Morton (London: Routledge, 2000), pp.143-170.

趣为中心；谈论食物和人们所吃的动物的起源不仅是不礼貌、不文雅的，而且对于真正的享乐主义者也是不可想象的。食物的起源被分离和仔细地去除。在享乐主义的食物制度中，是没有关于食物起源的描述的。传统的享乐主义关注的是现在和未来，而不是被吃掉的动物过去是否康乐。吃东西意味着一些生命的死亡；这就是自然的运作方式，我们对此无能为力。但更重要的是，这可以让生命以快乐的方式延续——当然不是针对被吃掉的生命，而是吃者的生命。享乐主义对美食的理解更多的是关涉美学而不是伦理学。这就是美学如何篡夺伦理学的例子①，这在美食学中尤为明显。

德国行为艺术家丹尼尔·斯波里（Daniel Spoerri）经常在他的表演艺术和即兴表演中加入食物元素。他认为吃和被吃是一种近乎形而上学的新陈代谢的表现：同样的东西不断地重现。吃是生命以另一种形式延续。

这是在饮食中的两极：一方面是吃，另一方面是不可避免的死亡，生与死总是相伴。吃肉可以看作一种杀戮，也可以看作一种必要且美好的新陈代谢，此时，生命给予生命。

---

① 参见 Michiel Korthals, "Taking Consumers Seriously: Two Concepts of Consumer Sovereignty", *Journal of Agricultural and Environmental Ethics*, 14 (2001): 208.

3. 进餐的社会意义

德国社会学家格奥尔格·齐美尔（Georg Simmel, 1858—1918）在他的短文《饮食社会学》（*Sociology of the Meal*, 1910）中，反思了饮食以及饮食是如何与个性和群体之间的紧张关系联系在一起的。齐美尔首先指出，吃既是普遍的，也是非常个人化的：

> 因此，在人类所有的共同之处中，最为普遍的一点就是他们必须吃和喝。确切地说，这件事以引人注目的方式，呈现了最为自我主义的特色，实际上它是最绝对、最直接地被局限于个体的事。我所想的，我可以和别人交流；我看到的，我可以让他们看到；我说的话可能会被成百上千的人听到——但是一个人吃下去的东西绝对不可能被另一个人吃到。在任何一个更高级的领域内，都不会出现这样的情况：（为了给我吃）其他人必须完全放弃他应该拥有的食物。①

吃东西是个人主义的，因为同一食物不能被吃两次；食物最终会在食用和消化过程中被消耗和转化，同一食物不可能再被另一人吃掉。

然而，在共享餐食的过程中，个体被超越和提升，并与社区、社会进行互动。齐美尔写道：

---

① 参见 Georg Simmel, "Sociology of the Meal", in *Simmel on Culture. Selected Writings*, ed. David Frisby and Mike Featherstone (London: Sage Publications, 1997), p.130.

　　共同进餐，对于某些民族来说，甚至可以化敌为友。共同进餐释放了巨大的社交力，让我们忽视了人们正在吃和喝的根本不是"同一个东西"，而是完全各自独立的部分这一事实。人们通过共同进餐产生了原始的观念：创造共同的血和肉。

齐美尔强调，在某些宗教中，共享餐食是一种仪式。在这一仪式中，个体的分离找到了最崇高的形式和象征。不是说一个人不能吃别人刚刚吃进去的东西，而是强调每个人吃的都一样，每个人都接受了完整的整体的一部分。

　　在最简单的观念中，社交进餐也创造了同样的血和肉。路德维希·费尔巴哈会说，如果两个人吃同样的东西，他们也会变成同样的人。但在一个不那么唯物主义的解释中，"成为同样的血和肉"可以理解为一个来自谱系学的隐喻。在社交进餐的情况下，血缘关系指的是社区中个体之间的关系。社交聚餐拒绝利己主义，将个体团结在一个社区里，认同一个共同的身份。在社交聚餐中，人对食物基本需求的自我满足被忽视，取而代之的是食物被分享；一个人不吃别人正在吃（或可能吃）的东西，当然也不吃属于别人的东西。

　　因此，尽管"吃"本质上是利己主义的，但普通的一次聚餐就能压倒这种利己主义，而且比其他任何东西或形式更能创建团结和团体的氛围。在人类所有的共同点中，吃是最基本的。吃是人类最基本的和最自私的共同特征，这就是为什么我们发现聚餐是建立一个团体的最佳工具：聚餐不要求具体的资格，每个人都可以参加，除了饥饿没有任何其他条件或能力的要求。聚餐对每个人都有吸引力，这使它在战胜所有个体的利己主义中得到了升华。齐美尔指出，如果饮食、聚餐的门槛没有低到人人都能参与的程度，那么复杂的社会习俗，比如烹饪艺术美学是不可能诞生的。因此，社会性聚餐的出现和它所带来的团结，以及一种共同口味的形成也是不可能的。这是由普遍的、共同的饥饿引起的——不是个人的、自私的饥饿，而是社会化的、有纪律的饥饿。饮食和聚餐克服饥饿，把饥饿从一种自然的、兽性的本能转变为文明的、有教养的行为。社区是在驯服饥饿的过程中建立起来的，这就是文明的过程。

个体性与社会性在聚餐中得到调和，人们在一起吃饭时会签订合同或契约。16世纪初，餐桌美学传统的变化也是餐桌礼仪重新定位的开始。齐美尔指出，当一顿饭成为一种社会事务时，它被组织成一种更具有美感和风格化的形式。这一结论是他通过对下层社会的观察得出的。下层社会的人对食物的物质感觉占据进餐的主导地位，而在上层社会的聚餐中，则是相关的行为准则和行为规范占据进餐的主导地位。盘子和杯子象征着秩序，以平衡利己的个体性和团结协作之间的关系。盘子和杯子确保每个人都能分到属于自己的一份食物，同时也规定了能吃多少的限度（比如一个人不能吃超过盘子和杯子的容量的食物）。作为一种社会化的距离，餐桌礼仪是人类与动物之间最基本的区别之一。根据齐美尔的观点，食物的美学作用是抑制个体对食物欲望的满足，因此，餐桌礼仪对调节或调整人的个体性是很重要的。在他看来，强调菜品的个性或餐桌的个性化美学布置是不雅和野蛮的。齐美尔避开个性化的菜品，因为他认为这类似于同类相食（akin to cannibalism）。[①]

出于这些原因，食物和聚餐特别适合作为集体团结的象征和维系集体情感的手段。齐美尔称赞普遍的、文明的饮食，因为它能将饮食的生理性提升到更高层次的社会形态和社会互动。莱斯利·戈夫顿（Leslie Goften）也提到了这一点：

> 食物不仅象征着文化价值，还形成了一种媒介。通过这种媒介，社会关系得以表达：从家庭内部亲密的、面对面的关系到地区乃至国家之间的关系。[②]

食物被用来以各种方式表达社会关系。在北极地区的因纽特人社会，对他人提供餐食表示感谢是不礼貌的。作为一种自然习俗，因纽特人总是把狩猎获得的食物分配给每个人。当北极探险家彼得·弗罗伊臣（Peter Freuchen）感谢因纽特人分给他肉时，一位老人立刻纠正了他：

> 你不能因为任何人给你肉而感谢他；你有权得到你的那部分。在这个地方，没有人愿意依赖别人。因此，没有人送礼或收

---

① 齐美尔并不是很清楚普通人与食人族之间的区别，这似乎只是用来作类比。尽管齐美尔认为聚餐是社会制度化的一种基本手段，但他不认为在聚餐时不把对方吃掉是一种社会契约。

② Leslie Goften, " Bread to Biotechnology; Cultural Aspects of Food Ethics", in *Food Ethics*, ed. Ben Mepham (London: Routledge, 1996), pp.121-122.

礼,因为这会使你变得依赖别人。礼物培养奴隶,鞭子驯养
猎狗。①

　　你不需要感谢任何人,因为每个人都有权利分享这顿饭,不
管它是谁提供的。因为受赠食物而感谢别人是缺乏团结的体现:
因纽特人不会感谢猎人,而是颂扬他的技艺。

　　在一些语言中,我们发现与英语单词"course"相对应的词有
双重含义,如丹麦语"ret"、瑞典语"rätt"、挪威语"rett"和德语
"Gericht"都有双重含义。在这些语言中,这些词既包含美食的意
思,如"菜品"或"菜肴",又具有法学的含义,如"法律"或"正义"。
一般以为,这些词的词源是古德语单词"rextia",意思是拉直或使
平整。人们认为,这个词用于表述烹饪是受到了德语北部方言
"richte"一词的影响,两者有着相同的词源。

　　这使我们能够假定这个词所表达的法律含义和烹饪含义之
间存在联系:在某些文化中,基本权利可能更多的是指食物权。
这是很容易理解的,因为在很多文化中,拒绝某人给你的食物等
于你排斥某人,或者至少你认为他低人一等。分配,特别是食物
分配,是任何一个社会公平的基本方面。所有社会成员都应该有
权利享有一份可食用的食物,即便不是他挣得的或应得的。考虑
到齐美尔的理论,我们可以说,食物权是一个社会的基本构成
要素。

---

　　①　Peter Freuchen, *Book of the Eskimo* (Cleveland: The World Publishing Company,
1961), p.154.

4. 历史上的食物与伦理

　　长久以来，人们一直将饮食与伦理道德联系在一起。在大多数文化中，我们会发现存在关于食物的体系，即食物被禁忌、特定的意义和价值观包围，对吃什么和怎么吃都有非常精确的描述。以下是食物与伦理关系的简史。

　　在古代，这种关系体现在饮食学①（dietetics，源自希腊语diaité）中。法国哲学家米歇尔·福柯（Michel Foucault, 1926—1984）在其著作《性史》中指出，希波克拉底（Hippocrates）描述了人类如何一开始就像动物一样吃食物，以及后来如何随着时间的流逝远离这种生吃食物的天然方式，变成在吃之前准备食物。②因此，毫无疑问，希波克拉底认为食物不仅是自然的，而且"是经过后天文化培养的自然"，饮食学把食物和身体健康联系在一起；饮食就是吃治疗病人所必需的正确的食物。然而，希腊人的饮食学并不只是用作医疗手段：

　　　　饮食——养生法——是人们用来认识人类行为的一个基本范畴。它规定了人们的生活方式，而且使得人们可以为行为确定一整套的准则：一种根据必须保留和应当遵从的自然本性对

---

　　①　饮食学，原文是dietetics，该词有饮食学、营养学的意思。古希腊时期还没有现代意义上的营养学，dietetics在本书中也是泛指饮食上的学问，所以译者认为译为"饮食学"较为恰切。——译者注

　　②　Michel Foucault, *The History of Sexuality*. Vol. 2 (New York: Vintage Books, 1985), p.99.

> 行为的质疑方式。养生法就是一种生活艺术。

　　古希腊的养生法不仅关涉身体的合理营养问题,而且涉及生命准则和人类存在的问题。因此,饮食学也是对美好生活的一种思考。正确的饮食和正确的生活准则是不可分割的。福柯对希波克拉底和柏拉图(Plato,前427—前347)的饮食学进行分析,指出这种饮食制度的双重意义:健康的身体和健康的灵魂。饮食学是生活的艺术。当饮食学显示出一种美好生活的方式时,它是道德的:避免极端,吃得有节制。饮食学是关于太多和太少之间的平衡;是对个体自身的身体和自我心灵的关怀。饮食学是将自己塑造为肉体和道德合而为一的主体的一种特定方式。这是一种自我的技术。

　　食物对身体有生理影响,某些种类的食物会导致疲劳、兴奋、头晕和许多其他状态,这是人类几乎每天都会经历的。缺乏特定的营养,如营养不良会影响身体和精神状态,可能导致抑郁、焦虑、易怒、情绪不稳定、歇斯底里等。① 因此,养生术实践是一种生活艺术;它是一种涉及身体和相关要素的策略,旨在使个人具备理性的行为模式。②

　　《旧约》中包含了大量的宗教饮食规则,规定了什么可以吃、什么不可以吃。玛丽·道格拉斯在其著作《洁净与危险》的第三

---

① David Benton, *Food for Thought* (London: Penguin Books, 1996), p.17.

② Michel Foucault, *The History of Sexuality.* Vol. 2 (New York: Vintage Books, 1985), p.108.

章中，对该饮食规则的含义的最常见解释进行了精彩的分析。

第一种解释是，一些读者采纳了现代实用主义的观点，认为这些规则体现了食物卫生，因此《旧约》的文本在这种解释中应该可以与现代食品安全规则相比较。然而，情况不太可能如此，因为相关文本中根本没有任何迹象表明这一点。

第二种解释认为，饮食规则的目的是自我控制，防止轻率的行为和不公正。饮食规则是实现美好生活的一种手段。这种伦理上的解释起源于亚历山大大帝和古希腊文化时期。

第三种解释认为，这些饮食规则应该起到保护作用，防止外来影响。但在书中，道格拉斯很快就否定了这一点，认为这和饮食规则无关，她不认为这是一种保护文化身份的模式。饮食规则规定了特定的饮食习惯，因此也规定了特定的生活行为和方式。这种生活行为和方式之所以重要，不仅是出于文化的原因，而且是因为其对个人身份理解所具有的意义。

道格拉斯还提出了第四种解释：

> 饮食规则就是一种标志，它时时处处使人们深刻体会唯一性、纯洁性和完美性。通过这些禁忌规则，在人们遇到各种动物与各种食品的场合里，圣洁都有了实在的表现形式。因此，遵守饮食规则就成为承认与崇拜的重要圣事中极有意义的组成部分，而这种圣事往往在圣殿举行的献祭仪式中达到高潮。①

---

① Mary Douglas, *Purity and Danger* (London: Routlege, 1966), p.58.

　　道格拉斯将饮食规则作为启发冥想的契机,这与本书第三部分要讲的食物伦理很接近。然而,我想选一条与道格拉斯不同的路径。首先,本书的背景不是宗教,而是伦理。其次,我不说"标志"(sign),只说"痕迹"(trace)。在本章末尾和本书的第三部分,我将把食物作为生产历史痕迹进行哲学研究。有人认为,食物的伦理维度确实涉及食物是如何生产的,即具体的食物生产实践。

　　根据荷兰哲学家兹瓦特(Hub Zwart,1960—)的研究,饮食规则的道德含义被基督教摒弃了。① 根据道格拉斯的解释,我们可以更进一步说,当基督教抛弃了饮食规则,就意味着上面提到的其他解释失去了意义。食物将不再与文化身份有关。这是基督教传统的一个重要方面,食物失去了与自我理解之间的联系,不再作为激发冥想的符号。

　　如果说以前的饮食规则是出于卫生的目的,那么这一点被否定了。不洗手不会玷污人,吃什么在道德上也不重要。营养变得微不足道,真正重要的是精神的食粮。根据兹瓦特的观点,在基督教中食物与道德没什么关系;相反,它鼓励人们避开尘世和物质世界。

　　但是,我认为这种解释过于激进。另一种解释是,这段话要传递的信息是:不要夸大饮食习惯的传统,因为它们可能把人的注意力从真正重要的东西——信仰上转移开。

　　然而,尽管有这样的解释,《圣经》中提到的食物仍被用作一

---

① Hub Zwart, "A Short History of Food Ethics", *Journal of Agricultural and Environmental Ethics*, 12 (1999): 118.

种图景,作为重要符号。尘世的食物应该引导食者的精神走向圣洁。在宗教的聚餐仪式中,物质发生变形,并转化成一种新的物质。这种吃东西的习俗存在于许多宗教中,也存在于古代,而且必须以宰杀为基础。① 外部世界被消耗,转化为内在,成为信仰。这表明,对于占有世界而言,"吃"是一个多么强烈的隐喻,为的是占有世界,以及自然又是怎样被转变成文化的。

现在让我们把时间跳转到 17 世纪末。在这一时期,社会层面上的食物供应成为公众辩论中的一个重要辩题。马尔萨斯(Malthus,1766—1834)在他的名作《人口原理》(*An Essay on the Principle of Population*,1798)中阐述了为什么粮食生产不能随着人口的增长而增长,以及不可避免地导致饥饿的原因。根据马尔萨斯的理论,没有什么可以阻止饥荒的发生,因为这条规则是自然法则。

目前,人们正越来越多地从科学的角度讨论粮食短缺和饥荒问题。一些人开始认为饥荒并不是一种会给当地造成严重后果的自然法则,而是一个国家能够而且应该解决的问题。这样,饥荒从自然法则转变为文化和道德问题。

在贝托尔特·布莱希特(Bertolt Brecht,1898—1956)创作的《三分钱歌剧》(*The Threepenny Opera*)中,来自黑社会的麦克希斯(麦克刀)和珍妮演唱了一首民谣《是什么使人类生存?》(*What*

---

① Hartmut Böhme,"Transsubstantiation und symbolisches Mahl. Die Mysterien des Essens und Naturphilosophie", in *Zum Naturbegriff der Gegenwart*, Kongreß dokumentation zum Projekt "Natur im Kopf" Stuttgart, 21–26 June 1993 (Stuttgart, 1994), pp.139–140.

Keeps Mankind Alive?）：

　　你们这些认为自己的使命是来清除我们的七宗罪的先生们，应该首先除去食物在人类中的基本位置，然后才开始讲道，那才是起点……

　　所以，首先要确保那些正在挨饿的人，在被教导的时候（do the carving）得到适当的帮助。①

这首民谣中有一句著名的格言："食物第一，道德随后。"②

饥饿压倒了饥饿者的道德，因为饥饿让他们面临死亡和毁灭的威胁。为了从饥饿中活着逃脱，饥饿者会不惜违背自己的道德或社会的道德。饥饿导致不道德和反社会的行为。中世纪的瑞士医生帕拉塞尔苏斯（Paracelsus，1493—1541）是这样说的："活着的东西都要吃，被吃的东西都要被消化；哲学就是从这种消化中分离出来的。"

生活在西方的工业化国家，很多人很难想象饥饿是什么样子。农业生产的过剩减少了饥饿，以至于世界卫生组织宣布，肥胖是人类更大的威胁。更多的人死于太胖，而不是死于没有足够的食物。在西方，我们可以试着不吃东西，就像禁食时那样，但这与被迫的饥饿是无法比拟的。我们现在不再熟悉饥饿，无法断定

---

① Bertolt Brecht, *The Threepenny Opera* (London: Methuen Modern Plays, 1979), p.55.

② 原文为德语，"Erst kommt das Fressen, dann kommt die Moral"。

"食物第一，道德随后"是否仍然成立。当然，格言是绝对化的情况。麦克刀和珍妮声称，为了生存，穷人不仅必须违背自己的道德价值观，而且实际上，无法考虑道德。人只有在不挨饿的情况下才有可能按道德行事；即便如此，饱腹也不能保证人们的行为就是有道德和正当的。但事实是，饱腹让伦理得以发声，创造了一个讨论伦理的空间，也让伦理成为争论的主题，而饥饿却排除了食物伦理。"满足"的首要义务是确保没有人挨饿，确保合理、公正地分配食物。在因为饥饿而忽视道德的地方，向所有人分配食物就是行使正义。这就使道德问题变得十分紧迫。

到目前为止，大多数与食物生产有关的道德法规已被官方提至国家层面或欧盟层面的议程（通常是与利益组织合作）。食物伦理正成为议程的一部分，这可以从许多新成立的处理这一特定主题的理事会所进行的一项调查中看出。1998年，英国成立了食物伦理委员会（Food Ethics Council）；1999年，欧洲农业和食物伦理协会（European Society for Agricultural and Food Ethics）成立；2000年，荷兰农业和食物伦理平台（Dutch Platform for Agricultural and Food Ethics）成立；联合国粮食及农业组织（FAO）创建了一个"食物和农业伦理知名专家小组"（Panel of Eminent Experts on Ethics in Food and Agriculture）。从这些组织获得的官方资料中，我们得出的总体结论是，食物伦理针对的是与食物有关的道德和伦理问题。一种普遍的共识似乎已存在，即食物伦理源于对食物生产实践发展的普遍关注。这种普遍关注指向以下主题：消费者的健康、食物安全、消费者的自主权、消费者的信息权、饥饿和第三世界的饥荒、农村地区的可持续发展、平等参与的决策权、对子孙后代的责任、动物福利、保护自然资源和生物多样性、伦理研究，最后是制定食物生产实践的道德手册或指南。这些都是很有价值的理想，但很难实现。可以说，食物伦理是不自量力的——世界上有 8 亿饥饿人口，这个数字一直在提醒着我们这一点。

5. 食物伦理与生产历史

将食物与伦理结合成单一的"食物伦理"的概念是近期的一项创新。乍一看，这似乎是一种矛盾修辞法，即由两个相互矛盾的术语构成一个概念：伦理排斥食物，食物排斥伦理。一些人，特别是有享乐主义传统的人，甚至可能把食物伦理看作"坏口味"的结果，会破坏食欲和美味佳肴。在不久的将来，食物伦理可能不会成为一个适合在餐桌上谈论的话题。我们不想破坏消费者的胃口——即便只是想想今天的食物生产实践，也很可能让人倒胃口。或许恰恰相反，食物伦理的目的是讨论和制定在食物生产实践方面的美好生活愿景，从而增加用餐的乐趣。

一个新概念的出现不是偶然的，它反映了社会思想意识的新方向。食物伦理的概念被用来指代一个广泛的领域：对食物生产实践的新关注点。今天对食物伦理的理解，与早期对食物与伦理关系的理解当然有所不同。早期的食物伦理是关于个人的健康和美德的维护，以人的身体和自我的建构为中心。今天的食物伦理关乎对他人的关爱。这里提出的食物伦理包括环境伦理、社会伦理和其他与食物有关的伦理。

　　毫不夸张地说，消费者已经尝到了道德的滋味。到目前为止，我主要讲的是在食物及其消费领域的道德。在第三部分之前，在进行消费者对食物伦理的品位这一更深层次的哲学分析之前，我还需要谈谈伦理及其与食物的关系。

　　伦理学的目的是实践。亚里士多德在《尼各马可伦理学》中说道，伦理学是"追求善或以善为目标的"。不过，这有什么好处呢？什么是善的行为？这就是伦理所涉及的问题。因此，在道德范畴内，我们必须想象存在"善"，这样人们才能决定什么是值得努力的。对美好生活的憧憬终将实现。然而，这一憧憬不应该仅是想象，而应该转化为行动。

　　第一个重要的事实是，行动总是在特定的情况下发生。我们无法想象一个没有背景的行动。行动的特点是开放性——不同的人可以自由地对相同的情况做出不同的反应；在特定的情况下可以采取不同的行动：好的、不太好的和坏的。有些情况看起来非常相似，但绝不是完全相同的。情况总是在某些方面有所不同。这样，"善"的行为就会依赖于实际的情境。伦理反思的参照点有两方面：一方面是对美好生活的概括或普遍的愿景，另一方面是对这种愿景的运用，例如用其来指导现实生活。伦理反思是愿景的总体性与现实情境的特殊性之间的中介。一般的伦理反思必须与实际情况相适应，才能在具体情况下对行动起指导作用。①

　　第二个重要的事实是，要明白行动总是在各种情境中发生的，也就是说，一个人并不孤单。"在一种情景中"指的是在与他人或他物，如与其他人、其他生物或事物的关系中处于特定的位置。美好生活的愿景必须包括他人，因为个人从来没有与他人隔绝，而是始终与他人生活在一起。行动不会孤立地发生，总是包括其他人的行动。伦理在"他人"的存在中产生，或者如伊曼努尔·列维纳斯所言："我们通过其他伦理的存在来对我的自发性提出质疑。"②

　　美好的生活不仅是我自己的美好生活，也是别人的美好生活。因为没有别人的美好生活，我自己的美好生活是不可想象的。自己的美好生活也包括别人的美好生活。因此，我必须能够想象或考虑别人的美好生活，把自己放在他们的位置上考虑。伦理的关联性启发了法国哲学家保罗·利科，他指出，伦理是与他人以及为了他人的美好生活的愿景。③

　　然而，利科并没有止步于此。我们不仅生活在与他人面对面

---

　　① 这阐明了道德与规范之间的区别。道德是有道理的或有根据的，而规范则是或多或少没有被反映的行为准则，表述为"你必须……"或"你不能……"，没有提及任何原因或具体情况。

　　② Emmanuel Lévinas, *Totality and Infinity* (The Hague: Martinus Nijhoff Publishers, 1979), p.43.

　　③ Paul Ricœur, *Oneself as Another*, chs 7, 8 and 9. 利科使用"为了"一词，而不是"愿景"，亚里士多德在《尼各马可伦理学》中定义伦理时也用了这个词（"为了"或者"争取"美好生活）。

的关系中,也生活在一个更大的社会网络中。在这个社会中,正义应该包括平等和公平;在这个社会中,正义应该被制度化。因此,利科将伦理描述为在一个公正的社会制度里与他人以及为了他人的美好生活的愿景。食物的生产就是这样一种社会制度:我们可以把食物伦理看作在公平的食物生产实践中与他人、为了他人共同过上美好生活的愿景。

我们现在必须问的是,在食物伦理的层面,他人是谁?让我们想象一下消费者在商店里面对着食物的情形。他们有充分的理由问,这些食物与道德有什么关系?对于不了解食物生产实践的消费者来说,食物伦理是不可能存在的。食物在道德上与他们无关。在商店里,食物呈现为"死的生命",无法为它曾经的生命对人们进行任何道德上的要求。对于这种"死的"食物,我们无法怀有任何道德。我们对食物可能有品位和审美上的观点,但不会表达伦理上的关切。这一点在我们思考不能侵犯食物本身时就很明显。可以说生物被侵犯,但不能说食物被侵犯。

为什么我们会认为出售含有致病性微生物的食物是不道德的呢?这不可能是出于一种对食物的同情,毕竟食物已经"死了"。然而,这是一种遗憾,甚至是一种侵犯——消费者会吃这些食物,并因此生病。为什么有些消费者认为吃笼式养殖鸡的鸡蛋是不道德的?并不是因为人们违反了鸡蛋的意愿而去吃它们,也不是因为这些鸡蛋被下在笼子里。相反,他们认为这样不道德是因为这是对笼式养殖鸡的侵犯。而且与天然的鸡蛋相比,这些鸡蛋的质量可能更糟,从而削弱了它们对消费者的吸引力。那些由各种高端食材混合而成的平淡无味的食物,为什么在厨师的眼里似乎是一种遗憾和浪费？这并不是出于对食材的怜悯，而是对制作这样的食材所投入的劳动的蔑视，这种做法是对本可以享用一顿美餐的人的侮辱。

因此，从这个角度看，食物伦理并不涉及食物的最终产品本身，即待吃的食物。① 相反，食物伦理关注的是生产实践：我们知道，食物起源于生命世界，必然有一段生产历史。即使我们对生产实践一无所知，但当我们购买食物时，必然知道食物的生产是有历史的。这段历史可能是残酷、丑陋的，例如在残酷的屠杀中不尊重动物福利；也可能是善的和美丽的，如在正常情况下，动物的天然行为被尊重。对食物生产历史的了解构成了消费者道德立场的基础，构成了消费者食物伦理的基础。没有这些知识，消费者无法具备行为（或购物）上的道德。没有这些知识，他们就不能问这样一个问题：食物的生产历史有什么不同吗？

转基因食物的例子很好地说明了这一点。许多欧洲人反对并希望避开转基因食物。但抵制转基因食物不是一个简单的任务，因为转基因植物的传播很容易超出控制范围，如花粉从一块田传播到另一块田，或者在加工过程中转基因植物与非转基因植物被混合在一起（通常转基因植物和传统植物看起来没有明显区别）。负责管理该事务的欧洲当局——欧盟委员会提出了一套标签程序，规定只有当转基因生物的含量超过特定限度时，才必须对食物进行标示。这使得消费者根本不可能避开转基因食物。由于"被迫"食用或无法避免食用转基因食物，反对者们或许很快

① 然而，食物的"公平"分配是最紧迫的伦理问题之一。

就会从争论中退出。这使得消费者无法表达他们参与食物道德
事项的意愿。

食物伦理可以追溯到过去，直至食物的起源：追溯至食物来
自的大自然的生命世界；追溯至食物加工和分销给消费者所要经
历的生产实践。食物伦理是关于食物生产实践的伦理，包括从养
殖和种植到食物的加工和配送。

食物伦理的"时间性"似乎是个问题。食物伦理表现在消费
者的选择和行为上，它包含一种系统性的迟钝、一种内在的惰性，
在消费者能够避免或抵制它之前，其损害必然已经发生。从某种
意义上说，到那时已经太晚了。食物伦理指向过去的时间，并构
成了一种"过去的伦理"，一种从消费者的角度来看不可能的伦
理，因为已经做了的事情是无法改变的：食物是在伦理上可接受
或不可接受的条件下生产出来的。当消费者的食物伦理建立在
处罚的基础上，即对具有令人无法接纳的特定生产历史产品的处
罚，而不是基于对具有已知和受认可的生产历史产品的特定选择
时，食物伦理就有成为"最不充分的伦理"（the least poor ethics）①
的风险。消费者从商店货架上的产品中做出选择，所能做的就是
确保所选食物的生产历史不是最糟糕的。以对已经发生的情况
进行处罚为基础的食物伦理不是人们希望的伦理，而是最不充分
的伦理，即我们只能在商店提供的选项中做出不是最差的选择。

① 最不充分的伦理，原文直译应为"不是最差的伦理"。根据上下文，如果消费
者对生产历史不知情，那么选择就是不充分的，因此食物伦理就成了最不充分的伦
理。——译者注

更不用说,在一个全球化的世界里,处罚似乎已经失去了重要的作用:只有在极少数情况下,它才能真正有效地动员消费者进行抵制。要使处罚有效,就必须在参与的伙伴之间建立联系,使其有一致的处罚对象。如果没有这样的联系,处罚就会变得无用。

这无疑是食物伦理的一个基本特征,它与失去时间性的生产故事有关。即便如此,我也认为消费者不太可能实现消费伦理的这一观点太悲观了。消费者采取行动时总是为时已晚,这可能是市场一个真实而基本的特征,但食物伦理的一个基本目标应该是让情况再次变得好起来。这并不是说已经做了的事情可以被改变,时间可以倒退,而是说在未来,食物生产实践应该变得更好。这种针对未来的食物伦理将成为美好生活愿景的一部分。本·米弗姆(Ben Mepham)在其著作《食物伦理》(*Food Ethics*, 1996)中,试图系统地论述食物相关的伦理问题,建立了如表 2 所示的"伦理矩阵"。

表2　伦理矩阵显示三种伦理原则与合适的生物(如动物和作物)、生产者(如农民和食品生产企业的雇员)、消费者和生物圈之间的关系①

	福利	自主	公平
合适的生物	如动物福利	如行动自由	目的是尊重
生产者(如农民)	足够的收入和适宜的工作环境	有种植或不种植的自由	在贸易和法务中的公平待遇

---

① Ben Mepham, "Ethical Analysis of Food Biotechnologies: An Evaluative Framework", in *Food Ethics*, ed. Ben Mepham (London: Routledge, 1996), p.106.

续表

消费者	能够买到安全的食品，食品的可接受性	尊重消费者的选择（标签）	普遍的食物购买力
生物圈	生物圈的保护	保护生物多样性	生物在数量上的可持续性

米弗姆所提到的原则（福利、自主和公平）确实是相关的问题，是以原则性的方法系统地反映食物伦理的首次尝试。这种尝试有时也被称为原则主义。但现在，我不打算去评论它们，而是集中讨论食物伦理中相关角色的问题：合适的生物、生产者、消费者和自然界（生物圈）。在这四个涉及食物伦理的主体中，只有三个即合适的生物、生产者和自然界（生物圈）直接参与了食物的生产。

消费者通常不参与食物生产。这是食物伦理中一个重要的独特之处。食物伦理当然应该关注食物的公平分配。然而，对涉及食物生产的自然界（生物圈）、生物体和生产者的关注则属于食物伦理的另一方面。正是因为消费者是那些参与生产的人的重点关注对象，消费者的采购及相关行为才如此重要，而食物的公平分配问题则没那么重要了。我已经提到，在本书中，我从消费者的角度出发，想看看他们有什么途径能实现其食物伦理诉求。

然而，从矩阵中可以看出，与消费者有关的伦理问题是安全食物的供应、选择食物的自由和人们对食物的购买力。这些可以看作消费者的权利。生产者和零售商有义务建立食物的安全生产体系，有义务告知消费者相关信息，等等。消费者的自由选择

（或者我更愿意说是"知情选择"和对消费者自主权的尊重）是消费者食物伦理的核心，因为如果没有充分的食物信息，消费者就无法做出选择。消费者自主原则是上面提到的伦理原则中唯一与消费相关的。我将在后文讨论消费者的自主原则。① 知情的食物选择指出了生产者和零售商应尽的道德责任，即向消费者提供他们所关注食物的生产历史及相关的伦理问题的信息。

如果大多数人对食物生产历史一无所知，或者只知道很少的信息，在这种情况下，食物消费会发生什么"有趣的"情况？答案很简单，也为大多数人所熟知：食物应该价格低廉。

统计数据显示，消费者在食物上的花费每年都在减少。他们在食物上的消费占其收入的比例越来越小。② 对于寻求效用最大化的家庭来说，这似乎是合理且合适的：在食物上省钱，以便在其他事情上花更多的钱。当然，这背后隐藏的假设是，食物或多或少都是相同的东西，在质量上真的没有太大差别。现代消费者确实很难看出食物之间的区别。我试着把所谓的消费者及其家庭效用最大化的概念延伸到城市的郊区，这将表明现代消费者面临的一些困境：消费者总有一种被欺骗的感觉。此外，价格下降也会导致许多其他问题。如果价格降低，农民和食品工业生产者将

---

① 这意味着忽略了消费者伦理的其他方面（如食品安全和可负担性），这些也是消费者的伦理和消费者的权利。参见 David Crocker and Toby Linden (eds.), *Ethics of Consumption. The Good Life, Justice and Global Stewardship* (Lanham: Rowman & Littlefield Publishers, 1998).

② 参见 Alan Warde, *Consumption, Food and Taste. Culinary Antinomies and Commodity Culture* (London: Sage Publications, 1997), p.101.

不得不生产更多,同时不得不减少其开支。对于农民和食品工业生产者来说,他们已经为此做了很多事情,走了很长的路,他们的调整影响了动物的福利、农民的福利、食品业员工的工作满意度、自然环境和景观的保护,当然还有食物的质量。消费者要么花钱太多,有被骗的感觉;要么花钱太少,感觉质量低劣。被骗的感觉折磨着消费者,因此他们宁愿忍气吞声,买最便宜的东西,尽管他们知道那是次品——但这至少让他们免于感到被欺骗。当价格是最重要的,最便宜的商品的质量又是最糟糕的时候,消费者要做道德选择并不容易。

商店的装潢毫无品位,因为店主根本无法满足这些吝啬顾客的好品位。消费者在购物时就失去了食欲。无论成本多少,食物必须是便宜的,这就是为什么消费者在最便宜的市场购物,即便他们明知自己会对食物质量不满意。他们想要最便宜的,因此成群结队地来到超市,尽可能多地购买廉价食物,而这些食物的质量是最差的。

由于出售廉价食物的利润低,店主无法向员工支付体面的工资,自己也被迫购买最便宜的食物。他们即使买得起别的食物,也非常清楚,那些所谓的特色食品、美味佳肴和高级食品的利润率很高。但是,这类产品销量少,销售这些食物会造成成本增加,使总成本高于产品的实际价格。当一名店主并不容易,因为他总是要取悦那些来店里寻找最便宜商品的消费者。他们不得不压低批发商的价格,以便把廉价食物放到货架上。

这反过来也使批发商的工作变得困难。批发商必须进口遥远的国家生产的食物。这降低了成本,因为在一些国家几乎不存在对环境、员工、动物的关心和保护。要终止与本地农民的合同是困难的，但当食物必须以这样的低价出售时，批发商就不得不这么做。为了使整个企业理性化和赢利，批发商被迫进口更多的食物，减少销售本地生产的食物。批发商知道食物会因在世界各地的运输而招致污染，但这就是市场运作的方式，我们无法逃避全球化。

这对于农民来说也不容易。批发商强行压低价格，因为他们声称可以从其他地方买到更便宜的商品，无论是从邻近的地区还是国外。当农民想到自己从食物生产中获得的收入时，他们只会对商店里的价格直摇头。此外，对猪和鸡进行工业化养殖也很有难度，但农民要想继续经营下去就必须这样做。为了使生产合理、高效，农民必须扩大规模，向大企业、专业化生产方向发展。他们不得不买下邻居的家庭农场——但这会比较昂贵，因为邻居也非常清楚，为了保住生意，他们不得不扩张。

如果在这一点上，有谁能同意抵制消费者，停止生产廉价的猪，那么相信更好的食物质量在未来是可能实现的。然而，大多数生产者和销售商很难站在一起，市场上竞争对手之间的团结并不普遍。此外，全球化使抵制变得过时和可笑。这描述了许多与现代食物市场和食物生产实践相关的困境。这是一种恶性循环。在这种循环中，自私、斤斤计较和经济理性被置于比道德更高的地位。从消费者的角度来看，现代食品市场的结构掩盖了食物的生产历史。在目前的状态下，市场结构无法与生产历史相适应。食物的每一次流通、转手，其前所有者的信息几乎会完全丢失。就目前的情况而言，要让人们看到食物的生产、制作的历史是很困难的；对于消费者来说，寻找有关生产实践的信息是一项非常艰巨的任务。当今食物市场的复杂性和缺乏透明度使得消费者不信任生产者和零售商。作为食物的消费者，他们只是从审美和文明的角度来体验食物，而不是从伦理的角度。食物的起源和历史已不再是显而易见的了。对大多数消费者来说，农业、食品工业与其他涉及将食物带到食品店里和餐桌上的企业就像一本他们知之甚少的书。消费者无法回顾生产历史，因此也无法预见未来的食物消费将如何影响自然和社会。生产者和消费者之间的关系是不存在的，"从农场到餐桌"的整个链条中各个要素之间的一致性对消费者来说是隐蔽的。

食物不仅是利己主义的消费者和家庭的主题，也是一个对社会、自然和人都具有重大意义的伦理学主题。食物系统的改变会带来社会、自然和人的变化。从某种意义上说，某种食物同另一种食物一样"好"，这并不是无关紧要的。尽管食品工业尽其所能地使食品标准化，但食物之间还是有区别的。

让我用一个例子来说明这一点。牛奶是一种非常基本的、相对而言未经加工的产品——至少大多数人不认为牛奶是高度加工的标准化的食物品种，但是牛奶的脂肪含量、生产季节、源头生产地，奶牛的品种、饲料、哺乳期，农场的挤奶系统和存储系统等，这些参数统统被标准化了。如果上述参数发生变化，就可能会使这一批牛奶成为非常不同的产品。① 原料奶中蛋白质水平的时间变化在乳制品中被标准化到同一水平。这使得乳品厂全年都能向世界各地提供同质产品。牛奶不再是天然产品,而是工业产品;它拥有批量生产产品的最大特点——统一性。食品的标准化让我们忘记了它们的起源:食物来自生物,来自大自然。

那么,为什么在工业化和现代社会处理食物伦理问题如此困难呢? 从生产者的角度来看,即使是道德上最合理、最合适的食物生产方式也无法在长期的财政赤字中生存下来。可以说,生产者的道德和消费者的道德是分不开的。生产者的道德除非得到消费者的道德消费的支持,否则就不能维持。因此,生产者的道德标准必须符合消费者的道德标准,否则就不会有消费者。面对市场的经济理性,食物伦理要发挥作用,就必须在生产者和消费者的伦理立场上进行某种整合。但是,由于生产和消费是分开的,生产者和消费者之间的交流非常有限,要让这两者就食物生产的做法达成协议,其可能性微乎其乎。

---

① John Sørensen (Arla Foods), "Milk — Quality Aspects Relating to the Raw Material" [paper from the conference, Kvalitet fra jord til bord (Quality from Farm to Fork), The Royal Veterinary and Agricultural University of Copenhagen, January, 2001].

第二部分

理智化的食物

第二章

科学化的食物：食物的理智化之路

大多数关于食物的学术争论和公众争议往往是正好相反的。一方面,对食物的唯物主义、实证主义的理解,以及对科学理性的具体理解,代表着一种基于科学的人与食物之间的智性关系。另一方面,我们发现,现象学和文化上对食物的理解促使我们用感官、本能、身体、感觉、社会意识等去感知食物。

这两种对食物的不同理解和古典哲学中的身心二元论有许多相似之处,这种二元论几乎与哲学本身一样古老。在启蒙运动的合理性与浪漫主义的敏感性之间的争论中,二元论获得了新的意义。

在启蒙运动之前,勒奈·笛卡儿(René Descartes,1596—1650)的哲学就包含了一种二元论,这种二元论主张将心灵和身体分开:

> 也许(或者确实,正如我即将要说的)我有一个和我紧密相连的身体,然而,这是因为一方面我对我自己有一个清晰且明确的观念,我是一个只会思考而不具有延展性的物体;而另一方面,我对我的身体也有清晰的观念,它是一个只有延展性的而不会思考的物体。可以确定的是,我真的不同于我的身体,没有它

*我也可以存在。*①

笛卡儿认为心灵和身体紧密联系在一起，以至于后来宣称，两者"构成一个单一的东西"。当然，这只是从某种意义上说的。因为痛苦、口渴、饥饿和身体所感知到的其他感觉"不过是某种思维的混乱方式，它们是心灵与身体结合而产生的，可以说这种感觉是心灵与身体结合的结果"②。尽管身体可能和心灵有密切的关联，但是对于笛卡儿来说，更重要的是，思想是独立于身体之外的，思想没有身体也可以存在。智力和推理被认为是心灵的一部分，而肉欲则属于肉体的范畴，笛卡儿对研究肉体没什么兴趣。

心灵和身体的二分法构成了一种二元论。这种二元论可以在人类存在的许多领域中找到。我们与食物的关系也有这种二元论特征：一方面，通过冷静的推理和计算，我们可以让农业产量最大化和维持高水平的食物安全；另一方面，人对食物的感官、肉体体验以及食物的文化层面，对于消费者建立与食物的亲密体验是至关重要的。饮食文化增强了食物的一致性和可理解性。科学的方法和农业的合理化没有为感官享受、亲密性和一致性留下太多空间。然而，在食物生产和消费中，如果我们过分注重这些食物的文化特质，也可能使合理、有效的食物生产边缘化，在最坏

① René Descartes, *Meditations on First Philosophy* (Indianapolis: Hackett Publishing Company, 1993), p.97. 中文译文参见：笛卡儿：《第一哲学沉思集》，庞景仁译，北京：商务印书馆，1986，第82页。

② René Descartes, *Meditations on First Philosophy* (Indianapolis: Hackett Publishing Company, 1993), p.99.

的情况下,甚至会导致食物供应不足。

"intelligence"一词来源于拉丁语"intelligere",意为理解或掌握。智力是知识的组织者。法国现象学家莫里斯·梅洛-庞蒂(Maurice Merleau-Ponty, 1908—1961)认为,客观思维是通过将客体从经验及其表象中移除而形成的。概念,即常识和科学的概括:

> (概念)使我们失去了与感性经验的联系,但它却是感性经验的成果和自然的结果。①

知识和感性之间存在着根本性的冲突。知识是普遍的,不受时间的支配,而感性是主观的,是有限的。我们经常把知识和感官体验作为排他性的对立面,所以当我们为知识腾出空间时,感官体验和其他外部印象就被排除在外,仿佛它们会阻碍知识。相对地,反思也必须被排除,以便为完全的肉体感官和身体感受腾出空间。在特定的情况下,太多的知识和想法干扰了肉体的存在。

感觉和思维通常被认为是两种不同的认知形式,它们几乎没有共同点。感觉常被描述为前概念的、前理性的②的和本能的。

---

①　Maurice Merleau-Ponty, *Phenomenology of Perception* (London: Routledge, 1989), p.71.

②　前理性的,原文为 prerational,也可以理解为"在智力发展以前的"。——译者注

它发生在思想之前。事实上，人们常说，身体在思想理解之前就已经领会了。人们相信智力能让人获得真正的认知和知识，因而常常对感官和肉体产生怀疑。柏拉图的哲学就是一个典型的例子，如在《理想国》中，柏拉图说：

> 就我个人而言，我无法设想，除了研究存在和不可见的事物，还有什么别的研究能使灵魂的目光转向上方。但是，如果有人试图研究感官能感觉的事物，无论他是张着嘴巴向上还是眨着眼睛向下，我永远不会说，他是在进行真正的学习——因为这样做不会让他获得真正的知识；我也不会说他的灵魂是向上看的，而会说它是向下看的。①

与一般的观点相反，对感官的不信任在某种程度上也适用于自然科学。虽然自然科学的目标是描述经验的现实，但它的理想却不是感官的。当然，感官感受是经验科学的先决条件，否则所有的感官接触在科学中都将被否定，但感官必须被最小化或中和，因为它不复制世界的本来面目，它呈现的只是我们所"感受"到的世界——表面世界（德语：die scheinbare Welt）。感官仅仅呈现了现实的表象，是世界的一种显现。感官认知只是对事物表象的一种把握。在当代自然科学中，感官被表征取代，即被测量读数取代，测量的结果被媒介化为一个度量的数值。感官只是用来获取这些仪器读数的工具。同时，这些测量仪器可以看作感官的

---

① Plato, *The Republic*, 529b.

延伸,将感官延伸到微观和宏观的层面,达到人通过感官无法达到的层次。此外,测量仪器的读数与肉体的感觉是分离的,因此非肉体的感觉是通过一种视觉表现来调节的。在自然科学中,把感官当作认识主体是不道德的。这种看法对我们与食物和食品的关系有着重要意义,其影响在农业、营养学、美食学、食物消费等领域都有体现。

我认为,从知识层面和现象学层面来理解食物都是合理的,尽管它们从根本上是不同的,但它们不应该被割裂并过多地相互对立。心灵和身体之间并没有那么清晰的界限。例如,现象学和叙事方法对食物的理性思考很重要,我将在第四章和第五章展开论述。

首先,让我们继续对食物的理智化进行批判性分析(这里没有反理智化的意思)。下面的分析表明,食物的理智化主要是在科学的基础上理解食物,因此可能会排除对食物的其他理解,包括文化和现象学上的理解。

如果我们希望了解对食物(如新奇食物①或功能性食物)和食物生产实践中技术发展的总体性批判,就很容易将理智化食物视为一种迹象,即食物与文化、伦理和感官的关系已经被边缘化,取而代之的是一种孤立的理智化、理性化的关系。后者是通过科学地测量和分析食物中的化学物质,通过农业科学和工业化的食品加工实践,通过经济理性的运用,通过食物申报制度的广泛使用等来实现的。食物正在科学和经济学的前提下被理智化。

---

① 新奇食物,原文为 novel food。——译者注

对自然的研究,被视为对自然的系统考察,对食物本身以及现代人与食物的关系产生了巨大的影响。食物"来自"自然,是自然的产物,因此在科学哲学中,现代人与食物的关系在许多方面都遵循着自然和生命的研究发展而变化。我们如果要调查关于食物的论述是如何被现代科学方法主导的,就应该从研究自然和生命的一般科学方法开始。

考察自然研究自古以来的发展历程,会让人不由地想写一部"生物学的历史"。然而,很快你就会发现在 1800 年之前并没有以生物学的名义存在的学科。生物学的概念在古代并不存在,这或许是可以理解的。从文艺复兴到 17 世纪末,没有生物学,只有自然史。从亚里士多德和提奥弗拉斯特(Theophrastus)的时代到真正的生物学建立,把这一整个时期对自然的研究称为"生物学"将是一种误导。这意味着忽视了人类与自然关系发展中的重要步骤。

对"生物学"的命名是对"生命"(希腊语:bios)及其独特特征的新理解的结果。生物学区分了非生命物质和生命,这些理解是基于活细胞的具体特征、不同形式的繁殖和代谢、不同器官在生物体内以及不同的生物在自然界的协同工作和功能运作方式等。生命的概念在 18 世纪下半叶得到不断推进和发展。在古代,人们对动物和植物的研究以及文艺复兴和启蒙运动时期的自然史确实与生物有关,但还没有成为生物学或生命科学。因为在这些时期,有生命的活体和无生命的物质之间没有明显的区别。

研究自然的历史可以采用许多不同的方式,因为自然的历史有许多不同的方面。考虑到这一章的总体主题,即食物的理智化,我将把重点放在自然界生命的研究方法、理论和认知的发展上。

1. 早期自然史的解释学方法

将历史的概念应用于生物研究,最早见于亚里士多德的《动物史》(*History of Animals*)。亚里士多德关于动物学的著作内容广泛,其中列出了大约 550 个不同的动物种类。总的来说,他在植物方面的研究不太成功,但在动物研究方面,他展现出渊博的学识,据说,连查尔斯·达尔文(Charles Darwin,1809—1882)都曾这样评价,与亚里士多德相比,两位伟大的博物学家——瑞典人卡尔·冯·林奈(Carl von Linné,1707—1778)和法国人乔治·居维叶(Georges Cuvier,1769—1832),不过是小学生。

感官体验在亚里士多德对大自然的描述中占有重要地位。在人类的五种感觉中,他认为触觉最精确,其次是味觉。所有的感官体验都可以用来描述所讨论物质的性质:生涩、平滑、柔软、坚硬、重量、声音、味道、形状等。根据亚里士多德的观点,所有的动植物都被认为是物质和形式的结合。物质是通过四种元素的组合来表现的:土、水、火和气。元素通过对湿、干、热和冷的感知相连。例如:泥土是冷和干的;水是冷和湿的;气又热又湿;火又热又干。①

---

① Aristotle, *On Generation and Corruption*, 330 a30—330 b5.

亚里士多德的《动物史》和他关于动物研究的其他书籍不仅对动物进行了分类，而且对它们的生活、它们与周围环境的相互作用以及它们对人类的意义进行了描述。分类建立在动物的外部和内部特征、表面形态和内部解剖、感觉器官、声音、睡眠（包括冬眠）、繁殖、运动和栖息地、食物、疾病、特征等基础上。动物的外貌常被描述为与其身体能力和生活方式有关。例如，"有牙齿的昆虫是杂食性的；如果昆虫只有舌头，那么它们以液体为生"①。动物的外观也与它们的心理特点有关："柔软的头发表明懦弱，粗糙的毛发表明勇气。"②亚里士多德推测动物的外表和它们的心理能力相关。所以，对亚里士多德来说，把动物的外表与其特征、具有的美德和伦理联系起来也就不足为奇了。

正如在《动物史》里体现的那样，亚里士多德的历史观属于他的时代；他并没有随着时间推移而记录新发生的历史事件，也没有记录任何物种的发展。古代人最感兴趣的不是变化和事件，而是不变和永恒。《动物史》不是一个进化的故事。事实上，它甚至不是现在意义上的历史，而是对观察的记录和对动物的分类。古希腊人首先把历史理解为观看（watching）和观察（observing），然后把这些观察记录下来。与其说这是一种历史，不如说是一种自然的现象学。他们的历史观是观察和叙述所见之事，是对事物本身的一种现象学观察。从古代到 18 世纪末，历史的概念与今天截然不同。在今天，历史通常被认为是对一系列事件的重建。

---

① · Aristotle, *The History of Animals*, 596 b12—596 b13.

② · Aristotle, *Physiognomonics*, 806 b1.

过去的人当然会讲故事;事实上,故事的讲述和过去的故事都是叙事性的:

　　　这是大约两千年来历史所发挥的作用。在历史的学校里,一个人可以变得谨慎而不犯错误。①

根据德国历史学家莱因哈特·科泽勒克(Reinhart Koselleck,1923—2006)的说法,历史学作为一门学科是在 1780 年前后才出现的。科泽勒克将历史概念意义的变化与对预测的渴望联系起来,这一特征出现在启蒙运动时期。在这一时期,人不再服从自己的命运;他们意识到未来不会像过去一样,人可以通过自己的发明,在科学技术的帮助下,成为自己历史的创造者。预测未来可能发生的事件,预测当前行动的结果是很重要的,这样人们才能根据预测来理性地、合乎逻辑地决策。预测和控制未来的能力随着自然科学和技术的出现变得至关重要。②

"自然史"的概念在中世纪晚期和文艺复兴时期仍然和古代的用法一样。自然史是对自然的描述,当然不是对自然的干预。文艺复兴也没有给个人知识增加更多的东西——除了人们认为

---

　　①　Reinhart Koselleck, *Futures Past. On the Semantics of Historical Time* (Cambridge: MIT Press, 1985), p.22. 后一句话的原文是:a school in which one could become prudent without making mistakes.

　　②　Reinhart Koselleck, *Futures Past. On the Semantics of Historical Time* (Cambridge: MIT Press, 1985), p.198-203. 科泽勒克的分析主要局限于德国文学,因此,也局限于德语单词"故事"(Geschichte)的谱系。

四种元素之间有一种特殊的相互关系，这种特殊的关系是每个物种的特征，但是这是一种什么样的关系仍然不清楚。文艺复兴时期的学者在许多方面只是重述了亚里士多德已经注意到的东西。物质本身不能用来描述与区分动物和植物，因为人只要受其感觉器官的感知领域的限制，就不可能解释各种类型的物质。因此，正是形态，或者用现代生物学的术语来说，是形式，而不是物质（substance），决定了对动植物的描述①，以及构成了生物可见结构的基础。

　　然而，在文艺复兴时期，自然史有了新的发展。② 由于可见结构仍以标记（signature）和标志的形式被视为物体的表面现象，并且标记和标志能够形成分类的基础，因此这些可见结构和形式的背后还有另一种关联，一种不能直接或立即向人显示自身的连贯性。根据米歇尔·福柯的观点，文艺复兴时期的人认为，事物最本质的标志在表面。为了追溯事物背后的真实本质，人们可以利用它们的形式和标记。这些标记不是它们在自身中出现的那样，与事物和其他部分相分离，而是作为相互联系的标记，即作为一种连贯性的标记。在福柯的《词与物——人文科学的考古学》

---

　　① 另外，现代遗传物质分类中应用的方法被称为按物质（matter）或按基因型（genotype）分类。

　　② 本节以米歇尔·福柯的《词与物——人文科学的考古学》（尤其是第二章）和弗朗索瓦·雅各布的《生命的逻辑》（尤其是第一章）为基础。

(1966)①中,标记之间的关系在四个不同的层次上表现出来,即:

(1)适合(convenience);

(2)仿效(emulation);

(3)类推(analogy);

(4)交感(sympathy)。②

"适合"在文艺复兴时期被看作自然事物之间的联系;它描述了事物之间是如何靠近、连接的。自然是根据亚里士多德的《自然的等级》(Scala Naturae)中的连贯性原则来组织的。在文艺复兴时期,所有的转变都是渐进的,从来不是突然的。外在的标志、事物的形式,显示了动物和植物是如何相互联系的。这不能被看作进化概念的开始,因为即使变化是循序渐进的,物种却一直是按原样被创造出来的。连贯性原则把那些彼此相似的东西放在一起,作为一类。在描述植物、动物和人的时候,亚里士多德既强调了它们的相似之处,也强调了它们的不同之处;有时甚至以牺牲后者为代价来强调前者。一切都是自然的,自然是浑然一体的。吉罗尼莫·卡尔达诺(Hieronimo Cardano,1501—1576)解释了植物的各个部分是如何与动物的各个部分相对应的:树叶如何与动物的毛发相对应,树根如何与动物的嘴巴相对应,等等。③ 这

---

① 该书英文名为*The Order of Things*,较贴合福柯的原意。法语版及其中译本的书名改动较大。但为了不导致误解,本书还是沿用中译本名称。中译本见:福柯:《词与物——人文科学的考古学》,莫伟民译,上海:上海三联书店,2016。——译者注

② 译文参见:福柯:《词与物——人文科学的考古学》,莫伟民译,上海:上海三联书店,2016,第27页。——译者注

③ François Jacob, *The Logic of Life* (New York: Pantheon Books, 1974), p.23.

种类比认为植物几乎同动物一样，只不过倒立过来而已。正如吉安巴蒂斯塔·德拉·波塔（Giambattista della Porta，1535—1615）所写，人类对宇宙的认识是这样的：

> 就植物而言，它与野兽是相通的；同样，兽性动物也有感觉，这对人来说也是相通的；而人有智慧，通过智慧，人与其他星球是相通的。①

这使我们产生了事物是互相"仿效"的想法。仿效不仅仅是被动的，还是一种复制或模拟（mimesis）。动物在不同的恒星、行星乃至石头中被仿效。所有被创造的生命都彼此仿效。

特征的"类推"表明了所有可见事物之间的亲缘关系。有些植物像蛇和人的眼睛。这些都是明显的迹象，如果人类能够解释它们，将有助于人类理解大自然隐藏的内在联系和力量。显然，凡是懂得如何解释自然的人，都能看到那些看不见的内在联系。如果不是因为乌头（aconite）的种子长得像人的眼睛，它和眼睛之间的亲缘关系就不会被注意到。产生这些相似的原因是它们包含相同的属性。人们认为乌头可以治疗眼疾。

"交感"和"反感"是两种不同的力量，两者一个把事物连起来，一个把事物分开。交感是一种吸引，就像花儿转向太阳或树根寻找水源一样。但是，如果没有反感的约束，交感会使事物变

---

① Giambattista della Porta, *Magie naturelle* (1650). 引自 Michel Foucault, *The Order of Things* (London: Routledge, 1970), p.19.

得一样,并消除它们之间的差异。反感保持了事物的特性,使它们彼此分离。反感是事物之间的斗争,如树木之间对光线、空间和水的争夺。

在文艺复兴时期,自然是用来解释的,而不是用来探索的。自然史是对自然秘密符号的诠释,是一种对自然的解释学。一个活着的生物代表了一个隐秘的世界,对世界的其余部分,对其他动植物,对星星,对人类世界,都有影响。这种影响应该通过解释使之突显。当系统动物学家乌利塞・阿尔德罗万迪(Ulisse Aldrovandi,1522—1605)描述一匹马时,他只花了4页来描述它的形态,却用了将近300页详细叙述以下内容:

> 马的名称、品种、栖息地、性情、温顺、记性、情感、恩义、忠诚、慷慨、对胜利的渴望、速度、敏捷、繁殖力、同情心、疾病及治疗方法;接着是骇人的马、巨大的马、神话般的马、著名的马,并且描述了它们赢得荣誉的地点,以及马在骑马、战争、狩猎游戏、农耕、游行中的作用,马在历史、神话、文学、谚语、绘画、雕塑、奖章、徽章方面的重要性。①

一种植物或一种动物的历史不仅是对其可见现象的描述,也是对一切关于它的所见所闻的描述,以及经由自然和人类讲述的关于它的一切的描述。根据福柯的观点,"自然本身就是一个完

---

① François Jacob, *The Logic of Life* (New York: Pantheon Books, 1974), p.22.

整的系统，包括文字和符号、叙述和字符、话语和形式"①。在那个时代，没有必要对从不同途径获得的各种知识加以区分。

对于阿尔德罗万迪等人，比如康拉德·格斯纳（Konrad Gesner）在其《动物史》（*Historia animalium*, 1551—1558），或者皮埃尔·贝隆（Pierre Belon）在其《鸟类自然史》（*Historie de la nuture des Oiseaux*, 1555）中写道，自然的历史包含了由生物构成的整个相互交织的网络：它们的形态、器官、在医疗中的应用、在盾形饰牌中的位置、精神本质、神话和传说等。对福柯来说，它们的定义就是：

> 一个生命体的历史就是这个生命体本身，体现在连接它与世界的整个语义网络中。②

在那个年代，没有人把观察记录、文献和寓言加以区分，因为符号还没有从物本身分离出来，尚未成为我们今天所知道的另一事物的表象。符号在物中，物在事物中，符号和物是一样的。"马"这个词和这个动物并不是分开的，关于马的传说也是马本身的一部分。乌头对眼疾的疗效是这一植物本身的一部分，证实了这种植物的种子和人的眼睛之间的相似性。

今天，我们如何理解文艺复兴时期的自然观？它是如此陌生以至于不可能译成我们这个时代的语言吗？福柯将符号作为物

---

① Michel Foucault, *The Order of Things* (London: Routledge, 1970), p.39-40.

② Michel Foucault, *The Order of Things* (London: Routledge, 1970), p.129

本身与符号作为表征物之间的差异归因于现代自然科学和现代性的到来。根据《词与物——人文科学的考古学》的观点，这是历史上在认识方面最彻底的革命，其后果我们至今还没有完全弄清楚。知识获得了新的意义和新的内容。通过表征，符号从物、从具体中消失了。符号在文艺复兴前后的差异如下：

符号就是物本身：缺少距离、肉身性、具体性、肉欲、情感元素、连贯性和整体性。

符号是一种表征：反映、自我意识、理智、经验理性、疏远和超然。

因此，自然史不是书写历史，而是具有一定现象学内容的解释学。在文艺复兴时期，对自然的现象学描述被这种思辨解释学取代，或者我们应该称它为一种具有想象力的生物符号学。在思辨解释学中，生物的符号被一劳永逸地创造出来，固定在它们的形态中，没有发展。当然，时间是存在的，但生物没有变化，因此没有历史。新一代的生命是其上一代的翻版。这是每个人都能做出的一般性观察。麻雀和山毛榉的外观与它们在我们的祖父时代时一样。变异是可以观察到的，但一个物种的本质是不变的。

弗朗索瓦·雅各布（François Jacob, 1920—2013）非常明确地描述了这种关于动物发展的自然史观点：

　　毫不夸张地说，直到 18 世纪生物才有了历史。①

　　直到 19 世纪，让-巴蒂斯特·拉马克（Jean-Baptiste Lamarck，1744—1829）关于遗传特征的观点才在他自己和其他一些人的著作中出现，这表明物种的发展是逐渐改变的观点的出现。直到 19 世纪 50 年代，达尔文和华莱士（Wallace，1823—1913）才明确无误地提出了物种之间存在连续性的观点。

　　雅各布写道，关于生命史和现世（现实）存在的现代概念与四个因素有关：起源、连续性、不稳定性（instability）和偶然性（chance）。② 起源：因为生命不是从无而来，而是从某物发展而来，从某一时间点发展而来。连续性：因为生命不是不断地产生，而是已经存在的生命自我复制并继续存在。不稳定性：因为生命不仅会复制自我，而且会时不时地创造新的变异，变异对任何生命的发展都是必要的。偶然性：不能假定生命的发展有特定的意图，其发展是不可预知的，会出现计划外的形态。与自然史相比，生命的历史是进化的历史，并成为大自然自己的历史，是在数百万年的大视角下对物种的"登记"（inscribing）。

---

　　① François Jacob, *The Logic of Life* (New York: Pantheon Books, 1974), p.131. 直到 18 世纪中期，才第一次出现了对自然的描述，这表明当时的自然历史学家们可能有一种模糊的感觉，即动物有进化史。通过对化石的研究，地质学产生了关于洪水和其他自然灾害导致物种消失的新理论。

　　② François Jacob, *The Logic of Life* (New York: Pantheon Books, 1974), p.130.

2. 后期自然史的现象学方法

然而,自然历史学家并没有继续他们单纯的注解和诠释。在启蒙运动时期,自然历史学家慢慢地对理解自然自身的秩序产生了兴趣,因此他们开始研究自然的分类,将自然系统化,形成自然的等级。在这种情况下,分类本身就可以例证自然史如何从解释学发展到现象学学科(phenomenological discipline)①。让我们从古代的分类开始探讨。

不用说,给自然界的生物命名和分类并没有什么独特之处;事实上,这是所有文化的一个特征。所谓"土著人"的分类标准一般是根据动植物的各种属和种,以及其作为营养品或药物的实际价值。阿根廷作家豪尔赫·路易斯·博尔赫斯(Jorge Luis Borges,1899—1986)指出一部古老的、可能是虚构的中国百科全书——《天朝仁学广览》(*Celestial Emporium of Benevolent Knowledge*)中包含了一种相当不寻常的动物分类:

(1)属于皇帝的(belonging to the emperor);

(2)做了防腐处理的(embalmed);

(3)驯服的(tame);

(4)乳猪(suckling pigs);

(5)充满诱惑的(sirens);

---

① 作者这里说的"现象学学科"是指自然史成了将自然资源表现出来的现象进行理论化的学科,这和现代西方哲学中的"现象学"的含义和方法有一定区别。——译者注

（6）传说中的（fabulous）；

（7）流浪狗（stray dogs）；

（8）包含在目前分类中的（included in the present classification）；

（9）疯狂的（frenzied）；

（10）数不清的（innumerable）；

（11）用十分精致的骆驼毛刷绘制的（drawn with a very fine camel-hair brush）；

（12）其他；

（13）刚刚打破了大水罐的（having just broken the water pitcher）；

（14）远看像苍蝇的（that from a long way off look like flies）。①

在被这些荒谬的分类逗乐的同时，读者也会由此进入另一个时空，体验一个令人震惊的、完全不同的世界。同样地，我们的文化常常认为其他文化的分类系统是不合逻辑的，这本身也是可笑的。

正如我们所看到的，亚里士多德以我们今天称为"科学"的方式，对自然界的生物进行了（目前）已知的首次研究和分类。他的工作留下了深远的影响。2000多年来，后来者们基本上没有改变

①　Jorge Luis Borges, *Other Inquisitions* (New York: Square Press,1966). 译文参考了《词与物——人文科学的考古学》的前言部分，（5）在该书中直接从法语翻译为"鳗螈"，但是英文原文没有相应的意思。——译者注

他对动物的分类。① 这种对自然界生物的分类工作被看作一项建立在感觉、经验和直觉基础上的有组织的工程：

> 我们必须尝试认识自然的群体，追随人类的直觉提供给我们的迹象。直觉指引我们形成鸟类和鱼类的分类，每一类别都综合了多种差别，而不像在二分法中，仅靠单一的差别来定义一个类别。②

在亚里士多德的时代，一个广泛讨论的话题是，把自然界的生物分成对立的类，如会飞的和不会飞的。这种二分法被应用在逻辑学和其他许多领域中，因此应用在自然界中也是合理的。但亚里士多德拒绝在动植物的分类中使用这种方法。因为在他看来，生物并不是按照这种逻辑形式被创造出来的。相反，亚里士多德指出："通常是特定器官或整个身体的形状相似，决定了更大的类群的划分和形成。"③亚里士多德对获取植物和动物知识的尝试，使他建立了一个基于现象学的差异和相似的"自然"秩序。虽然我们在亚里士多德著作的任何地方都找不到关于他的自然等级划分的系统化表格，但后人在前文提到的《自然的等级》中把他的分类用大表格表示出来。《自然的等级》也包含了无生命的物

---

① Anne Fox Maule and Peter Wagner, "Renæssance til revolution", in *Naturens historie fortællere*, Vol. 1, ed. Niels Bonde, Jesper Hoffmeyer and Henrik Stangerup(København: Gad, 1987), p.129.

② Aristotle, *Parts of Animals*, 643 b10–643 b14.

③ Aristotle, *Parts of Animals*, 643 b8–643 b9.

体的分类,因为:

> 在生命和无生命之间有一种平衡,因为无生命的东西既没
> 有灵魂,也没有灵魂的任何一部分。但是植物并不是完全没有
> 灵魂的东西,它有一部分灵魂;而且它不是动物,因为它没有感
> 觉。事物是一个个地从生命逐渐过渡到非生命的。①

在亚里士多德的思想中,有无灵魂是有生命和无生命之间的
区别,我们仍然认为这一区别是合理的,尽管我们没有用"灵魂"
一词来证明。

然而,在启蒙运动对科学理论的讨论中,亚里士多德的分类
法却消失了。不管是动物、植物、矿物还是机器,在笛卡儿看来,
所有的身体都是由物质组成的。因此,笛卡儿相信,生命和非生
命都被相同的规律和运动规则控制;这对他来说是不可能区分有
生命体和无生命体的。笛卡儿这一观点影响了整个启蒙运动时
期,直到1800年。

在18世纪,科学有两个主要的发展方向与生物有关:生理
学,它起源于医学——研究身体的组成;以及自然史——它在简
单的视觉观察的基础上对自然进行描述和系统化。在当时,为自
然史提供的发展条件最好,自然史的发展速度也比生理学快,其

---

① Aristotle, *On Plants*, 816 b1.

中一个原因是视觉比其他感觉更重要。① 准确地说，正是因为人们的关注点在于事物可见的外观，所以有生命和无生命的区别是不清楚的；这两者之间不可能有明显的区别。还有许多其他方式可以对世界进行分类，这些方式似乎同样重要。自然史逐渐摆脱了文艺复兴时期特有的用相似性、合适性、仿效性、类推性、交感性或反感性来描述自然，使自然可以赤裸裸地呈现在人类眼前。故事、谚语、神话及其作用已不再与"观察"具有同等的地位。

在自然史的后期（或第二阶段），重要的是事物的可见结构和分类。对什么是合法的知识的理解被重新定义了。当然，自然必须被解码，但不是通过文艺复兴时期所关注的相似性以及早期经思辨和想象出来的形式化的自然符号学，后文艺复兴时期的自然历史学家认为这是感官错觉。人们越来越重视将知识的度量、计算和组织转化成数字。这一转变也慢慢地扩展到科学其他领域。"不同"代替了"相似"。认知能力完全依赖于分辨的能力，而对意义的理解能力反过来又依赖于分析和归纳来"识别"知识（这又与文艺复兴时期的一致性形成对比）。福柯是这样说的：

> 书写的文字不再包含在真理的记号和形式之中；语言不再是世界的象征，也不再是自古以来就有的记号。真理的显现和记号，可以通过明显而清晰的知觉发现。文字的任务是尽可能

---

① 汉斯·约纳斯在《生命现象》（第六章和第七章）中描述了自古以来视觉如何成为最受人们喜欢和青睐的感觉。

诠释真理;但是它们已无权被认为是真理的标志。①

　　从 17 世纪中期到 19 世纪中期,一大批学者的著作对自然史做出了贡献:简·约翰斯顿(Jan Jonston)的《动物的自然史》(*Historia naturalis de quadripedibus*,1657),约翰·雷(John Ray)的《食物通史》(*Historia plantarum generalis*,1686),乔治·路易斯·布丰(Georges-Louis Buffon,1707—1788)的《动物历史》(*Histoire des Animaux*,1748)和《自然史》(*Histoire naturelle*,1749),米歇尔·阿登森(Michel Adanson)②的《塞内加尔自然史》(*Histoire naturelle de Sénégal*,1757),让-巴蒂斯特·拉马克的《物理与自然的历史》(*Mémoires de physique et d'histoire naturelle*,1797),法布里修斯(Fabricius)的《自然史讲座成果》(*Resultate naturhistorischer Vorlesungen*),乔治·居维叶的《泊松的历史》(*Histoire de poissons*,1828—1849)。这些自然历史学家的工作主要是以现象学的框架为基础对生命体进行描述,他们拒绝文艺复兴时期的综合性、全面性和形象化的科学,而倾向于呈现生命体的纯粹和简单,清除无关的"故事",脱离和摆脱其他语境,并消除人们观察生命体时的主观性。文艺复兴时期的自然史叙事——不是"历史",而是生物如何与其他生物相互作用的故事——现在变成了非叙事性的,而对生命体的所有其他不同分支的、离题的研究首先是受限的,

————————

① Michel Foucault, *The Order of Things* (London: Routledge, 1970), p.93.

② 米歇尔·阿登森,法国自然学家,他对林奈的方法提出了批评。阿登森的著作为科学界接受安托万·朱西厄的体系铺平了道路。——译者注

然后被忽视,最后被抛弃。人们对可见的事物进行了研究,用文字和图形进行了精确的描述,对其进行了命名和分类,并将其与外部的整体性关系及应用联系起来。

我们或许想知道,为什么法国自然历史学家乔治·路易斯·布丰,以及瑞典植物学家卡尔·冯·林奈在他的《自然系统》(*Systema naturae*, 1735)中描述的世界上的植物群和动物群在更早的文献中没有被记述,尽管人们在任何时候都可以观察到它们的形态特征。这不可能是因为在 17、18 世纪人们的视力变得更好了;这一定是因为在当时视力被训练于聚焦到新的东西上。人们的观察重点从文艺复兴时期的相似性和类比——旨在揭示自然看不见的一致性,变成了林奈所感兴趣的繁殖器官,尤其是花朵的雄蕊和能发育成果实的雌蕊等,这样是为了创建一个基于差异而不是相似性的人工分类系统。林奈写道:

> (自然历史学家)依靠视觉区分自然生命体的各部分,描述它们的数量、形状、比例和位置,并给它们命名。①

在林奈的方法中,寓言、二手资料、谚语和它们的用途被排在最后,他用名称、理论、家族、物种、特征、用途和相关文献来描述,用途和相关文献排在最后,反映了它们的低优先级。同时,人类的其他感官被边缘化了:嗅觉、听觉、味觉和触觉都被认为是次要的,它们都排在视觉之后,视觉之外的其他感官很可能只是在个

---

① Carl von Linné, *Systema naturae* (Leiden: Lugduni Batavorum, 1756), p.215.

别情况下被使用，而不是被系统化和理论化地使用。

　　18 世纪认知理论的一个重要议题是关于物种及家族的划分。布丰怀疑《自然的等级》的真实性，他相信在自然界中只有个体存在，各种家族、秩序和等级等概念只能在我们的想象中找到，可以说这些概念是人为的。这种唯名论的观点认为，只有能通过现实中的感官被体验和理解的事物才存在。只有感觉得到的东西才属于物质世界。我们再次看到，在文艺复兴时期，事物和符号之间的紧密联系是如何在 17 和 18 世纪被作为表征的符号取代，以及基于现象学的分类学是如何被视为一种表现自然秩序的方法的。

3. 生物学和生命的无形特征

　　至于生物学，即生命科学，这一概念何时取代了自然史，目前还不是很清楚。1802 年，一些自然历史学家使用了生物学的概念，包括戈特弗里德·特雷维拉努斯（Gottfried Treviranus，1776—1837）和洛伦兹·奥肯（Lorenz Oken，1779—1851），但这个概念的提出通常归功于布丰的学生——让-巴蒂斯特·拉马克。① 拉马

_____

① 然而，对于拉马克是第一个使用这个术语的人，这一点是值得怀疑的。根据 Jürgen Mittelstraß（ed.），*Enzyklopädie Philosophie und Wissenschaftstheorie*，Vol. 1 (Stuttgart: Verlag J.B. Metzler, 1996), p.315, K.F.布尔达赫（K. F. Burdach）在 *Propädeutik zum Studium der gesammten Heilkunst*（1800）中也使用了这个术语。

克的目标是发现控制"自然运行"的规律。生物学概念的出现标志着人们认识到,有生命的和无生命的不能再被看作一个整体,因为人们没有发现将有生命的和无生命的联系起来的渐进的、连续的过渡证据。导致这一现象的原因是来自 18 世纪下半叶的一些自然历史学家,如拉马克、查尔斯·博内(Charles Bonnet)、安托万·洛朗·德·朱西厄(Antoine Laurent de Jussieu),以及哲学家伊曼努尔·康德等人提出了一种区别。这种区别是基于自然是如何被组织的不同看法,①即自然界是否被组织、无机与有机之间有什么区别。拉马克在他的《动物哲学》(*Philosophie zoologique*, 1809)②一书中写道:

> 人们首先会注意到,大量的有机体是由原始的、死亡的物质构成的,它们凭借构成自身的物质的并列而增多,而不是基于任何内在的发展原理。这些生物通常被称为无机生物或矿物生物……其他生物则具有适合不同功能的器官,并被赋予非常显著的生命原则和繁殖同类的能力,它们被统称为有机生物。③

拉马克对"无机生物"和"有机生物"这两个概念的运用表明,要区分有生命和无生命之物是多么困难,而且这两个概念在

---

① 参见 François Jacob, *The Logic of Life* (New York: Pantheon Books, 1974), p.100.

② 中译本见:拉马克:《动物哲学》,沐绍良译,上海:商务印书馆,1937。

③ 引自 François Jacob, *The Logic of Life* (New York: Pantheon Books, 1974), p.86-87.

当时还处于初级阶段,矿物和有生命之物都被认为是生物。

正是这样的思考使福柯宣称:"直到 18 世纪末,生命的概念实际上并不存在,只有活着的造物(living being)。"①考虑到直到 16 世纪,作为自然史权威的亚里士多德实际上已经对有生命和无生命进行了区分,这一修辞学上的微妙评论(rhetorically subtle remark)需要得到进一步澄清,以确定此处是否夸大了思想历史上伟大的振翅②所产生的效应。在亚里士多德看来,灵魂和感官的存在才是生命的特征;灵魂和感官没有表现关于物质本身的东西,而是"通过"物质表现了一些东西。亚里士多德在定义生命时,是通过物质的特定属性,而不是物质本身(物质本身总是由四个元素组成)来定义的。对亚里士多德来说,不仅是生物,生命本身也与无生命物质相分离。在 16 世纪中期到 18 世纪中期的自然史繁盛时期,有许多因素阻止了生命分化成一个特殊的类别,因此,正是"活着的造物"而不是"生命"成为主题。如果说研究有生命的造物以及生命本身的具体特征在技术上是不可能的,那就太愚蠢了。显微镜发明于 17 世纪中期,它能把物体放大到足以观察单个细胞。但这个实用的发明没有立即赢得认可。矛盾的是,戈特弗里德·莱布尼茨(Gottfried Leibniz,1646—1716)通过显微镜第一次观察到生物的体验反倒促使他拒绝对"有机"和"无机"进行区分,正如笛卡儿在 17 世纪上半叶就已经奠定的基础理

---

① Michel Foucault, *The Order of Things* (London: Routledge, 1970), p.160.

② "伟大的振翅"意为借着亚里士多德这个"大翅膀"来为自己辩护。——译者注

论所认为的那样。通过显微镜观察到的现象被解释为生命和非生命之间逐渐过渡的连续性原理,这种解释妨碍了两者之间的区分。如果没有理由在物质上区分生命和非生命,人们就可以想象出两种看待物质的方式。一是遵循笛卡儿的思想,即所有物质都遵循已经在无生命的自然中观察到的机械定律。可以说,力学的规律可以转移到生物身上。二是我们可以说所有的事物都是有生命的,就像上面引用拉马克的话所暗示的那样:所有的事物都是生物,无论它们是有机的还是无机的。

虽然在 1800 年以前,自然界被分为有生命的和无生命的,但物质的统一性建立了一个连贯性的整体。在物质方面,大自然是一体的。人可能不同于石头,但两者都属于同一自然,没有人坚持要区分"有生命的自然"和"无生命的自然"。尽管它们是两个不同的范畴,却是互相交织在一起的,因为自然是连续的;所有环节都是渐进的。大自然没有突然的跳跃。在生物学出现之前,大自然不仅是连贯的,还是由同样的物质构成的。

生物学作为一个科学领域得以确立,如生命科学(法语:la science du vivant),预示了生命与其他物质、与无生命之物的分离。它认识到生物和无生命之物不能根据同样的原理来描述。这是两种本质上不同的"实体"形式之间的区别,其基础是物质所隶属的组织方式的不同。当然,在 19 世纪前,科学家们就已意识到人与石头之间的差异、死物和活的造物之间的差别,但这种区别不是"实质性"的,不能借助物质来解释。可以说,尽管人与石头有区别,但从本质上讲,两者都是由相同的四种元素按不同的比例构成的。

那么,有生命之物和无生命之物的区别是如何产生的呢？什么样的反思导致了生命作为组织的定义出现？答案是,这与生物研究重心的转移有关。人们不再从生物显见的表面去寻找其独特特征,而是在它们的深处寻找。科学家当时进入物质和有机体的内部进行探索。物质首先由炼金术士进行化学分析,后来又由化学家进行化学分析。法国化学家安托万-洛朗·拉瓦锡(Antoine-Laurent Lavoisier,1743—1794)对化学物质进行研究和划分,其所依据的原则与植物的划分相同。他用最简单的语言定义了最简单的物质[1],这种方法现在仍然有效。化学逐渐成为一门能够对每种物质的特性进行分类、命名和测量的科学。德国化学家尤斯图斯·冯·李比希(Justus von Liebig,1803—1873)被认为是在19世纪30年代把有机化学转变成一门独立学科的功臣。[2]经验分析深入到有机体中,研究器官之间的相互作用,这赋予了整体新的意义。[3] 有机体中的每个独立的部分都有自己的功能。对有形结构的研究转向了功能性,功能成为生命无形的本质。以前的自然历史学家曾对生物进行分类,而新的生物学家则更重视与生物体组织相关的知识。生物学中的目的论,以及对有生命的和无生命的区分在当时都是以功能性为基础的,这使得生命科学对因果关系解释产生兴趣。正如英国医生威廉·哈维(William Harvey,1578—1657)在1628年已经发现的那样,心脏的功能是

---

[1] Antoine-Laurent Lavoisier, *Traité élémentaire de chimie* (Paris, 1793).

[2] 例如,李比希1837年的著作《有机物分析》。

[3] François Jacob, *The Logic of Life* (New York: Pantheon Books, 1974), p.74.

将血液输送到全身。因果关系此时已经应用于心脏肌肉、血液供应、神经通路等方面。功能和动因的结合以及同一有机体中的目的论和因果解释把生命科学从其他学科如物理、数学和化学中分离出来。

有了功能,生物体就成了它们自己的目的和意图的承载者。但这并不标志着文艺复兴时期隐藏的"本质"的回归,因为功能是隐藏在生物体可见结构背后的"组织"。如果科学家或生物学家要对生物进行研究,如解剖学家乔治·居维叶在其比较解剖的研究中将器官与其特定用途进行比较,他们可能不再满足于这些事物结构的纯粹现象学经验,因为器官的功能很难从其可视结构、从其形式或其他特征看出来。组织化作为一种生命的原则,同时意味着生物学并不像启蒙运动时期的自然史那样与现象学关系紧密。生物学研究不再是主要描述可见的东西,然后给它命名,并把它加入分类体系中。对生物内在机能的研究预示着自然史(不是历史的书写)的终结,以及生物学和自然界自身历史——进化的开始。

在哲学领域,康德也从不同的角度研究了有生命的组织。在1790年的《判断力批判》(*The Critique of Judgement*)的第二部分,他讨论了自然的功能性和权宜性。我们可以猜测,他是受到当时关于生物内部组织和功能的争论的启发。他写道:使人们对自然好奇的其中一个原因是,自然对我们来说不仅仅只有一个目的;它不但表现出对我们有用,而且它本身似乎就有目的。根据康德的观点,当因果关系同时存在于同一事物中时,人们就会发现这样一种目的,这种目的不在于人的自身利益。① 在同一事物中的因果关系可以在生物身上找到;它们并不完全受外部因果关系的控制。生物"组织"自己:生物有机体的每一个器官都在为另一个器官提供条件,并在自身之外形成自己。②

　　生物的这种组织性指的是有机体内部的关系。生物学抛弃了自然历史学家把符号作为一种秩序的表述,因为只要生物的特定特征存在于其内部组织中,根据表面结构来研究生物就不再有意义了。这样一来,生物学就为生物组织的研究打开了大门:首先是器官,然后是细胞。但是生物学并没有因此放弃视觉的主导地位:生物学只是把视觉指向那些虽不是立即可见、但借助各种技术能够变得可见的东西。

　　生命与无生命物质的区别意味着生命可以由它的对立面——死亡来定义。来自巴黎的医生哈维尔·比沙(Xavier Bichat,1771—1802)在他著名的定义中认为,生命"是反抗死亡的各种功能的总和"。③ 生命的意义在于它与消亡和毁灭的斗争,为了不被无机物吞噬做斗争,与死亡做斗争。生命在其组织中建立了一种显而易见的秩序。在这一时期,人们研究动植物是为了研究生命本身,研究生命是如何从死亡中分离出来的,研究生物学是如何从物理学中分离出来的。④ 但是,如果研究仅仅停留在器

① Kant, *The Critique of Judgement* (Oxford: Clarendon Press, 1952), pp.370-371.

② Kant, *The Critique of Judgement* (Oxford: Clarendon Press, 1952), pp.373-374.

③ 引自 François Jacob, *The Logic of Life* (New York: Pantheon Books, 1974), p.90.

④ François Jacob, *The Logic of Life* (New York: Pantheon Books, 1974), p.92.

官和组织的层面上,把生命定义为组织,把它与死亡相对,这样并不能充分解释生命的存在,因为这并不能定义生命的特性。因此,由于缺乏相关的知识支撑,许多科学家更喜欢机械论对生命的解释。

另一些人认为生命是一种特定的生命力(life force),他们认为有生命的东西可以用无生命的东西来解释。例如,拉马克用"微妙的流体"来解释生命。1908 年,德国生物学家汉斯·杜里舒(Hans Driesch,1867—1941)将这种解释称为"活力论"(vitalism)。杜里舒的想法是,"形式创造的原则"(form-creating principle)是生命的特征。在关于生命定义的讨论中,机械论和活力论的观点经常充当相互对立的角色。活力论者指出了生命的整体性、复杂性、创造性和不可预测性①,但是活力论不像机械论那样具有解释、揭示因果联系,以及预测和操纵的能力。活力论对机械论生物学将生命视为纯粹物质的倾向提出了批评。然而,尽管活力论关于生命和生命力的理论具有诗意般的力量,但必须承认,它只具有思辨性,难以应用于实践。亚里士多德写道:"灵魂不能没有肉体,但又不能'成为'肉体;灵魂不是肉体,而是与肉体相对的东西。"②我们可以说,生命力既不能脱离生命体,又不能成为生命体本身,而是"通过"生命体而存在。活力论和功能主义的生物学实际上研究了生命的两个不同方面:一是物质;二是通过物质存在却并非物质本身的东西。根据这一认识,可知活力论并

---

① 参见 Henri Bergson, *Creative Evolution* (New York: Holt and Company, 1911).

② Aristotle, *On the Soul*, 414 a19–414 a21.

没有消亡，而是得到了延续和发展。今天，可以说许多与生物学相关的自然科学的学科，其研究的是某种与物质有关但却不是物质本身的东西：生物符号学、人工生命、自生系统论、涌现理论、生物信息学和控制论等。把脱氧核糖核酸（DNA）看作信息或标志，实际上就是宣称，关于物质的某种东西，它不是物质本身，而是他物。

4. 生物学中现象学的终结

自然史和生物学研究的是在空间中生长的生物：它们由有机物构成，生活在某个环境中。在亚里士多德的著作中，现象学的痕迹是很明显的：

> 谈到易腐的动植物，我们有着丰富的信息，就像我们生活在它们中间一样，只要我们愿意吃足够多的苦，就可以收集到各种各样关于它们的充足的数据。[1]

亚里士多德并不怀疑自然的认识论地位：自然是存在的，因而还要试图证明它的存在是荒谬的，自然的许多事是显而易见的。[2] 这就是为什么亚里士多德的自然史是感性的和现象学的，

---

[1]　Aristotle, *Parts of Animals*, 644 b27–644 b31.

[2]　Aristotle, *Physics*, 193 a2–193 a4.

是对空间中生命表象的描述。现象学方法也意味着他特别关注整体而不是更小的孤立部分。

在文艺复兴时期,自然研究的空间被扩大了,因此仅仅用现象学的方法来描述空间中的生物的外观是不够的。文艺复兴时期的自然史并不局限于现象学;相反,现象学描述成为自然史中非常小的一部分。当时,与生物相关联的文化和意义占据了重要的位置。我们甚至可以说,以牺牲观察自然本身为代价,生物在文化中的重要性被置于中心位置。对生物的描述仅次于它们对人们的重要性。文艺复兴时期的自然史描述了生物所占据的"社会空间"。

中世纪晚期和文艺复兴时期对动物的审判清楚地表明了这一点。1546 年和 1587 年,法国圣朱利安的居民对一群入侵葡萄园并造成巨大破坏的象鼻虫共采取了两次法律行动。农民们要求合法驱逐这些小动物。这是法国哲学家吕克·费希(Luc Ferry,1951—)讲述的众多审判中的两个。大多数类似的审判发生在 13 世纪到 18 世纪之间。① 费希用这些发人深省的故事来批判性分析环保运动的厌世态度。他将这些审判描述为前人文主义的、荒谬的和荒唐的。我们不能让自然承担法律责任,因为它没有立场。谈论"自然的自由"或其自愿的意图是毫无意义的。费希的批判并没有为我们理解这段审判自然的历史留下太多的用处。也就是说,费希并没有解释当时人们是如何看待自然的。

---

① Luc Ferry, *The New Ecological Order* (Chicago: The University of Chicago Press, 1955), pp.IX-XVI.

文艺复兴后期的自然史中对自然的感知让我们有理由相信,这些审判是对自然极端社会化的结果——自然被社会化至可以让生物承担法律责任的程度。文艺复兴时期的人们对自然本身并不感兴趣,因为在他们看来自然是纯粹现象学的;他们对自然的自主性和组织性也不感兴趣——这些后来成了生物学的认知重点。他们对大自然感兴趣的原因是,大自然对他们来说是有意义的,他们也对寻找隐藏于自然中的意义感兴趣。自然的重要性不在于作为一个科学对象,而在于作为世界不可分割的一部分。

现代哲学的到来从根本上改变了这一点。在《第一哲学沉思集》(1641 或 1642)中,笛卡儿对认知的可能性,对物理对象和肉体的存在,进行了系统的怀疑,因为感官可能受到恶魔的欺骗。因此,感官不是实现真正认识的正确途径。事实上,怀疑使笛卡儿得出这样的结论:我们所能确定的是,有一个"我"在怀疑。笛卡儿为科学方法奠定了基础,这种科学方法最终取代了 17 世纪思辨性的自然史和自然解释学。然而,很快,在对自然的研究中对现象学的研究[①]被贬低了。

生物学的出现改变了视觉的本质。人们不再用肉眼观察有生命的东西,而是使用测量仪器来量化和测量感官无法发现的生命的所有元素。随后,生物学开始向两个方向发展:从内部进入生物体的深处,向越来越小的成分发展,最终形成了发现 DNA、生物化学和原子层面的研究;从外部研究生物周围的环境和复杂的

_____

①   即注重对现象的描述和研究,而不是现代西方哲学意义上的现象学。——译者注

生态系统。引用丹麦哲学家克尔凯郭尔（Søren Kierkegaard，1813—1855）在19世纪前半期的话："自然史是关于一切事物的简单化的科学，神学却教导一切事物复杂化。"[1]但是生物学实际上既包含简单性又包括复杂性；对个体有机体内部的研究考察了生物的内在简单性，而进化生物学则考察了生物的复杂性。

法国科学家奥古斯特·孔德（Auguste Comte，1798—1857）创立了实证主义，阐明了生物学中内部和外部、有机体和环境研究之间的区别。在他的《实证哲学教程》（*Cours de Philosophie Positive*，1830—1842）中，"环境"（environment）成为生物学中一个独立的研究领域。[2] 环境的概念是从亚里士多德和牛顿力学中借用来的，孔德在生物学中用其表示生物和它们的周围事物之间的关系。生物学的这两个分支的发展同时也是对最后的现象学元素——视觉的告别，因为生物学研究在时空上要么向非常微观的方向发展，要么向非常复杂的方向发展，而这两种方向都不是基于肉眼的直接观察的。

沿着研究自然和环境道路前进的生物学家中，有19世纪中期的"新英国博物学家"（new English naturalists）。[3] 他们的研究

---

[1] Henrik Stangerup, "Vejen til Lagoa Santa", in *Naturens Historiefortællere*, Vol. 1, eds. Niels Bonde, Jesper Hoffmeyer and Henrik Stangerup (København: Gads Forlag, 1985), p.79.

[2] Georges Canguilhem, *Etudes d'histoire et de philosophie des sciences* (Paris: Librairie Philosophique J. Vrin, 1968), pp.64-65.

[3] Georges Canguilhem, *Etudes d'histoire et de philosophie des sciences* (Paris: Librairie Philosophique J. Virn, 1968), p.102.

方法主要是旅行,以便"在自然中"研究自然,而不是通过关于自然历史的收藏品和博物馆研究自然。这本身并不是一个开创性的工作方法,植物学家如米歇尔·阿登森、林奈及其同事在 18 世纪也进行过旅行研究。其中新奇的是他们观察自然的角度。对他们来说,这已不再是收集植物群和动物群并将它们按广泛的系统分类的问题,而是研究生物群落的问题。例如,达尔文非常专注于各种物种之间的相互作用,他的主要著作《物种起源》(*The Origin of Species*,1858)包含了对这个问题的大量思考。为了探究他那个时代的关注热点——自然的发展,他把自己的观察与物种的适应、栖息地以及通过自然选择而取得的进步联系起来。1869年,恩斯特·海克尔(Ernst Haeckel,1834—1919)将生物学中研究有机体与环境生态相互作用的领域命名为"生态学"。此时的生态学研究三个层面的问题:个体有机体与生物和非生物环境的关系、种群的变化(如一个物种的灭绝或出现、物种的大小和数量的变化)、生物群落的组成结构和代谢(能量、物质)。在第一层面的研究中,个体有机体与环境的关系通常包含一种现象学元素,可以通过自然的感官直接进行观察。在另外两个层面的研究中,现象学部分较少,理论部分相应较多。建模可以看作知识的综合,它是生态系统理论的核心部分,用来描述生态系统的属性。[①] 因此建模也可以用来预测。1908 年前后,用群体遗传学中的哈迪-温伯格定律描述新群体中的等位基因的变化发展情况,就是根据

---

① Sven Erik Jørgensen, *Integration of Ecosystem Theories: A Pattern* (Dordrecht: Kluwer Academic Publishers, 1992), p.47.

数学和统计方程进行建模的一个例子。该定律能够用来证明自然选择是如何影响基因组成的。因此，它既是对达尔文的适者生存理论的量化，又是对拉马克的生物继承能力（inherited abilities）观点的复兴——如果不是在个体层面上，那么就在群体层面上。

生物学外部的研究领域是环境和生态系统，是自然向我们的感官呈现的伟大的一致性，却向着"非感觉的"（non-sensuous）方向发展：理论的构建建立在大量数据的基础上，这些数据只能借助电脑进行管理并以模型的形式收集。无论是能量的流动，还是食物的循环，都不可能立即被我们的感觉器官感觉到。生态系统的复杂性远远超出了感官所能感知的范围：我们能看到的、沐浴其中的、饮用的、航行的、嗅到的、尝到的和触到的科学知识湖泊属于感官之外的另一个领域，它已成为由基因、个体、种群、社会、能量流、食物周期、平衡、适应性等组成的极其复杂的理论总和。

但生态学只是生物学的一个分支。实验室里另一个生物研究领域正稳步发展。达尔文依赖于对自然的直接观察，而新达尔文主义者试图通过基因来解释进化论。我们无法在自然界中直接看到DNA，必须借助最先进的电子显微镜才能观察到。

显微镜是促进生物学理论形成的最重要的工具，因为科学是建立在这样的假设之上的：复杂的东西可以从简单的以及某些基本的、不可简化的结构中得到解释。生物学已经从表面结构越来越深入生命体中，一直到最小的组成部分，在那里生物学变成了有机化学和原子物理学。生物学已经建立了从分子到有机体的

生命物质的等级制度。17 世纪中期，安东尼·范·列文虎克①
(Antonie van Leeuwenhoek, 1632—1723)和马尔切罗·马尔比基②
(Marcello Malpighi, 1628—1694)发明了显微镜，这是研究构成生
命物质组成的前提条件。③ 在认知方面，生物学变得越来越不像
现象学，而是越来越工具化和理论化，但这是个渐进的过程。尽
管显微镜早在布丰和拉马克之前就被发明出来了，两人却并没有
使用它。在显微镜下观察细菌、精子和细胞的方法在当时没有发
展成一套被普遍认可的理论。当时的人们从未想过把微观与宏
观联系起来。或者说，他们当时没有意识到现在对我们来说非常
明显的一个事实：我们所说的细胞，是细菌(单细胞)以及更大的
多细胞生物的基本单位，几乎所有活着的生命体都是由细胞组成
的(有些则不是，例如病毒)。19 世纪 30 年代末，复合显微镜被发
明出来，它带有几个透镜④，这改善了显微镜的分辨率。于是生物
学家可以研究不同类型的生物组织，并且到处都能发现相同的结
构；物质是由小"腔"(cavities)构成的。德国生物学家西奥多·施
旺(Theodor Schwann, 1810—1882)在 1839 年首次描述了动物的

_____

① 安东尼·范·列文虎克，17 世纪荷兰显微镜学家、微生物学的开拓者。——
译者注

② 马尔切罗·马尔比基，意大利生物学家、组织学家。——译者注

③ 这句话的原意是研究动物由哪些物质组成。作者在西方基督教的背景下把
该话隐喻为：生物学研究上帝用了什么物质创造或制造生物。——译者注

④ Niels Bonde, "Fra revolution mod evolution. 1800-tallets store anatomer and
palæontologer", in *Naturens Historiefortællere*, Vol. 1, ed. Niels Bonde, Jesper Hoffmeyer
and Henrik Stangerup (København: Gads Forlag, 1985), pp.198-237.

细胞结构,他将生物体描述为"细胞的王国"(states of cells),在这个王国中,每个细胞都可以比作一个"公民"。有了细胞理论,生物学找到了它的"原子",整个科学界都受到这个理论的影响。[①]在物质的细胞结构中,生物学发现了所有生物共有的元素,即生命的共同特征。

1492 年,哥伦布发现了美洲大陆;大约 350 年后,也就是这些伟大的发现者们逐渐退出历史舞台的时候,显微镜却向人们揭示了一个全新的未知世界。显微镜使眼睛的分辨能力大大增强了。肉眼的分辨距离大概为 0.1 毫米。用肉眼看两个相距不足 0.1 毫米的小点,我们看到的并不是两个,而是一个模糊的小点。借助光学透镜放大被照物体的光学显微镜,其最大分辨率为 0.2 微米(0.0002 毫米),相当于将人类肉眼的视力提高了 500 倍。通过光学显微镜,我们可以观察到大多数细胞,也可以观察到一些细胞中较大的结构,如染色体。与人的肉眼相比,电子显微镜的最大放大率可达 20 万倍,其最大分辨率约为 0.5 纳米(0.0000005 毫米)。相比之下,氢原子的直径约为 0.1 纳米,尽管人们在电子显微镜下可以观察到许多较大的分子(如 DNA),却看不见氢原子。电子显微镜的工作原理是让电子通过样本,在样本中允许电子通过的区域是光透的,而拒绝电子通过的不透明区域是暗的。无论是高倍率光学显微镜还是所有倍率的电子显微镜都要求非常薄的观察物体切片(从 0.01 毫米到 0.00002 毫米),这使得在大倍率显微镜下观察活细胞是不可能的。

① François Jacob, *The Logic of Life* (New York: Pantheon Books, 1974), p.121.

然而,生物学并不满足于停留在细胞上,而是发现了生命的另一个基本构成——基因。基因的概念最初是由丹麦自然科学家威廉·约翰森(Wilhelm Johannsen, 1857—1927)在 1909 年提出表型(phenotype)和基因型(genotype)的区别时使用的。[①] 正如他想象的那样,基因是一个关于遗传的"中性"和"抽象"的术语。但是,由于当时没有具体的结构或公式,自然科学没有任何理论基础来得出遗传物质形成的结论。遗传学家为了寻找具体的和有结构的遗传物质,不得不等待更长的时间。直到 1944 年,奥斯瓦尔德·艾弗里(Oswald Avery)才证明,遗传物质可以在染色体或 DNA 中找到。1950 年,罗莎琳德·富兰克林(Rosalind Franklin)展示了借助 X 射线拍摄的第一张 DNA 照片。1953 年,詹姆斯·沃森(James Watson)和弗朗西斯·克里克(Francis Crick)将 DNA 的结构描述为双螺旋结构。1965 年,马歇尔·尼伦伯格(Marshall Nirenberg)破译了遗传密码。尽管遗传在分子生物学中得到了充分的证明,但是基因还远远没有被研究透。遗传学的中心教条是,生物体的遗传信息以基因的形式存在于 DNA 中,并被转录成核糖核酸(RNA),后者将其转译为蛋白质。这个公式的核心部分仍然是正确的,但是如果不对这个转录过程进行研究,基因的图像就不完整,我们得到的只是基因密码被转译后所呈现的一个细微差别不断增大和愈加复杂的过程图像(即后基因组学)。换句话说,针对基因的 DNA 与其蛋白质之间线性关系

---

① Wilhelm Johannsen, *Elemente der exakten Erblichkeitslehre* (Jena: Gustav Fischer, 1909), p.124.

的研究还有很长的一段路要走。这使得基姆·斯蒂尔尼（Kim Sterelny）和保罗·格里菲斯（Paul Griffiths）提出，基因的定义应该是一个 DNA 序列及其上下的联系。① 因此，基因在理论上是一个非常难以理解的实体，但对科学研究具有重大的实际意义。在定义层面上，基因和生命一样，没有明确的定义，但两者都绝对是生物学研究的核心。在实验室里，就像在自然界一样，基因是人类肉眼看不见的；在使其变得可见的技术处理过程（大部分让人想起烹饪书中的烹饪方法）中，它们经常会受到不同的着色技术处理，比如让它们具有荧光或放射性。遗传物质变得可见了，但我们看到的并不是基因，而只是使它们着色的东西。

在生物学中，物资是否能变成"资产"是区分有生命和无生命的标志。显微镜显示了有机物和无机物在组织水平上的差异。分子生物学和生物技术研究生物体内物资的组成，并最先以物质来定义它们，即以构成它们的基本物质来定义它们。我们这个时代对生物技术的新关注产生了新的研究成果，这些研究成果强调相通性，而不是不同生物之间的差异。物质的分子定义揭示了动植物有如此多的共同之处，以至于把它们划分为动物界和植物界多少显得过于人为了——至少在许多生物技术学家看来是这样。200 年前，生物学对有生命和无生命进行了区分，继而作为一个独立的研究领域存在，从而与物理和化学区分开来。今天，生物学打破了生物之间的差异，所有关于生命的学科领域都倾向于聚集

---

① Kim Sterelny and Paul E. Griffiths, *Sex and Death. An Introduction to Philosophy of Biology* (Chicago: The University of Chicago Press, 1999), p.141.

在生命科学的单一框架内。

　　微生物学目前提出了一些与认知相关的问题，因为，同样的微观物理学规律并不适用于我们的"中观世界"（mesocosmos）。中观世界是一个由德国生物学家汉斯·莫尔（Hans Mohr）创造的术语，指人类用感官（视觉上大于 0.1 毫米）所能探测到的东西。因果关系的概念不能应用于微观物理学。相对论谈到了时间和空间之间的另一种关系，而不是我们从日常生活中了解到的那种关系。我们在中观世界中对空间、时间、物质和因果关系的经验构成了人类认知的视野，或者遵循莫尔的理论，称为我们的认知生态位①——它不能直接用于宏观宇宙的太阳系或微观世界。②人以他的感觉和肉体，在中观世界出生。综上所述，现代生物学的发展意味着，自然不再是直接的感官能感知的，而是必须始终以工具作为中介进行认识和感知。③

　　让我们看看现代生物学的模型和理论，以及它们是如何出现的。考虑到现象学描述重要性的减弱和模型方法的发展，这一点特别有趣。生物学模型和理论远非对我们所看到的事物的纯粹

---

　　①　认知生态位，原文为 cognitive niche。这里作者是借助"生态位"的生态学概念来说明"人"这一物种的认知能力受到其生理或所在的生活空间的影响。——译者注

　　②　Hans Mohr, *Natur und Moral. Ethik in der Biologie* (Darmstadt: Wissenschaftliche Buchgesellschaft, 1987), pp.27–28.

　　③　参见 Martin Seel, *Eine Ästhetik der Natur* (Frankfurt am Main: Suhrkamp, 1991), p.22："对于装备不良的心智来说，自然是不可想象的；它是一种以人类生活的基础为主题的学术理论建构，而不是人类生活的活生生的现实。"

现象学思考;它们经常受到来自其他领域的理论和观点的影响或启发。反过来,生物学理论对社会学等其他领域也有启发作用。其中的一个经典例子就可以在马尔萨斯和达尔文的文本之间的关系中找到。

弗朗索瓦·雅各布指出,马尔萨斯的人口理论受到了自然观察的启发。马尔萨斯写道:

> 大自然通过动物和植物王国,以最慷慨大方之手把生命的种子播撒到各地;但在提供它们所必需的空间和养分上,却十分吝啬。[1]

马尔萨斯运用他对自然的观察,发展了人口指数增长理论。他认为这是自然规律的必然结果,粮食基数没有以同样的速度增长,从而造成了饥荒。他在自然法则的基础上提出了关于自然秩序及其发展的理论,以便将其应用于社会研究——尽管他承认这是他"自己的"理论。达尔文对马尔萨斯的文章很熟悉,也承认马尔萨斯的文章有启发作用。他利用《物种起源》中的理论得出了自然选择的原理。哲学家和经济学家弗里德里希·恩格斯(Friedrich Engels,1820—1895)在1875年的一封信中这样写道:

> 整个达尔文主义关于生存斗争的学说,只不过是把霍布斯

---

[1] Thomas Robert Malthus, *An Essay on the Principle of Population* (New York: Cambridge University Press, 1989), p.10.

的全面战争主义、资产阶级经济竞争主义和马尔萨斯的人口理论从社会转移到生存斗争的自然。[1]

因此，该理论一开始就迷失于自然观察和社会理论之间，在两者之间摇摆不定。但这并没有结束，因为达尔文的进化论后来启发了关于社会发展的理论，产生了社会达尔文主义，它试图用与物种进化发展相同的方式来解释社会发展。

这个例子说明了一个事实，即生物学理论往往是通过从其他领域获得灵感而产生的。类比和隐喻的使用在自然科学中起着重要的作用。它还展示了灵感产生的两种经典方式：拟人主义和所谓的自然主义谬误。在前一种情况下，人类的价值观和思想被转移到自然领域；在后一种情况中，错误的步骤从"是"转移到"应该是"，关于自然的理论被转移到社会条件中。[2]

人们不禁要问，这种相互启发的目的是什么？为什么会这样？为什么这些拟人主义和自然主义的谬误如此容易产生？毫无疑问，它发生于在世界上建立一个可理解的秩序的尝试中，这是一种通过类比和叙事来理解的解释。为了使秩序对我们来说是可理解的，事物之间必须有联系。排序的过程使事物在时间和空间上相互联系。

综上所述，在生物学理论和模型的构建方式上，外行人很容

---

[1]　Alfred Schmidt, *The Concept of Nature in Marx* (London, NLB: 1972), p.47.

[2]　参见 George Edward Moore, *Principia Ethica* (Cambridge: Cambridge University Press, 1903).

易将生物学理论和模型视为一种代表可能解释的叙事。在叙事研究中，叙事能力，即理解叙事的能力，被认为是人类理解世界的基本方式。[①] 从叙事的角度来看，当生物学家把各种因素相互联系起来，并据此提出一种理论时，读者或听众会试图以理解故事的方式来理解它。生命科学被转化为，或传播为，在实践中用于控制生命的文本和模型。外行的读者通常会根据自己阅读文本的技巧能力(technical qualities)来解释文本，而一般来说，他们并不具备这些能力。生物学的文本将世界的其他信息、叙述、新闻、观点、论述、偏见等结合在一起。因此，读者会倾向于把生物学理论当作许多叙事中的一种。法国哲学家保罗·利科，在《时间与叙事》(*Time and Narrative*)[②]中声称，叙事能力不仅在小说也在史学中扮演着重要的角色。我认为对于生物学理论也是如此：叙事能力促使我们将生物学理论解释为叙事、故事。我们是这样建立对生物学的理解的：生物学就像叙事一样，建立了一个自然界中的连贯的关联，将不同的因素放在彼此的关联中。

如果我们接受这一论点，即大多数非生物学家通过叙事和解释的方式来构建生物学理论，那么后果是什么？对自然的探索始于感官。在某种程度上，探索自然是一种现象学和经验主义的活动。通过感官参与这种活动和肉体体验，所有人都可以嵌入生命的世界。在文艺复兴时期的自然史中，对自然的探索甚至嵌入了

[①] 关于叙事研究的更详细的描述，参见第四章。

[②] Paul Ricœur, *Time and Narrative* (Chicago: The University of Chicago Press, 1984—1988).

社会领域。

但是，在生命科学的两个阶段中，自然（也包括食物）与人们的感官、肉体和社会环境之间的距离越来越远了，而且这一距离还在稳步增加，不断拉大。

当符号不再被理解为事物本身，而被理解为表征时，就产生了第一个重要的分离，即感知与世界、人与自然之间的分离。

另一个重大进展发生在生命科学逐渐离开人类的感官而进入自然界中的生物本身，其在越来越小的微观层面寻找解释：首先从器官中，然后从细胞中，最后在分子中，特别是在 DNA 层面寻找。在 20 世纪影响最大的生物学领域，已经远离了现象学，远离了宏观和感官，而在对生命中最微小元素的研究中更深地埋头苦干。从注意到"细胞"（也就是"小房间"）——所有的生命都是由被称为"细胞"的相同的基本单元组成的——开始，生物学已经在细胞内部的"宏观结构"中研究染色体、细胞核、细胞质、线粒体、细胞膜、内质的网状物等。这些结构只能通过电子显微镜才能被看到，肉眼看不见。通过电子显微镜进一步放大后，我们可以观察到它们的表面、结构和成分。例如，我们可以注意到，细胞质不仅是蛋白质的溶解物，而且是由细线（直径 3—6 纳米）交织而成的。在进一步提高分辨率后，我们可以看到大分子的结构，例如较大的蛋白质和 DNA 中的结构。与此相对，生态学和进化理论正朝着相反的方向发展，向越来越宏观的方向发展，而这个方向对感官感知也是不开放的。在生物学中占主导地位的时间尺度是进化，进化的视角是如此之长，以至于任何一个个体都无法体验到变化。有谁见过生物物种、基因型或基因的进化？

尽管法国科学哲学家加斯东·巴什拉（Gaston Bachelard，1884—1962）的许多现代科学著作都是建立在 20 世纪 30 年代和 40 年代物理学的基础上，但他对现象学和科学理论之间关系的思考似乎也与现代生命科学有关：

> 因此，真正的科学现象学本质上是一种现象学技术。它的目的是把所要揭示的东西放大到远离它们本来的样子①……现代科学已经转向了按照理性的形象来构建一个新世界的工程。就其完全意义而言，科学工作使"理性上的实体"（rational entities）成为现实。②

科学不再依赖于现象学的观察；相反，它创造了现实本身。他接着说：

> 感官知识和科学知识之间存在着差距。温度是可以在温度计上看到的，人是感觉不到的。没有理论，一个人就永远不知道所见和所感是否与理论上的同一现象相对应。③

巴什拉认为，现代科学关注的不是描述现实，而是理性的现实。

---

① 远离它们本来的样子，原文为"beyond appearance"，意思是通过各种观察工具的处理，呈现在我们面前的图像其实并不是这些观察对象的真正面目。——译者注

② Gaston Bachelard, *The New Scientific Spirit* (Boston: Beacon Press, 1984), p.13.

③ Gaston Bachelard, *The Philosophy of No* (New York: The Orion Press, 1968), p.9.

科学家的工具不能仅仅被认为是他们感官和知觉的延伸；相反，它们被认为是具有特定目的的新器官，目的是减少或完全消除科学中对感官的使用。这样，科学家的工具就变成了纯粹的、客观的感受器。现代科学已从感知中解放出来；科学与感知无关，而是与工具有关。巴什拉强调了工具和理论之间关系的重要性，他说："工具是理论的物化。工具所产生的现象和图像自始至终带有理论的印记。"①知觉已被简化为对仪器的解读，科学家用所测得的指数和数字来构造新的理论。

当几乎去现象化和去社会化的生命科学影响我们与食物的关系时，必然会出现问题，因为其发现既不符合我们的感官和肉体经验，也不符合我们存在的生命状况。生命科学关于生物的叙事是实证主义和唯物主义的，这并没有错。但是，（这两个"主义"）不应该过于占据主导地位，因为这样就几乎没有给任何形式的食物伦理留下宝贵的空间。

---

① Gaston Bachelard, *The New Scientific Spirit* (Boston:Beacon Press, 1984), p.13.

第三章
————

没有故事的食物

在第二章中，我们看到生命科学的出现和发展是如何改变了我们对自然进而对食物的理解。尽管这些学科对提高西方世界的生活水平和食物标准的安全性做出了重大贡献，但它们仍然遭受诟病，因为其使我们与食物的关系变得理智化和疏远。这一批评是很重要的，因为这为我们指出了在人与食物的伦理关系讨论中涉及的一些困境。

生命科学不仅影响了我们与食物的关系，它的发展还伴随着农业和食品工业的实践发展，而这正是本章第一节的主题。这也使得消费者远离了食物的生产历史。

本章第二节讨论了消费者对食物的态度，认为消费者缺乏从伦理角度把食物与目前现代食品生产的环境联系起来的机会，并对此提出批判。

1. 农业工业化的历史

从 16 世纪到今天，农业产量的普遍增长通常与工业革命有关。农业革命在许多方面涉及农业工业化，其核心问题是农业产量如何能够成倍地增加,使农业既能养活迅速增长的人口,又能把劳动力释放到工业中去。要做到这一点,除了总产量必须提高,劳动者的人均产量更要提高。粮食总产量可以通过提高劳动强度而不需要采用新的技术方法来实现增长,但劳动者人均产量的提高侧重于效率的提高和农业的合理化。这就是劳动者的人均产量是反映农业工业化程度的最佳指标的原因。

有许多因素促成了农业产量的巨大增长。如果我们对工业化的理解是劳动力效率的提高——像纺织业那样把工作流程细化到各个单独的和专门的单位,那么可以说,自16世纪以来,很多举措有助于提高农业产量,但并不是典型的工业化形式。例如,通过种植新作物来实现农业产量的增加,三叶草就是其中一个例子。从16世纪开始,三叶草被越来越多地应用于欧洲农业中。事实上,由于三叶草能从空气中吸收氮从而提高土壤肥力,它的应用大大提高了产量。但是三叶草并没有减少农业对人力的需求,对农业的专业化也没有帮助。也许还恰恰相反,它阻碍了农业的专业化发展。因此,三叶草的应用不能被视为典型的工业化。更确切地说,它的应用应被描述为:以增加农业产量为目的的生物资源的利用。

农业的工业化不同于贸易和手工业,它不仅是一种特殊的劳动力组织形式,而且是一种特殊的自然组织形式。为了理解农业的工业化,我们应该研究如何利用自然的过程来提高产量。当然,在农业中还有许多典型的工业化形式,比如20世纪50年代,拖拉机代替了马匹。这一举措更具有工业化的印记,一方面是因为它提高了每小时的产量,另一方面是因为马为机械和化石燃料所取代。

　　让我们回到欧洲人口不断增长的时期。大约从 16 世纪开始,欧洲的人口数量开始再次上升,而在此之前一段时间里,瘟疫摧毁了整个欧洲大陆。例如,在 1650 年到 1800 年之间,丹麦的人口大约从 55 万增加到 92.5 万,在接下来的一个世纪里,增幅更大。这是因为过去的流行病如瘟疫、疟疾、肺结核和天花在不断消失。根据丹麦历史学家托基尔·吉尔加德(Thorkild Kjærgaard)的说法,这些疾病的消失(天花除外)不仅是由于医学的进步,更重要的是由于种植和耕作方式的改变以及随之发生的地理景观变化。

　　鼠疫就是一个很好的例子,说明了地理景观的变化和疾病的消失之间的关系。人们普遍认为,由于环境卫生和个人卫生的改善、老鼠的数量减少,鼠疫从欧洲消失了。这确实是故事的一部分,但远不是真相的全部。吉尔加德认为,这是伐木的结果。砍伐木材减少了啮齿类动物的数量,啮齿类动物是鼠疫杆菌的实际携带者,并通过跳蚤将其传染给人类。木材的缺乏也意味着石头开始被用来建造房屋。石造的房子对老鼠没有多少吸引力,因此它们与人类的接触减少了。[①] 吉尔加德认为农业耕作方式的变化所产生的影响比一般人所以为的要大得多,新的耕作方法通过景观变化来预防流行病,这一重要作用是人们没有预见的,并且促进了人口的增加。

[①]　Thorkild Kjærgaard, *Den Danske Revolution 1500—1800* (København: Gyldendal, 1991), p.18.

吉尔加德的说法的关键之处在于，农业实践和人口数量之间的相互作用可能比我们通常所理解的更为复杂。农业实践对生产足够的粮食固然很重要，但同时，正如我们所看到的，对遏制流行病的继续肆虐也很重要。这表明人口增长和农业生产之间的关系不仅仅是线性的因果关系。人们经常说人口增长需要更多的粮食，或者说农业产量的增加促进了人口的增长，这是一种简单化的说法。当然，不断增长的人口需要更多的食物，但正是农业实践的变化导致了景观的变化，才使得人口增长成为可能。

在工业国家，每英亩①的产量，即所谓的单位面积产量，自 16 世纪以来已经大幅度提高。② 1798 年，马尔萨斯在《人口原理》中提出的"人口指数增长不可能总是抵消农业产量的增长"的著名论断被证明是错误的。同样明显的是，劳动者的人均产量是按一定比例增长的，尤其是在 20 世纪。与过去相比，现在从事初级农业生产的人数非常少。

历史学家们已经做了许多尝试，试图把农业革命定位为一个确定的时期和具体的举措，如引进特定的作物、改变作物轮作或革新农业机械。③ 有些学者甚至提出人类在不同时期进行了三次

---

① 1 英亩约等于 4046.86 平方米。——译者注

② 参见 Mark Overton, *Agricultural Revolution in England* (Cambridge: Cambridge University Press, 1996).

③ 参见 J.V Beckett, *The Agricultural Revolution* (Oxford: Basil Blackwell Ltd, 1990).

不同的农业革命,每次革命以不同的举措为特点。[①] 但是,更合理的说法可能是,所谓的"革命"只是一系列逐渐的变化,这些缓慢的变化促进了产量和利润的增加,带来了更高的效率。

汉斯·豪根·温瑟·詹森(Hans Jørgen Winther Jensen)在其关于广泛使用农业新技术的著作中,把促进产量增加的变量分为四个类别。[②] 我在每一类中附加了最重要的元素:

(1)劳动对象:土壤、牲畜、作物和水。

(2)劳动资料:工具、机器、农药、新资源(能源、肥料等)的投入。

(3)劳动方法:土壤处理、轮作、繁殖、排水。

(4)劳动力的组织:营销和销售、劳动形式(如农民合作、工作时间、分工等)、所有制形式、专门知识和专业技能的习得等。

劳动对象(在这里都是自然要素)是农业工作的基本要素,一般说来属于农业的基本条件。传统上,这些都是由农业本身来维持的,并且在很大程度上独立于外部投入。农民自己饲养牲畜和种植庄稼,只偶尔买些新牲畜。正如我们所看到的,新的植物被引进,但这些植物也成为农场的一部分,因为它们也是在农场繁殖的。土壤和水或多或少是大自然的礼物,尽管土壤的生产力可以通过农场内部的资源来提高。

---

① B. A. Holderness, "Apropos the Third Agricultural Revolution: How Productive was British Agriculture in the Long Boom, 1954—1973?", in *Agiculture and Industrialization*, ed. Peter Marthias and John A. Davis (Oxford: Blackwell Publishers, 1996), pp.68-87.

② Hans Jørgen Winther Jensen, "Diffusionen af ny teknologi på bondebrug i Danmark 1800—1915"(phD diss., Copenhagen, 1998), p.2.

　　农场基本上是自给自足的，因为大多数人住在乡下，从事农业生产或家政工作。从田野到餐桌的距离很短，这种联系简单而切实。在农民或村民看来，农业或多或少是一个封闭的循环圈①；农业中来自周围社会的投入很少，农产品就地消耗，废物回归土地。农民除了劳动没有使用其他资源。像三叶草这样的新作物很少出现，只有一些地方有少量出售。

　　农业工具的工业化和现代化随这个周期的开启一同开始。线性的生产链取代了几乎封闭的循环圈，我们可以将其描述为：

投入→农业（生产）→消费→废物

　　这种线性生产链的特点是，废物没有作为新生产的投入资料被回收利用，而是被堆放、积累。在农业工业化期间和之后，自然的产品不再是地方性的，而是越来越多地被深加工和预制作成统一的产品。土壤就是一个例子。

　　对农民来说，保持土壤肥力一直是至关重要的，这是他们年年丰收的保证。人们已经尝试了各种方法来保持土壤的肥力，避免土地耗竭。所有这些方法有一个共同点，那就是依靠植物自身的能力来重新创造土壤的肥力。人们认识到，土壤需要定期休耕，以便肥力的再生。柏林农业大学教授丹尼尔·瑟尔（Daniel Thaer，1752—1828）在他的著作《合理农业原则》（ *Grundsa Tze der rationellen Landwirtschaft* ，1809—1812）中，支持了一种长期以来就存在的理论，即植物通过水和腐殖质来自我滋养。腐殖质被认为

---

　　① 这个循环圈并不是完全封闭的。有时，森林和土地被过度开发，到了即将被耗尽和侵蚀的地步。

是至关重要的,植物本身被认为能积聚腐殖质,比如在休耕时;动物粪便也可以提高土壤肥力。然而,在 19 世纪,关于土壤肥力恢复过程与植物功能的观念和理论逐渐发生了变化。1840 年,尤斯图斯·冯·李比希的《有机化学在农业和生理学中的应用》发表后,腐殖质理论遭受了毁灭性的打击。李比希证实(就像他的前辈也曾经证实过的一样,尽管没有产生如此大的效应):植物从土壤而不是腐殖质中吸收矿物质;没有腐殖质,植物也能在土壤中生长。李比希建议用无机肥料代替动物粪便,①进而用氮和其他矿物质代替粪肥,这标志着人工肥料进入了美国和欧洲的农业生产。李比希指出,许多工业的废料中含有可以用作肥料的矿物质,并且早在 1843 年英国就开始生产磷酸盐了。

一万多年来,饲养牲畜和耕种农作物一直是农民自己的生产领域。在科学辅助的农产品出现之前,农民选择最优的动物个体或作物个体来繁殖后代。关于这方面的最早资料之一来自亚里士多德,比如,他描述了动物饲养者如何通过检查动物的牙齿来判断四足动物(quadrupeds)老幼之间的区别。这些"四足动物"在他的分类中是一个独立的群体,而不是"六足昆虫"(six-legged insects)。②19 世纪下半叶,人们迈出了农业生产的系统化和制度化的第一步。育种先于农业成为一个独立的行业。这一趋势在植物界尤其明显,对于家畜饲养者则有所不同。牛一般都是由农

---

① William H Brock, *Justus von Liebig. The Chemical Gatekeeper* (Cambridge: Cambridge University Press, 1997), p.148.

② Aristotle, *History of Animals*, 578 b5–578 b10.

场自己的牛繁殖,尽管有经由科学方法选择的种牛的帮助。此外,现代肉鸡生产追随了植物育种的系统化和制度化的步伐。如今,欧洲的肉鸡差不多都是由五家大公司生产的。

随着农业工业化的发展,土壤、动物、植物、肥料和水都发生了变化。以前,这些或多或少是由当地条件决定的。它们是赠予人类的"自然元素"。随着工业化的发展,这些"自然元素"逐渐成为农业中的标准化投入,或者说是提供资本利益的生物资本。这种资本的独特之处在于它是以生物学为基础的。

替代劳动力的劳动资料与工具的发展和应用取决于工业的进步,因为只有工业才能创造出新型复杂的工具,这些工具是当地的铁匠作坊无法制造的。在 18 世纪,木材仍然是最常见的农具原材料,如犁、耙和种子播种机都是用木材制作的。但在 19 世纪,铁取代了木材。[1] 与工业相比,农业引进新机器的过程非常缓慢,真正节省劳动力的机器在 20 世纪才出现。[2] 缓慢的原因主要是农村劳动力比较充裕,劳动力非常便宜,以至于投资购买新机器无利可图。

随着劳动对象和劳动手段的变化,劳动方法也发生了变化。如前所述,在 20 世纪的进程中,农产品的加工从农场转移到了工厂。农业中最重要的两种耕作方式——轮作和畜牧,也经历了重

---

① 参见 Harald Moberg, *Jordbruksmekaniseringen i Sverige under tre sekel* (Stockholm: Kungl. Skogs-och Lantbruksakademien, 1989).

② J. V. Beckett, *The Agricultural Revolution* (Oxford: Basil Blackwell Ltd, 1990), pp.25-28.

大的变化。在工业化农业中,自 20 世纪 50 年代以来,由于使用化肥、杀虫剂和通过深加工改良作物品种,轮作变得几乎多余。相反,农民可以年复一年地在同样的土地上种植同样的作物。随着自动喂食装置和谷仓清洁器的出现,大量牲畜全年都能养在马厩里,它们不需要在草地上吃草了。

1817 年,经济学家大卫·李嘉图(David Ricardo, 1772—1823)提出了"比较优势"的概念。举例来说,李嘉图声称,如果英国和葡萄牙都能生产其最擅长的产品,那么他们将获得最大的利益。一方面,英国应当生产纺织品,葡萄牙应当生产葡萄酒,然后彼此进行贸易;另一方面,如果两国同时都生产这两种产品,各自的优势将会减弱。"比较优势"的概念在农业发展中也起着重要的作用,并以一种全面专业化的形式出现:1968 年,75% 的丹麦农场既养猪又养牛。到 1999 年,这个数据下降到仅为 10%。①

农业劳动力的组织与许多其他领域的发展是密切相关的,如:经济领域的发展(18 世纪的重商主义),独立的自然科学领域的发展(化学、生物学和营养学等),工程领域的发展(机械和基础设施)。但这里我们首先考虑经济方面的进步。

重农主义者(Physiocrats)是指从 18 世纪开始出现的一些扎根于农业的经济学家,他们阐述了一种关于物质价值和物质财富创造的理论。他们中的大部分是土地所有者,不是自耕农(yeomen)——一种出现于 18 世纪欧洲的小农所有制形式,取代了封建社会的所有制形式。重农主义者魁奈(Quesnay)写道:

---

① *Tal om landbrug* (København: Landbrugsrådet, 2000).

　　我渴望吃的水果，即我摘来吃的，是大自然送给我的商品；除非树上的果实多得超出我的胃口，否则就不会产生财富。即便如此，还必须有人饿了，需要我的那些水果。[1]

　　在这里，"商品"（commodity）一词的使用很有趣。根据重农主义者的观点，商品的价格是在物品实际交换中确定下来的，即在供给和需求的相互作用下确定的。他们认为消费是决定物品价值的关键。而农业则不同于一切其他形式的生产，它是唯一一个在生产引发价值增长方面并不仅仅取决于生产者能力的产业，因为当土地被耕种时，它所能提供的基本物资比农民所需的更丰富。换句话说，农民有一个秘密的伙伴——大自然这个创造者。大自然是我们周围所有财富和馈赠的实际生产者。[2] 在包括亚当·斯密（Adam Smith，1723—1790）在内的 18 世纪的经济学家中，有一个普遍认可的观点，即任何利润的增加都是土壤特定肥力的表现。这也是该时期出现如此之多关于财富起源的分析的原因。

　　值得注意的是，重农主义者认为，物品价值的确定只发生于农民满足自己的需求后仍有剩余产品时。他们将利润归因于土

----

[1]　Quesnay, quoted from the article "Homme" in Eugène Daire, *Les Physiokrates* (1846), p.42. 此处引自 Michel Foucault, *The Order of Things* (London: Routledge, 1970), p.192.

[2]　Marquis de Mirabeau, *Philosophie rurale* (1763), p.37. 参见 Michel Foucault, *The Order of Things* (London: Routledge, 1970), p.194.

地租金,土地被视为提供利息的资本资产,是所有物品价值的首要来源。

与此同时,农民和产业工人没有什么不同,都被看作劳动的工具。① 18世纪,工人对食物、衣服和住房的需求成为其劳动力市场价格的衡量标准,其中土地和玉米被认为占据了主导地位。②

重农主义者对当时农业的影响主要体现在两个方面。首先,如果财富本身来自富饶的土地,那么农民就没有什么动力去改善土壤肥力和提高农业效率——因为任何剩余都是造物主的礼物。其次,重农主义者指出,农业可以在神的帮助下自我生产,同时创造剩余,这将农业带入了市场经济。重农主义者在这种宗教性的重商主义中,把世俗的经济考虑与神圣的动机混合在一起,辩称按照神意进行的农业创造了剩余,因为这是上帝装点自然的方式。因此,这种剩余应成为贸易对象:食物应该成为一种商品。

重农主义者关于大自然恩赐的理论不久就招致质疑。19世纪初,农业产量上的富足很快就被迅速增长的人口导致的短缺取代。正如与李嘉图同时代的托马斯·马尔萨斯指出的那样,人口数量的增加使食物供应变得越来越困难。福柯写道:

> "经济人"(homo oeconomicus)并不是对自己的需要和能满足这些需求的物品进行表象的人;而是为逃避死亡的逼近而度

① Marquis de Mirabeau, *Philosophie rurale* (1763), p.8. 参见 Michel Foucault, *The Order of Things* (London: Routledge, 1970), p.192.

② Michel Foucault, *The Order of Things* (London: Routledge, 1970), p.222.

过、耗费和丧失其生命的人。①

如何为生存斗争也成了生物学的一个主题。达尔文在《物种起源》中就生存斗争写了整整一章的内容。② 人们对农业进行了彻底的反思：农业现在的目的是提高产量。为了达到此目的，人们开始利用自然科学。

但是，食物不仅要生产出来，还要运送到消费者手里。19 世纪中叶，铁路的出现大大改善了基础设施，使更多的农业区可以进出口食物。这些变化是切实可见的：在自给自足的情况下，最重要的利益是生产多样化；而在市场经济中，首要利益是生产的专业化，因为这为提高生产效率、促进销售和出口提供了更大的机会。在自给自足的情况下，生产超出自己所需的东西是没有报酬的，而在市场经济中，一个人生产得越多，挣得就越多。

向市场经济的过渡还涉及工作形式的改变。快速增长的城市人口需要更多的食物，农业应该提高产量。正如我们所见，机械化直到 20 世纪才在农业中真正崭露头角。所以在早期，只有加大劳动强度才能提高产量。据吉尔加德的估计，在 1500 年到

---

① Michel Foucault, *The Order of Things* (London: Routledge, 1970), p.257. 如上所述，这一观点影响了经济理论，但也存在于生物学中。正如哈维尔·比沙所说："生命是对抗死亡的所有功能的总和。"

② 尽管许多人不这么认为，但在《物种起源》出版时，达尔文并不知道赫伯特·斯宾塞（Herbert Spencer, 1820—1903）的发展理论。《物种起源》出版了 6 个版本，在前两个版本中，达尔文采用了"自然选择"的概念，只是在后来的版本中，他才使用了斯宾塞"适者生存"的概念。

1800 年间,社会的工作时间增加了 50%,农业的工作时间甚至增加得更多。[①] 工作天数和工作时长都增加了,在这个过程中,农村人口不得不习惯于长时间如一地工作。

在西欧,关于农业的专业文献记录已有数百年的历史。事实上,早至古希腊就有关于良好农业实践的著作。[②] 这些文献为我们了解当时的农业及其常见的改革提供了重要的信息系统。但直到 19 世纪中期,随着第一批农业学院(也称为农业研究所)的建立,真正的农业科学才建立起来。农业科学建立在自然科学的基础上,包括化学、物理、数学、统计学、地质学、解剖学、动物学和植物学。

综上所述,我们可以说,工业化带来了农业的普遍同质化(homogenization),同时也标志着农业与地方性的分离。研究农村发展的荷兰教授扬·杜维·范·德·普勒格(Jan Douwe van der Ploeg, 1950—)用"错位"(dislocation)和"脱节"(disconnectedness)[③]来描述农村社会关系的嵌入性的终结及其在时间和空间上的锚定。随着工业化的发展,农业变得独立于当地条件。范·

---

① Thorkild Kjærgaard, *Den danske revolution 1500—1800* (København: Gyldendal, 1991), p.142.

② 参见 Sigen Isager and Jens Erik Skydsgaard, *Ancient Greek Agriculture* (London: Routledge, 1992).

③ Jan Douwe van der Ploeg, "The Reconstitution of Locality: Technology and Labour in Modern Agriculture", in *Labour and locality; Uneven Development and the Rural Labour Process*, ed. Terry Marsden, P. Lowe and S. Wattmore (London: David Fulton, 1992), pp.19-43.

德·普勒格列举了出现同质化和错位的四个方面。

首先，是土地、自然和生态的错位。农业中植物和动物的遗传变异减少了，因为在农业中育种只使用了少数动植物品种，从而使农业生产形式标准化；根据科学优化产量，食物加工标准化，以满足工业化大批量生产的需求。在最极端的情况下，"错位"是对气候和土壤的完全控制，温室就是典型。

其次，由当地人力完成的工作越来越少。相反，工作被分配到外部地区。越来越多的食品加工产业被投入到农业中。农业的自动化涉及工作的标准化，使农业工作不再与当地因素挂钩，而是与外部条件相适应。

再次，农业与终端产品脱节。农业向食品工业提供商品，食品工业对商品进行加工，然后把它们交给批发商，再由批发商把商品送到连锁店。从农民到消费者的直接链条被打破了。

最后，农业失去了与家庭之间的联系。人们仍可以家庭的形式继续居住在农场，但这对农业工作已不再重要。通过工业化，传统的以农业为基础的生活方式消失了，取而代之的是生产力理论。自此，农业被视为一个生产单位，与其他工业企业一样。

2. 食品科学与美食学

食物的理智化发生在 18 世纪下半叶，它是以两个学科领域的发展为背景的：食品科学和美食学。这两个学科可以视为当时人们在理解人的本性方面的兴趣的衍生物。将近 18 世纪末，人类本身成了科学的研究对象。正如我们所看到的,食物消费成为划分自我和他物之间的边界的依据。因此,理解人与自然其他部分之间的关系是特别有趣的。对消化的研究早在 1752 年就开始了,即雷奥穆尔(René Ferchault de Réaumur)的《第二次消化》(*Second Mémoire sur la Digestion*)。在这本书中,作者认为消化指的是食物的分解,然后发酵。18 世纪下半叶,安托万·拉瓦锡也通过观察食物的燃烧、能量在体内的传递和废物的分离来研究人体的功能。① 正如我们所看到的,生物学越来越倾向于研究生命的细节:是什么将有生命的和无生命的区别开来。新陈代谢是区别两者的一个显著因素。有机化学和生物化学都研究生命的物质组成,同时研究这些物质在生物体内的路径和转化。许多生物化学家,如李比希,将生命力理解为一种能分解食物并将其转化为其他物质,从而构建新的身体的能力。

　　在 18 世纪,食品科学仍然是物理性的:研究血液泵送和消化过程中出现的新陈代谢。② 也正是从 18 世纪开始,人们的注意力明显转向了物质的个体研究。科学家开始对食物进行化学分析,将其分为各种有机物:蛋白质、维生素、癸二酸、纤维、碳水化合物、脂类等。对这种新科学的迷恋使得弗里德里希·阿昆(Friedrich Accum)在 1821 年将烹饪艺术描述为化学现象:"厨房是一个化学实验室……厨师的锅炉、炖锅和烤炉对应着化学家的

---

① François Jacob, *The Logic of Life* (New York: Pantheon Books, 1974), pp.42, 83.

② Signe Mellemgaard, *Kroppens natur* (København: Museum Tusculanums Forlag, 1998), p.263

蒸煮器、蒸发皿和坩埚。"①

　　食品科学不仅是一门基础科学，也是一门非常实用的科学。作为应用科学，食物的保存是其核心内容之一。其之所以重要，部分原因是在北欧的气候条件下不可能全年生产食物，还有部分原因是好的食物保存方法也意味着可以避免由于储存不当造成的大量浪费。在北欧，4月被称为"死月"，在这段时间食物的库存量最少，而春季蔬菜还没有上市。因此，更好地保存食物是人们避免在4月挨饿的一种方法。食品卫生是食品科学这门新学科的另一个领域。卫生对于成功地保存食物、抵御疾病是非常重要的。"锅中有致死的毒物"②，阿昆在《一篇关于食品掺假的论文》(*A Treatise on Adulterations of Food*, 1820)中如上写道，并论述了各种形式的食物中毒。③

　　欧内斯特·维埃拉(Ernest Vieira)还强调了食品科学的实践性内容。1795年，拿破仑·波拿巴请尼古拉斯·阿佩尔(Nicolas Appert, 1749—1841)帮助他的军队减少战时对当地供给的依赖，因为过度依赖当地供给会降低士兵的作战效率。对此，阿佩尔的

---

　　① Friedrich Accum, *Culinary Chemistry* (London: R. Ackermann, 1821), preface. 这与现代营养学专家的观点相差无几。例如，欧内斯特·维埃拉写道："食物完全是由纯物质构成的，这些物质可以被描述为化学物质或化合物。" Ernest Vieira, *Elementary Food Science* (New York: Chapman and Hall, 1996), p.185.

　　② 该句原文是"There is death in the pot"。——译者注

　　③ Friedrich Accum, *A Treatise on Adulterations of Food* (1820). Reprinted in Timothy Morton, *Radical Food. The Culture and Politics of Eating and Drinking 1790—1820* (London: Routledge, 2000), pp.287-383.

解决办法是使用罐头食品。阿佩尔在借鉴斯帕兰扎尼（Spallanzani）等人研究成果的基础上，最先发明了实用的保温方法，并最先使用罐头作为包装技术。① 毫无疑问，在食品科学发展初期，食物的储存和保鲜方面的研究占据重要地位。

另一种将食品科学付诸实践的方法是由德国化学家尤斯图斯·冯·李比希发明的，他是食品工业发展史上的重要人物。他认为肉类所含的人体必需的营养成分可以在肉的汁液中找到，这一理论促成了"李比希肉精"的研发。由李比希公司对南美牛肉大批量加工而成的食品在世界各地销售。当时这种食品因其高营养价值而受到赞扬，但现在却被认为是没有效果的。1868 年，李比希对筛面粉的研究表明，筛面粉的过程会造成大量的营养流失。他还试验了不同形式的发酵粉，尽管没有取得任何商业上的成功。此外，他对母乳成分的研究成果被用于母乳替代品和婴儿食品的大批量生产中。在李比希营养理论的基础上，亨利·雀巢（Henri Nestlé）在 19 世纪 60 年代开始生产奶粉，朱利叶斯·麦吉（Julius Maggi）和卡尔·克诺尔（Carl Knorr）在 19 世纪 70 年代和 80 年代开始生产浓缩汤。现在李比希公司仍然作为食品业巨头联合利华的一部分存在。在科学研究的基础上，李比希假设工业化生产食品是能够取得成功的，并且在 19 世纪 70 年代出版了许多食谱书，包括《改良和经济烹饪术》（*Improved and Economic Cookery*），书中强调了食物的营养价值。当然，他并非不了解食谱

---

① Ernest Vieira, *Elementary Food Science* (New York: Chapman and Hall, 1996), p.3.

可能会提高肉精销量，因为在他的 100 个食谱中，几乎全部都列出了"李比希肉精"。①

今天，食品科学致力于有关食物生产、加工、消化和排泄的研究。这里并不是要对食品科学的众多领域进行全面的描述，表 3 展示了食品科学的复杂性和众多分支。

这些不同的领域在实践中是不能分开的。几个世纪、甚至几千年来，人们把盐、糖、醋、香料、蜂蜜和浆果添加到食物中，对食物进行腌制，以储存食物并赋予其特别的味道。

表3   食品科学中最重要领域的概述

研究领域	关键词
营养素	碳水化合物（糖类和多糖）、蛋白质、维生素（溶于水或油）、脂类（脂肪、油、脂类、蜡等）、纤维、矿物质、次生物质等
酶	蛋白酶、氧化酶、脂肪酶等通常构成分解过程的一部分，但也可用于加工过程中
合成物	防结块剂、乳化剂、稳定剂、增稠剂等
添加剂	添加剂本身并不存在于食品中，而是为特定目的而被添加的物质
味道	提味、保存、隐藏、添加风味。例如，脂肪酶可以给奶酪和奶粉添加一种特殊的味道
储存	高温热处理、腌制、冷藏、包装、添加防腐剂等

① William H. Brock, *Justus von Liebig . The Chemical Gatekeeper* (Cambridge: Cambridge University Press, 1997), pp.215-249.

研究领域	关键词
毒理学和卫生学	食物感染：如沙门氏菌等病原体
	食物污染：受感染的微生物会产生毒素
	关于食品卫生的权威性要求
食品加工	发酵、贮存、酶技术等

　　尽管食品科学教会我们区分食物中的许多不同物质，并让我们更好地了解它们对人体的影响，但是它也向我们提出了许多尚未能解答的问题。例如，母乳被认为含有几百种化学物质，但只有少数的化学结构是已知的。[1] 食物中有成千上万的次生物质，需要人们花费很大的精力才能将其描述出来，而掌握它们的作用就更非易事了。

　　食品科学已经促成了食物以及我们与食物之间关系的根本变化。食品科学引入了使食品标准化的方法，但在某些领域也促进了多样性。由于时间和地域的差异的消除，许多食物已经变得标准化。例如，奶酪产品的味道和黏稠度在很大程度上取决于时间和地点，因为奶牛和牛奶受到地点（土壤、植物、气候等）、季节（如某种特定的奶酪要用早春牧养的奶牛的奶制成）和当地加工方式的影响。标准化当然与大规模的食品生产不能包含如此多

---

[1] Ernest Vieira, *Elementary Food Science* (New York: Chapman and Hall, 1996), p.185.

的因素这一事实有关,但它也与食品科学作为一门国际性学科的发展有关,其程序和需求都应是标准化的。当然,食品科学对开发和推广多样化的食品也有贡献,例如所有以牛奶为原料的新产品。

　　食品科学已经在田野和厨房之间开辟了一条道路,这几乎触及了所有事物。例如,在屠宰前可以给动物注射植物提取物蛋白酶,或者在屠宰后的肉上撒上粉末,将植物提取物蛋白酶添加到肉中,使肉变得更瘦。[1]人们经常在面粉中加入酶,使其更容易被人类消化。食品逐渐不再像消费者以前所认为的那样。特别是在转基因食品中,科学元素以专利的形式呈现。1990 年,美国食品药品监督管理局(FDA)与世界卫生组织合作,建议在全球范围内评估新型食品时施行比较数据原则。[2]为了将新型食品与传统食品进行比较,1993 年,经济合作与发展组织(OECD)指定用这一原则来分析转基因食物的实质等值性。[3]自那以后,人们做了很多工作,使这一原则得以广泛实施。但这一原则也遭到了严厉的批评,因为尽管两者在重要的成分方面可能有相似之处,但这并不一定意味着食物安全得到了保障。一个重要的问题是很难

---

[1] Ernest Vieira, *Elementary Food Science* (New York: Chapman and Hall, 1996), p.128.

[2] WHO, *Strategies for Assessing the Safety of Foods Produced by Biotechnology* (Report of a Joint FAO/WHO Consultation, WHO, Geneva, 1991).

[3] Nordic Council of Ministers, *Safety Assessment of Novel Food Plants. Chemical Analytical Approaches to the Establishment of Substantial Equivalence* (Nordic Council of Ministries, TemaNord 1998, 591, Copenhagen, 1998), p.11.

对食物进行化学上的比较,因为食物中化学物质的含量会因耕作方法和条件的不同而不同。即使是来自同一块田地的土豆,也会显现出相当大的化学成分上的差异。

食品科学使消费者能够根据食物的化学成分来选择食物。这对那些有意识地使营养指标成为健康的普遍指标的人有特别的吸引力。自19世纪以来,食物和饮食之间的关系一直主导着相关食物的争论。食物将人置于一种特定的道德之下,即顺从身体的规律和自我控制:"我必须吃那个",尤其是"我不能吃那个"。与食物的季节性限制中关于什么可以吃或什么不可以吃的规定相反,食品科学体系是通过形成规范来发挥作用的:按你自己的方式来吃,并保持健康。当然,这既不是一项规则,也不是一个必须遵守的指令,人们不会因违反就受到惩罚。规范可能通过外部力量形成,就像季节性限制一样。但不同之处在于:这是人们从内部构建自己,作为一种自我"内部"规范。[①] 与季节性限制的规范相反,科学的饮食需要自我控制来遵守健康饮食的规范。违反规范造成的惩罚包括:内疚、疾病和对公共卫生服务的依赖。通过这种方式,食品科学为美食学、味觉和享乐主义(hedonism)在食物的选择上提供了一种"科学"的替代方案。

美食学也对人与食物的关系产生了决定性的影响。作为一

---

① Deborah Lupton, *Food, the Body and the Self* (London: Sage Publications, 1996), p.74.

个概念，它可以追溯到 1623 年。[1] 但到了 1800 年左右，情况发生了决定性的转变。在那个时代，出现了一种倡议：把原本与快乐有关的美食学变成一门科学——味觉的科学。

"gastronomy"（美食学）一词的前缀"gastro"来自希腊语，意思是"胃"。因此，美食学与胃的法则和规律有关。与其他自然科学一样，美食的科学试图发现和描述规律，这就是法国律师让-安泰尔姆·布里亚-萨瓦兰（Jean-Anthelme Brillat-Savarin）设定的目标。受当时生物学中生理研究的影响，他在 1825 年的著作《味道的生理学》（*Physiologie du goût*）[2]中开发出一种美食的方法，叫作"éprouvettes gastronomiques"（试管美食）或美食测试。它的目的是把毫无感觉的"底层阶级"同真正的美食家、真正的享乐主义者区分开来，后者会欣赏一顿精心烹调的饭菜。布里亚-萨瓦兰对美食测试的定义如下：

> 通过美食测试，我们鉴定出公认的美味且卓越的菜肴。只要看到它们，就能唤醒优秀的人的所有味觉力量。因此，在同样的情况下，如果一个人面对这些美味佳肴既没有闪现出欲望的火花，也没有狂喜的光芒，他就会被理所当然地认定为不配享有

---

① Michel Onfray, *La raison gourmande. Philosophie du goût* (Paris: Grasset, 1995), p.106.

② 中译本见：让-安泰尔姆·布里亚-萨瓦兰：《厨房里的哲学家》，郭一夫、付丽娜译，南京：译林出版社，2013。——译者注

这次聚会的荣誉和所有随之而来的快乐。①

在某种程度上,感觉的科学(sensory science)在这里作为一门专业学科而存在。这一点在布里亚-萨瓦兰的书中得到充分强调,他甚至提议建立美食学院——尽管这一点直到 1928 年才得到人们的广泛认可。正如我们所见,布里亚-萨瓦兰将自然科学作为他的美食学模型,视觉元素在美食学中扮演了一个特殊的角色,这个特殊的角色随后转移到味觉领域。味觉被转化为视觉上的东西,在用餐者的脸上得到解读,表达他对食物的欣赏和其他感受。② 脸无法隐藏内心的情感,因此用餐者的表情被认为比语言更真实、更客观。布里亚-萨瓦兰希望通过使用面相和颅相学来让美食学变得客观。同样的事情在今天以不同的形式发生着,尽管这里指的不是用餐者的面庞。如今,人们试图将特定的味觉印象和食物的特定图像联系起来,比如所谓的食物核磁共振(MRI)图像。利用光谱学技术,食物受到人眼所不能及的一些特定波长的辐射,我们可以通过反射和透射来确定食物的外观及其化学成分。③

拉伯雷(Rabelais)和蒙田(Montaigne)称美食学为"science de

① Jean Anthelme Brillat-Savarin, *The Physiology of Taste* (Washington: Counterpoint, 1949), pp.173-174.

② Michel Onfray, *La raison gourmande. Philosophie du goût* (Paris: Grasset, 1995), p.122.

③ Lars Munck, "Levnedsmiddelteknologerne overtager astronomernes værktøj", *Naturens Verden* (2002): 43-49.

geuele"，即关于"嘴"的科学。① 这种关于"嘴"的科学，以一种微妙的表达方式，指出了嘴巴与味道之间的重要关联。快乐和知识之间的联系，即味觉和语言表达之间的联系，是美食学的核心。这种表达方式正是亚历山大-巴尔塔萨-洛朗·格里姆·德·拉·雷涅尔（Alexandre-Balthazar-Laurent Grimod de la Reynière，1758—1837）的作品所采用的表达方式。雷涅尔是一位巴黎富翁的儿子，性格古怪。由于畸形的手和古怪的性格，他在很小的时候就被父母驱逐出巴黎。但在 1792 年他父亲去世后，他回到了位于香榭丽舍大街的家族宅邸。在这里，他以独特、奇异、奢华的宴会而闻名。例如，他的有些晚宴会为参加宴会的客人举行假葬礼。雷涅尔在当时被公开禁止评论戏剧，可能是因为他的评论太过分了。这让他产生了评论食物的想法。因此，他召集了世界上第一批味道鉴定人，让巴黎的厨师们在他们面前展示菜肴以供评价。雷涅尔于 1803 年创办的《美食家年鉴》（*Almanach des gourmands*）对各种食物进行了评价。不过，该期刊也涉及日常普通的食品、对巴黎食品店的评论等主题。在今天，这些文章的写作风格让我们想到当代的新闻报道。《美食家年鉴》成为当时所有美食写作形式的诞生地：对美食场景的评论，将技术建议、批评、诗歌和辩论巧妙地结合在一起。② 它甚至保留了根据烹饪方法、烹

① Michel Onfray, *La raison gourmande. Philosophie du goût* (Paris: Grasset, 1995), p.70.

② Alexandre-Balthazar-Laurent Grimod de la Reynière, *Almanach des gourmands. Huitième annèe* (1812) (Paris: Le Petit Mercure, 2003), p.9.

饪技术和原产地来命名菜肴的权利,如威尼斯兔肉、大比目鱼、丁香洋葱泥龙虾、无花果和葡萄……①这份期刊获得了巨大的成功,但不久之后,它就遭到了抗议,被指责存在歧视和党派偏见。在法庭诉讼的威胁下,雷涅尔被迫在 1812 年停办了该期刊。

美食学与餐桌礼仪密切相关。自 16 世纪以来,西方文明在这一方面经历了相当大的变化,对此,诺贝特·埃利亚斯(Norbert Elias)用法语"civilization"(即英语的 cultivation,意为"教化")和德语"Bildung"(即英语的 culture,意为"文化")来描述。教化和文化代表了不文明和自然的对立面。礼仪和文化驯服或压制了自然的人。

1530 年,鹿特丹的伊拉斯谟(Erasmus of Rotterdam, 1466—1536)出版了《儿童的文明》②一书,这本关于礼仪的书非常受欢迎,重印了不下 130 次。③ 然而,他关于"良好的餐桌礼仪"的思想与我们今天接受的礼仪相距甚远。"这很重要,"他说,"上层阶级只用三根手指进餐,而不是常见的把整个手伸进公用的碗里;鼻涕不能含在鼻子里或者流出鼻孔被人看见;干净的餐刀和杯子放在左边,面包放在右边。"在他那个时代,叉子还不常见,盘子也不

---

① 这句话原文为法语:Lapins à la vénitienne, chapons panés à l'anglaise, homards à la purée d'oignons parfumée aux clous de girofle, figues et raisins aux deux épices ...——译者注

② 《儿童的文明》的书名为 *De civilitate morum puerilium*(即 *On Civility in Children*)。——译者注

③ Norbert Elias, *The Civilizing Process. The History of Manners* (Oxford: Blackwell Publishing, 2000), p.47.

常见。大多数情况下，只有面包可以用来放肉和蔬菜，而且通常杯子是共用的。① 人们携带自己的餐刀参加宴会。肉通常是整块放在桌上的，每个人从中切自己需要的那一部分。直到 17 世纪初，最富有的人群才开始普遍使用叉子，但在那时叉子也只是用来从盘子里取食物。直到 19 世纪，餐刀和叉子才取代了手。这种变化也影响了人与人之间的关系。埃利亚斯(Elias)写道：

> 在中世纪，人们在一起吃饭的习惯是，用他们的手在同一个盘子里抓肉，用同一个高脚杯喝酒，用同一个锅或同一盘子喝汤……这些人彼此之间的关系与我们今天不同。这不仅涉及清晰的理性意识层面，也是当时人们情感生活的不同结构和特征的反映。他们的情感方式是受当时社会行为方式和人际关系形式的制约的。如果按照今天的条件来看，这些行为方式和人际关系形式是令人尴尬的，至少是没有吸引力的。②

餐桌礼仪和餐桌上的严格控制当然对人与人之间的关系很重要，但它们也会影响人们与食物的关系。叉子就是一个很好的例子。叉子的出现说明避免食物与身体的直接接触是一种礼貌：

---

① Norbert Elias, *The Civilizing Process. The History of Manners* (Oxford: Blackwell Publishing, 2000), pp.49-50.

② Norbert Elias, *The Civilizing Process. The History of Manners* (Oxford: Blackwell Publishing, 2000), p.60.

叉子只不过是一种特定的情感和一种特定程度的厌恶的体现。①

直到 16 世纪,在准备食物的地方进餐还很普遍,但在贵族中逐渐兴起了将厨房和餐厅分开的习俗。② 这是一种对自然的厌恶,表现为一种"文明的距离"。德国哲学家齐美尔也写过这一点:

> 与刀叉相比,用手抓饭吃显然更带有个人主义色彩,因为它使人与物质更直接地联系在一起,表达了一种毫不掩饰的欲望。到目前为止,随着餐具的使用将人们对食物的欲望移至一定距离之外,一种有利于多人团结的共享形式,一种完全不涉及用手吃饭的方式覆盖了进餐过程。③

齐美尔认为餐具是规范社交的标志,是良好举止的一部分,但同时也允许个人自由。与以前的公共餐盘相比,现代餐盘成了个体化的象征,它意味着这份食物是我独有的,不可与人分享。碟子既是个体化的象征,又是规范的象征、限制的象征。

---

① Norbert Elias, *The Civilizing Process. The History of Manners* (Oxford: Blackwell Publishing, 2000), p.107.

② Peter Farb and George Armelagos, *Consuming Passions. The Anthropology of Eating* (Boston: Houghton Mifflin Company, 1980), p.199.

③ Georg Simmel, "Sociology of the Meal", in *Simmel on Culture. Selected Writings*, ed. David Frisby and Mike Featherstone (London: Sage Publications, 1997), p.132.

美食不仅是通过餐桌举止来与自然保持距离，而且，对雷涅尔来说，美食学将食物从季节的"专制"中解放出来是很重要的。自然的"专制"包括不定期的供应——导致人们想要的东西没有供货，饮食由于对有限的当地农产品的依赖而变得单调。这种状况从 18 世纪开始逐渐改变。运输体系的发展和外来蔬菜新品种的培育增加了供给的稳定性和多样性。烹饪艺术获得了自由。

在物理意义上，烹饪是为把他者带入人自身做准备，是一个花费大量时间和精力的过程。餐桌上食物天然来源的痕迹应该不再明显；人们也不应该体验到食物的极端形式或它的差异性①。通过烹饪，也就是消化的体外扩展，食物的差异性已经或多或少地被消化了：我们并没有把做好的菜当作差异性来体验，因为它已经在厨房里经历了第一步的"消化"。餐盘里的"差异性"已经在烹调的过程中转变，使得他者被纳入我们自身。烹调使不可食用的食物变得可食用。当食物做好时，差异性已经被分解，而且是如此彻底，以至于人们无法想象食物原本是什么样子。

3. 消费者在政治上的无能为力

到目前为止，我们已经看到合理化的农业实践带来了食物产

---

① 差异性(otherness)在这里是指食物经过烹调后与原本食物的差异。之后一句话的意思是，对于已经做好的菜我们没有把它当作原初的样子来吃，也就是说我们吃鸡肉时只把它当作鸡肉来吃，而不会想到一只活的鸡。——译者注

量的增加,这不仅为当地的工人和家庭提供了食物,而且使得食物还(有剩余)可以卖到城市去。农业的合理化与市场日益增长的重要性和对食物的需求有关,需求是由于消费者的诞生而产生的。

丹尼尔·罗什(Daniel Roche,1935—)在他的新书《巴纳莱斯的历史》(*Histoire des choses banales*)中分析了法国消费阶层的成因。在这项基于历史文献和统计数据的冷静研究中,罗什指出,17世纪末,人们可以发现产品消费的普遍增长——不仅贵族和较富有的商人阶层的消费增长了,而且在下层社会中也是如此。不久之后,第一批对这个新兴市场感兴趣的经济分析家看到了市场的曙光。例如,理查德·坎蒂隆(Richard Cantillon)的《商业性质概论》(*Essai sur la nature du commerce en général*,1755)[1]用另一种方式分析了当时这一消费扩大的趋势。[2] 17世纪,消费在法国兴起,尤其是与食物有关的消费。平均而言,当时法国人一半到三分之二的收入花在了食物消费上。[3]

从生物学意义上说,人一直是消费者;但从现代商业意义上讲,消费者的概念是消费他人生产的商品的人。这对于不知道其他消费方式的现代人来说可能是显而易见的。但在过去,从地方

[1] 中译本见:理查德·坎蒂隆:《商业性质概论》,余永定、徐寿冠译,北京:商务印书馆,1986。——译者注

[2] Daniel Roche, *Histoire des choses banales. Naissance de la consommation XVIIe — XIXe siècle* (France: Fayard, 1997), p.27.

[3] Daniel Roche, *Histoire des choses banales. Naissance de la consommation XVIIe — XIXe siècle* (France: Fayard, 1997), p.243

性的自给自足到消费主义的转变是深远的，是经过几个世纪才逐渐发展起来的。它的影响不仅体现在新经济学中，也体现在伦理学中。消费主义不能再局限于短期的、本地的消费，而必须遵循商业的道路，从而在时间和空间上延伸到全世界。我们将在第四章中更深入地讨论这会导致的伦理后果。

从生物学上说，人类属于异养生物（heterotrophic）。他们是有机物的消费者，这些有机物是由自养生物体（autotrophic）产生的，也称为生产者。自养生物体，如植物，利用无机物如二氧化碳、硝酸基、氨气、钙等，并利用太阳能合成有机物质。因此，消费者不能独立于生产者而存在。在农业中，自养生物体是针对适合某一特定消费群体的需要而生产的，即人类消费者的需要。

食物是维持生存的新陈代谢物质，对于个人和社会来说都是如此。食物生产和食物消费是个体和社会新陈代谢的基础。在这里，我们发现营养物质的流动最初来源于农田，然后进入食品工业、商店、厨房并来到餐桌上。食物被吃掉、消化，最后变成一种不容易处理的物质。从生态的角度来看，这个过程应该是循环的，也就是应该回到起点，回到田野，从而形成一个闭合的循环。这是营养和能量的流动，流经社会，维持生命。

新陈代谢是社会的特征。饮食文化不仅包括饮食习惯，还包括农业活动对景观和自然的塑造、食品生产企业工作条件的构建、粪便的处理等。饮食习惯不仅对消费者，而且对社会的广大领域都有影响。然而，因为食物的生产、分配和消费占据了文化的中心位置，所以食物也关乎"权力"。

最近，随着"消费者政治"概念的出现，食物市场的权力平衡

出现了失调。在此之前,生产设备的所有者①负责决定所有关于
生产实践的事宜。但"消费者政治"概念的出现表明,消费者已经
对食物生产实践产生了一定的影响。在这里,我把权力理解为一
个范畴,用来描述做某事或影响某事的能力,或者对某人或某事
采取行动的能力。权力,是指产生影响的能力,能力和影响之间
的关联是通过行动产生的。"消费者政治"的概念表明,一种新的
力量已经建立,改变食物生产实践的能力来自一个新社会的群
体。政治消费者不仅消费商品;他们的愿景是,消费应该作为政
治来实现。消费者不仅消费食物,也消费政治。因此,他们对道
德的追求创建了一种新的食物政策 。

　　至少目前情况看起来如此。在消费者政治中,消费者通常被
描述为一个行动者,即具有特定伦理和政治诉求的主体。消费者
的权利被认为来自他们通过购物行为来影响生产者的能力。权
力的展示被认为是一种机制,消费者通过这种机制有选择性地花
钱,对生产者施加特定的影响,生产者必须服从他们的要求。否
则,买卖双方的关系将失去平衡,卖方的生产将受到威胁。食品
公司必须小心地保持他们体面的道德形象,同时也担心政治消费
者会破坏他们的形象。道德已经成为食品公司的销售和竞争
参数。

　　用钱投票被认为是一种新的民主形式。所有的公民只要花
钱都可以参与。当然穷人除外,他们因为钱太少,所以被排除在

---

① 生产设备的所有者,原文为 the owners of production machinery,也可以广义地
理解为"生产资料的所有者"。——译者注

外。消费者政治是建立在一种难以平衡的基础上的，一方面是满足自己的需要和欲望，另一方面是对自然和其他涉及或受食物生产实践影响的他人的道德考虑。

将消费者视为政治行动者是这一概念的实体化。权力的概念以一种近乎机械的方式被理解，即权力颁布法律，是人们必须遵守的法律的主人。福柯写道：

面对作为法律的权力，构成的主体就是服从的主体。①

这种对权力概念的简单理解很有吸引力，多年来一直是政治理论中关于权力理论的主导观点，因为它表明了一个原因和一个结果：权力被理解为支配他人的能力。福柯把这种对"权力"概念的理解称为"法律话语"（juridico-discursive）。② 法律的权力是以法理学为基础的，如法律、规则、条例、指示、审查等，也包括论述性的条文，因为人类社会的法律是用文字制定的，通常作为禁令。根据福柯的说法，这种力量是一种消极的力量：说"不"和施加限制的权力。在第一章的最后一部分我们看到，在目前的食物市场上消费者几乎不了解食物的生产实践，消费者的食物伦理只有通过处罚的形式才有可能实践对某些产品说"不"的权力。尽管存

---

① Michel Foucault, *The History of Sexuality*. Vol. 1 (New York: Vintage Books, 1978), p.85. "主体"一词的英文为 subject, sub 意为 under（在下面），ject 意为 thrown（抛弃）。

② Michel Foucault, *The History of Sexuality*. Vol. 1 (New York: Vintage Books, 1978), p.82.

在着这一事实,并且其与"法律话语"观点相一致,但法律中的"权力"这一概念并不适用于分析消费者政治,原因如下。

(1)缺乏知识和相关的透明度。

消费者政治的概念建立在透明市场的假设上。在透明的市场中,消费者有充足的知识来做出知情选择,能够按照他们的道德和政治观点进行购物。然而,在目前的市场条件下,尽管人们努力通过标签和内容说明来增加消费者对食物信息的了解,但这根本不能满足政治消费者对知识的要求。①这是一个悖论:食物的信息非常广泛,对于大多数消费者来说已经太多了,但消费者仍没有足够的信息在购物中做出有依据的政治或道德决定。消费者政治已成为一个超负荷的信息项目:食物声明、公共关系运动、媒体新闻、消费者组织、数据库、互联网,等等。这些政治运动需要的信息量如此之大,以至于就目前的情况来看,很多消费者无法达到自己的目的。食物生产的实践本身并不是不可理解,但食物市场存在着不透明性和对事实的蓄意歪曲。例如,很多食物的宣传是由许多透明的信息层层叠加在一起。② 首先,食物系统有不同层次的活动:植物和动物的繁殖,农业的工业化,食物加工实践的技术发展和食物分配的物流系统的复杂性。善意的宣传活动对此无能为力,因为问题不在于对信息的理解,而在于信息量

① 例如,在丹麦,大约有500种不同的标签描述产品的具体质量,来自1999年丹麦贸易和商业部的报告《标签委员会声明》(*Mœrkningsudvalgets redegørelse*)。

② Emmanuel Lévinas, "La trace de l'Autre", in *En découvrant l' existence avec Husserl et Heidegger* (Paris: Vrin, 1963).

太大。那些旨在让消费者更容易理解和选择的食物标签只会使食物的信息变得更加复杂。因为标签太多，人们往往不清楚它们代表什么，而且旧标签不断被替代，新的标签不断出现。知情选择需要建立在理解的基础上。要理解食物生产实践中的科学、技术和物流的含义，消费者所需要的知识是高度专业和跨部门、跨学科的。例如，消费者中谁能知道，在谷物被磨成面粉之前，去除种子的嫩芽是一种常见的做法？或者大部分维生素和味道存在于嫩芽中？科学、工业和技术的发展让消费者几乎不具备食物生产的相关知识；消费者对食物生产仍然抱有来自过去美好时光的浪漫想法，那时候胡萝卜就是胡萝卜，面粉是全谷物制成的，不含任何添加剂。但那些日子早已一去不复返。结论是，只要消费者不具备相关知识，他们就不能有所作为。

（2）消费者缺乏自主权。

正如我们所看到的，在食物市场上，权力的行使是通过个体的消费者实现的。德裔美国哲学家汉娜·阿伦特（Hannah Arendt，1906—1975）对权力本质有如下的思考：

> 权力并不仅仅是与人类行动的能力，而是与人类一致行动的能力相对应。权力从来都不是个人的专属；它属于一个群体，而且只有当群体成员团结在一起时它才会存在。当我们说某人有权力时，实际上是指他被一群人授权以他们的名义行事。①

---

① Hannah Arendt, *On Violence* (New York: Harcourt Brace Jovanovich, 1969), p.143.

　　在阿伦特看来,作为个人的消费者在某种程度上是没有权力的,因为权力不是由个人而是由一群人施加的。这里相关的问题是:是什么使消费者结成群体行事? 消费者群体(或细分群体)是如何受到他人的影响而做出特定的选择或避开某些产品的? 答案如下:宣传活动,"好"的媒体宣传,没有不良的媒体,公关活动,标签,价格政策,等等。事实上,似乎个人政治消费者的自主性或自我决定论是一种错觉,部分原因是没有足够的信息来做出明智的政治或道德选择,还有部分原因是消费者的选择在其行动前就被其他力量影响了。让消费者按照自己的意愿来做出消费决定风险太大。

　　(3)选择的有限性。

　　除了商店里由食品公司提供的产品,消费者几乎没有其他选择。当主导市场的公司如此之少时,往往只有一个品牌可供选择,消费者只能"选择":要么购买这个品牌的产品,要么什么也不买。这是当前市场的另一个悖论。尽管"从农场到餐桌"的整个产业链对消费者来说似乎很模糊,但购物却出奇的简单:大多数时候可供选择的产品很少。

　　"权力的具体化"①是一个诱人的概念,尽管它有明显的问题。这个概念之所以诱人,有几个原因。首先,消费与消费者的自我

---

　　①　"权力的具体化"是指把消费者的影响力落到实处,具体到每一次消费的行动。——译者注

认知和身份认同有关。① 消费给消费者一种能够有所作为的感觉。那种相较于某一产品，消费者更喜欢另一种产品的偏好不会产生影响的说法是愚蠢的。我不赞成这种观点。相反，我的观点是，知识的缺乏使消费者无法意识到他们的选择带来的后果，如果他们对产品背后的生产实践有更好的了解，则可能做出不同的选择。或者，在最极端的情况下，他们可能完全停止某些种类产品的消费。其次，人们更倾向于因果解释，因为因果解释对事物的运作方式给出了简单的理解方式。如果我们放弃因果解释，就为未知创造了空间。未知会带来不确定性和恐惧，而已知会让人安心。这至少是用已知来替代未知的一个很好的理由。

如果具体化的权力概念对理解消费者政治的作用是有限的，那么我们将如何理解权力呢？尼采对"权力能产生影响"的说法不太感兴趣。相反，他将权力描述为规律性和重复的有效利用。权力是保守的，因为它试图保持事物本来的样子，排斥尚未形成但可能形成的事物。它是一种控制，试图建立完美的可预测性，并排除不可预测的因素，因为后者可能对掌权者构成威胁。因此，权力所赋予的可预测性并不是用来做出理性决策的，而是用来保护已经存在的权力结构。

在尼采的悲观哲学下反思消费者政治，就会得到一个让人讨厌的怀疑论观点：消费者政治的概念说明不了消费者的实际权力，因为他们对知识的缺乏削弱了他们对现实产生影响的能力。相反，消费者政治只是一个概念，用来在消费者的头脑中构建一

---

① 见本书第五章。

个新的现实。我将试着跟随这个想法分析消费者政治,直到本书的最后,尽管这个分析可能以某种虚构的、偏执的阴谋论结束,因为这种阴谋论即使可能不是全部的真相,也会是部分的真相。按照尼采和福柯的权力概念,消费者政治的概念当然会产生影响。然而,这不是因为消费者本身,而是因为概念的表达:这种表达似乎想仅仅通过概念的存在就产生实际的效果。

福柯的作品中谈论的权力没有精确的定义。相反,他寻求的是对权力的复杂本质和行使权力的多种方式的理解。在福柯看来,权力普遍存在,因为它来自万物。他将权力理解为行动者之间的相对强度,强调其动态和相对维度,就像两个或多个位置之间的不稳定关系一样。对战略维度的加强强调了权力行使的多种不同方式以及它呈现的许多伪装。大多数情况下,权力不是直接可见的。[1] 力量(force)的展示在行动者及其利益的网络中,在人们与其组织之间的关系中消失了。我们可能会看到谁做了决定,但无法看到许多不同行动者可能施加的影响。权力的展示甚至会让人对秘密感兴趣,这使得对权力的抵制变得更加困难。

我们分析"消费者政治"这一概念的系谱,发现这一短语的起源,以探究这一概念背后的原始意图,这将是非常有趣的。然而,更重要的是要理解:在今天这个概念是如何被使用的,它是如何影响我们的思想,从而构建新的"现实"的。因为,正如我在上面所论述的,政治化的消费者不仅仅是市场上的一个参与者。消费者政治是一个用于战略性地展示权力的概念。福柯的洞见让我

---

[1] Steven Lukes, *Power, a Radical View* (London: Macmillan, 1974), p.24.

们看到，"消费者政治"概念的出现是一个具有战略目的的、对特定问题的表述或历史部署。给某物起名字本身就是一种产生影响的行为。它不仅是简单地把词安到人们已知的事物身上，还可能引导公众的注意力和议论。它扩宽了可以讨论的议题，产生了重要的影响，正如丹麦作家格伦特维（N.F.S. Grundtvig, 1783—1872）所说："词语创造它所命名的东西。"

现在，如果"消费者政治"的概念被战略性地使用，我们就可能认为它是为了将现有的权力关系合法化，就本书中的情况而言，即食物市场及其当前的利益相关者的关系问题。当消费被看作改变世界最有效的方式之一时，我们确实会不禁把自己当成和理解为消费者。消费者政治表达的是一种战略性的非常微妙的权力展示，它从不质疑消费本身。只要制造商的道德形象是好的，消费本质上就是好的。然而，在赞扬政治消费时，人们往往忘记，由于缺乏信息和透明度，消费者政治的效用大多是幻觉。在现实中，这种对政治或道德消费的赞扬由此变成对自由市场的赞扬。

"权力"这个词如果要产生任何意义，就必须伴随某种对该权力展示的抵制。否则，这种权力将不会产生任何影响，也就不构成权力。出于这个原因，对权力的漠视或轻视——这被认为是在不服从的情况下避免任何反抗的一种方式——通常被认为可以让权力失去效力。[1] 讽刺的是，消费者政治的悲剧在于，他们认为自己有能力通过政治化消费来进行抵抗。当消费从一种商品转

---

① 这其实是我们平常说的"非暴力不合作"。——译者注

移到另一种商品时,这种抵抗只起到了保护甚至促进消费的作用,从而扩大了市场。

这个理论(我已经详细描述过了,它让我有一种无力感)表明,那些视自己为政治角色的消费者不仅容忍市场的力量,甚至把自己看作强有力的行动者。当然,这样做的同时,他们实际上加强了权力施展的幻象性和神秘性。消费者没有理由放弃这种幻觉,因为这对于持续满足他们对商品的需求很重要。这是消费者和生产者之间不言而喻的联盟,真正的输家是那些付不起钱的人:那些没有钱的人。

消费者政治中的消费者不是市场上的参与者。"消费者政治"是一个概念,用于在市场上战略性地施展权力,可作为威胁或用来施加压力,或作为争夺市场份额的一种工具,其中对环境、健康、工作条件等的伦理关切是精确计算出来的。建立公司的道德形象是销售产品的新策略。

以上对消费者政治的描述以尼采和福柯的作品为基础,对市场上伦理学的使用和"消费者政治"的概念蓄意给出了一种消极的描绘。然而,这并不排除"消费者政治"可以以更严肃的方式运行。仅从阴谋论的角度看待消费者政治的概念未免过于悲观。不可否认,这个概念的表达和围绕消费者政治的辩论对食物的生产实践产生了一些积极影响,迫使一些公司更加关注道德问题,即使他们只是为了提高竞争力。生产者愿意根据道德立场改变食物的生产方式和做法,尽管这通常会增加相应的开支。这种改变就证明了消费者政治的力量。尽管主导的经济秩序没有任何改变,但某些生产实践已经改变。用经济术语来说,可以认为有些公司已经将一些外部性的问题内部化处理了：以前被公司忽略的生产成本（如废水处理的费用），现在在某些领域日益成为成本的一部分。当然，道德不仅仅是经济意义上的成本，例如，动物福利的损失是永远无法补偿的。

有道德诉求的消费者很可能认为自己是消费者政治中的消费者。然而，消费者要意识到这一概念的模糊性，这很重要。诚然，政治消费者能产生影响，但是从战略上讲，这个概念也可以被其他人利用而产生影响，比如生产商。作为一个消费者政治中的消费者，你可能会自问：我的消费对自然和社会意味着什么，会让现状有什么不同？回答这个问题并非易事。

4. 被隐藏的食物生产历史

纵观历史，人类采用了不同的方法采集食物。最早的智人既是猎人也是采集者。他们采集或捕获大自然提供的可食用的植物或动物。那时候食物资源稀缺，即使是一小群人也需要很大面积的土地才能采集到足够的食物。第一次对植物的培育是一场真正的革命，因为这使得一块较小的土地就可以提供较多的食物。这提高了人口的密度，也意味着人们可以在土地上定居下来，放弃跟随牧群迁徙的游牧生活方式。

在古代，最常用来表示谷物［如小麦的祖先：二粒小麦（em-

mer)、单粒小麦(einkorn),还有大麦(barley)]的词是"sitos"。①
人类第一个农耕文明出现在10000—15000年前的中石器时代,从
那时起,人类开始在美索不达米亚的肥沃土地上耕作。农业使人
类有可能定居在一个地方。居民们很快就开始反对游牧民族,游
牧民族像牧羊人一样跟随牧群,牧群就是他们的食物。亚摩利人
属于游牧民族:

> 不知道粮食的亚摩利人……一个像飓风一样猛烈进攻的民
> 族……一个从未了解过城市的民族。②

相对于狩猎采集文化,土地的耕种使得一块特定土地可以养
活的人数得以增加。不难想象,随着人口数量的增长,到某一时
期,新的定居方式会出现——首先是小城镇的形式,然后是大城
市的形式。土地的耕作和动物的驯养是城镇形成的基础。而从
理论上说,游牧民族是无法建立城镇的。城镇的出现改变了社会
的结构基础。城镇的特点是有某种劳动分工。一个城镇需要食
物供应,但并不是所有的居民都需要参与土地的耕种。城镇的出
现同时也是更为系统化地将劳动划分为特定职业的开始。尽管
这在一开始并不明显,但是我们今天熟悉的劳动分工起源于土地

---

① Sigen Isager and Jens Erik Skydsgaard, *Ancient Greek Agriculture* (London: Rout-ledge, 1992), p.21.

② 这段文字引自 Bruce Chatwin, *The Songlines* (London: Jonathan Cape, 1987), p.192.

的耕种和城镇的出现。

　　在工业化国家，只有非常小比例的人口从事农业耕作。食物只是消费者购买的一种产品而已，大多数人对它知之甚少。食物的加工和分配是一个复杂的过程，涉及很多主体，这模糊了食物的起源和历史。从厨房回到食品背后的生产故事的环节止于商店的货架上：大多数分销系统不允许消费者追溯食物的历史和起源。内容说明里的信息就是全部。此外，食物的准备工作越来越多地在家庭之外进行，[①]这一事实使食物的准备工作更加鲜为人知。方便食品必须为消费者提供方便；不仅食物的准备工作最简化，还有一个普遍特点是它把消费者的麻烦减少到最低限度。把不方便的事情留给生产者解决——这是方便食品生产者的座右铭。如果食物的生产历史是让人不快的，那么人们最好什么也不知道。

　　一方面，厨房与烹饪之间的距离在扩大，另一方面，厨房与食物起源的距离也在增加。食物的准备实际上可以指从农场到家庭的整个食品制作过程，但我们更多的是使用"食物的准备"这一术语狭义上的含义，即烹饪。烹饪开始于对吃什么和如何烹饪的思考，通常发生在购物前或购物期间，或者更多的是心血来潮，即基于厨房里现有食物的"即兴菜谱"。文明使得人们与食物起源的距离继续扩大。食物不再直接从田野，或从大自然进入厨房。

---

① Rolf Meyer and Arnold Sauter, *Bedürfnis-und Konfliktfeld Ernährung: Handlungs-felder für die Politik* (Büro für Technikfolgen- abschätzung beim Deutschen Bundestag, Brief Nr. 20 June 2001), pp.29-32.

这种改变甚至反映在厨房的设计上（如果有厨房的话）。传统的厨房设有洗涤室；现代厨房没有地方清洗新收割的蔬菜或刚宰杀的动物，没有空间容纳土壤、污垢、血液、骨头或内脏。现代化的厨房是为处理干净和经过高度加工的食物而建造的。

目前家庭厨房的发展有两种趋势，乍一看这两种趋势是相互矛盾的。一种是彻底废除厨房，从而放弃在家做饭；许多人不喜欢在家吃饭，而喜欢在公共场所吃饭。另一种趋势则相反，它使厨房成为住宅的中心，成为家庭成员聚集在一起进行共同活动的公共场所。这两种倾向无论看起来多么不同，都有着相同的背景：文化让我们远离食物的自然起源。显然，对自己做饭不感兴趣的人肯定会与食物保持一定的距离。然而，如果没有食品加工行业，现代人对厨房设计的设想不可能实现。食品加工行业将生食，甚至看起来令人厌恶的食物转变为一种高度文明的产品。人们带进厨房的不是带有皮、毛、眼睛和内脏的已经死亡的动物，也不是带着绿叶和泥土的胡萝卜。今天，被带进厨房的食物不再那么"自然"，而是更"文明"，这就是为什么我们不需要像以前那样刻意创造与厨房之间的距离。家庭烹饪不再是将自然转化为文化，因为进入厨房的东西已经属于文化的范畴。这就是厨房在现代社会中重新获得家庭中心地位的原因。

现代厨房有些抽象。随着人们越来越不重视食物的生产历史及其文化嵌入，烹饪几乎变成形而上的。厨房和烹饪已经从时间和空间中解放出来。烹饪已经失去了与季节和空间的联系。季节实际上对食物的供应几乎没有影响，食物的运输也不受地域限制。时间和空间脱离了厨房。在现代的厨房里，所有的季节同时并存，人们可以随心所欲地从一个季节切换至另一个季节，或者将它们随意组合。即使是在冬天最冷的日子里，人们也可以不受季节限制地享用携带着夏天、光照、甘美、绿地滋味的新鲜苹果和草莓。对于现代厨房来说，收获的季节贯穿四季，永远不会有食物短缺。没有什么季节会让人遭受匮乏之苦。地球上总有一些地方可以收获新的土豆，然后送到我们的厨房。

　　超市是厨房的窗户，面向世界。超市是世界的缩影——尽管关注的焦点不是地理，而是烹饪。在烹饪的层面，超市代表了地球上所有的气候带——热带、亚热带、温带和极地等；包含世界七大洲所有可食用的植物和动物：非洲、北美洲、南美洲、欧洲、亚洲、大洋洲和南极洲。为了应对季节性变化的缺失，超市推出了自己的季节：一月大减价、夏季大促销等等。这些是新的人工季节，它们比气候上的季节与烹饪的关系更密切。

　　厨房对时间和空间的解放暗示着一个悖论。一方面，与当地空间和时间的脱离，让人们可以从空间和时间造成的必要性和限制性中解放。另一方面，这种解放同时也意味着食物与本土和肉体关系的破裂。目前，出于大规模生产带来的利益，全球化倾向于将当地食物生产的多样性减少到最低限度。然而，比起"全球化"的食物，消费者通常更熟悉本地食物。当地食物生产实践的历史和直接影响通常是消费者日常生活中的一部分：农业促进地理景观的形成，食品工业和食品商店影响着城市的许多方面。这其中包含了与季节性和地方性食物生产实践相关的时间、历史和空间的知识。

　　厨房在时间和空间上的解放意味着脱离和分隔。在这一过程中,厨房从空间和季节的专制中解放出来,在因时间和空间的隔离而产生破裂的同时,新的隔离又诞生了,这就是与当地环境、与当地时间和空间的隔离。

尽管这种对厨房和烹饪的解放是一种对世界的开放,但它也阐明了现代厨房和消费者的坦率。在坦率的厨房里,人们可以吃到来自世界各地的食物,这个范围尽管看似很广阔,其实却非常有限,因为我们对食物几乎一无所知,它给我们留下的只有生理上感受的味道——纯粹的审美体验。

烹饪本身也已成为一种活动,企图隐藏食物的起源及其生产历史。烹饪被描述为一种转化的艺术,在这个过程中自然被转化为文化。烹饪不仅仅是准备食物,更是把食物从不能食用转变为可以食用的一种仪式。更笼统地说,它是指将一种类别转变成另一种类别。玛丽·道格拉斯将仪式的意义描述为:

> 专注于机制,是一种记忆方法和经验控制……仪式把想要的主题嵌入其中,把不想要的主题拒之门外。①

道格拉斯说,一种仪式会形成一个框架。烹饪仪式和餐桌礼仪是一种框架,小心翼翼地阻止我们思考食物的自然起源,并使

---

① Mary Douglas, *Purity and Danger* (London: Routledge, 1966), p.64. 这段文字的原文为:focusing mechanism, a method of mnemonics and a control of experience...which shut in desired themes and/or shut out intruding ones. 这里的"mechanism"指的是在仪式中反复进行的动作和念词,这类似于现代工业中的机械化作业。——译者注

我们关注其文化属性。对大多数食物来说，"质变"是必不可少的；我们不希望想起食物的来源是有机的，它们曾经是有生命的，比如熏猪肉曾经是一头猪。因此，我们把注意力集中在味道和美学上。我们的注意力集中在值得注意的主题上，而不是其他主题上。烹饪和吃的日常程序就是控制这种体验的方式。餐桌的准备和美学的呈现确保我们不会把牛肉当作牛来体验，而是让牛肉保持在可食用的状态。烹饪艺术的目的是让我们保持舒适的心情，也就是说，作为有教养的饮食者，我们吃的不是他者——自然，而是同者——文化。

作为食物的消费者，我们关注的是食物的美学形式，而忽略了它的伦理含义。食物的起源和生产历史已不再明显。对大多数消费者来说，农业、食品工业和其他把食物带到食品商店和餐桌上的企业，实际上都是他们知之甚少的封闭领域。消费者无法回顾食物的生产历史，因此他们也同样无法看到自己的食物消费是如何影响自然和社会的。这种食物消费与自然、社会之间的关系消失了。在构成食物生产系统的链条中，"从农场到餐桌"之间不同部分的一致性对消费者是隐蔽的。

人们不再把食物看作有生产历史的事物，而是倾向于把食物看作可以通过食物说明来明确定义的东西。然而，这要付出巨大的代价。尼采写道：

　　所有的概念都会无法被定义,如果要求这个定义概括整个
过程的话:只有没有历史的东西是可被定义的 。[1]

当一个概念有历史时,它的意义很可能在那段历史中发生了
变化。在莱因哈特·科泽勒克的术语中,这被称为"Begriffsge-
schichte"(概念—历史)。这也意味着概念有几层含义,反过来又
会使它变得模糊。"食物"这个词当然是一个概念,它也有自己的
概念—历史。然而,有趣的不是这个词的概念—历史,而是我们
通过食物说明来描述和定义食物的方式。食物说明是实质主义
和唯物主义的,因为它定义了食物的成分,所以必须排除所夹杂
的生产历史。这些发生在生产历史中的故事无法被定义,它们只
能被体验或复述。

5. 不要吃你没读过的东西

如果我们想了解食物,就应该养成阅读食物标签和说明的习
惯。这成了一个新的动作:人们把食物包装放在合适的位置,与
眼睛保持适当的距离,这样就可以阅读上面的信息了。通常这是
唯一可获得的关于食物的知识。对于你所询问的商品,超市的工

---

[1]　转引自: Reinhart Koselleck, *Futures Past*. *On the Semantics of Historical Time* (Cambridge, Mass: MIT Press, 1985), p.84.

作人员通常只能告诉你两件事：一是商品在店里的位置，二是目前是否有货。但这不是关于食物的信息，而是关于商店的信息。

食物标签代表了一种话语的、标准化的识别程序，这固然使购物变得更快更流畅，但同时也排除了大多数感性的认知。那些认为这是夸大其词的人应该试着在下一次购物时禁止自己阅读标签。这当然是文盲和许多阅读困难的人不得不面对的长期情况，对他们来说，把不想要的产品带回家是常有的事。例如，有阅读障碍的人很难区分糖和面粉，因为它们的包装非常相似，包装里面的东西也隐藏得很好。如果一个人看不懂标签，又没有之前对产品的颜色、品牌、标识等的了解，那么对于许多产品他将根本无法区分。但是如果一个人不得不打开包装，他就可以看到、闻到或品尝到该产品。

食物包装上贴着标签。包装将食物隐藏起来，让消费者无法感性地察觉到它；消费者只能通过肉眼看到食物的一部分。食物包装隔离了消费者，也包裹了食物——既在生理层面也在心理层面。食物标签通过迎合消费者的理性，在"精神上"削弱了感官和肉体的感受。理性的反思和对食物说明的关注，限制了感官享受。当然，反之亦然：强烈的肉体和感官活动在一定程度上也排除了理性和反思。

专注于食物说明和标签的智性思考在大多数情况下会导致感官知觉的衰退，因为没有任何东西能够触发或引导感官知觉。因此，旨在告知消费者的食物说明和标签往往会产生相反的效果：说明和标签隐藏了食物想要展示的东西。

食物说明是对合乎理性的食物生产实践、对食品加工业以及通过食品科学将食物转化为科学对象的表现。同时,这也表明了感官的局限性,感官无法向我们提供有关食物的正确信息。食品科学为我们提供了感官永远无法提供的关于食物的信息。食物说明告诉我们,科学提供的洞见比仅仅通过感官获得的更充分。因为感觉不是客观的;相反,它们是主观的,受个人味觉的支配。感官和身体会倾向被禁止的和不健康的东西吸引,但这种倾向随后却不会对感官负责——这不仅是无意的误解,而且是有意的、有害的错觉。我们都知道(也许是因为我们被如此教导?),如果我们让味觉和欲望占据上风,就会导致不健康的饮食。

　　然而,在生物学中,人们常常认为,人类和所有其他生物一样,已经根据自身的需要,在对他们特别重要的领域发展了感官。感官必须向有机体提供有关环境的信息,以便它能在环境中做出反应和引导。有些东西能被感知,有些却不能。例如,不同的生物体对不同种类的光敏感。至关重要的是,生物体能够根据食物偏好来适应环境。感官必须能够提供什么能吃、什么不能吃的信息。没有这种能力的生物体将无法长期生存。人们常说,人类与其他动物的不同之处在于,在各种可供选择的事物中,我们能够做出自由的选择。然而,对于动物来说,它们能够在多大程度上做出"自由"选择,或者它们是否只是跟着本能走,这是有争议的。14世纪诞生的植物学是一门古老而受人忽视的科学,它建立在这样的假设之上:自然界中每种毒药都有解药。在这个前提下,动物生病时,在自然界的植物王国里可以找到解药。特定的植物对特定的疾病有疗效。我们认为动物的本能为它们提供了有关这些"疗法"的信息,使它们能够通过食用选定的植物至少一定程度上地（当然取决于疾病）治愈自己。据观察，当奶牛能自由进入具有高度生物多样性的草地时，它们能准确识别食物，一些人甚至认为它们能够治愈自己的疾病，当然只是一定程度上。人类是否还残存着这样一种本能，能够告诉我们各种植物对我们身心健康的影响？这很难说，但无论如何，我们不相信自己在这方面的感知，而且这是有充分理由的。在人类的进化过程中，或者更确切地说，在人类从自然生物到文明生物的发展过程中，理性的能力似乎是以牺牲本能为代价而获得的。进化当然没有结束，现代食物的理智化将继续取代感官体验。

情况也许并没有那么糟糕。如果未来的大多数食物以转基因为基础，基因可以从一个物种转移到另一个物种，那么无论如何作为获取食物相关信息的途径，感官和本能都不会有多大用处。到那时，我们要习惯于把胡萝卜看作具有某些基因改良性质的胡萝卜，而不是胡萝卜本身。胡萝卜中可能含有来自细菌、鱼类、其他动物甚至人类的基因和蛋白质。在这种情况下，感官和本能可能没有任何用处；相反，我们必须信赖食物说明。

从起源来说，文明所导致的与食物和饮食的疏远是由一些简单的技术开启的，例如火和刀的使用。后来盘子和叉子的使用也推动了这个进程。如今，通过现代食物生产实践，如食品科学、工业化食品加工技术、基因技术、食品卫生标准等，这种文明化进程所带来的疏远已经扩大了其范围。文明化进程所导致的疏远就是与传统上的文化对立面相分离，即与我们周围的自然相分离。

自然的食物是不能生吃的。大多数食物源于自然，尽管它们是经过精心培育的自然产物。动物被驯养，植物被培育，生的食物在食用前被清洗、加工和包装。我们尽量避免接触自然状态的食物。尽管我们的厨房是时尚的乡村风格，注重原生态，但对于现代消费者来说，食物的美感是食物改造和加工后产生的。我们的感官对自然封闭，对经过转变的——文明的食物开放。味觉和感官享受是为烹饪过的食物和文明餐食保留的。至于在晚餐之前，食物是什么状态，我们不需要知道——对此，我们关闭了感官知觉。食物源于自然，却不能作为自然之物被感知。

这并不是说现代厨房和现代的饭菜不能带来感官享受。相反，它们似乎比以往任何时候都更具有美感和感官性。我们确实非常关心食物的味道和美学。这种对餐桌上的感官享受和美学的渴望可以看作感官享受局限于转化了的食物的结果。随着饭菜和深加工食品能给感官带来的享受减少，我们的每顿饭就必须弥补感官上的损失，而这种感官上的损失与晚餐前未经处理的食物有关，也就是食物的自然性。但是现在，食物在原始状态下的真实性、亲密性痕迹被文明的餐食替代了。结论是，现在的饭菜比以往任何时候都更有美感，但我们购买的食物也比以往任何时候都更有"智慧"。

我们"吃"的是信息。在大多数情况下，消费者对食物的了解只能从食物说明中得到。想想食物是如何生产出来的，我们往往会回到浪漫而过时的幻想中：牛奶来自奶牛，面包是由面粉制成的。这当然是事实，但我们并没有过多关注现代食物生产的加工实践，主要是因为我们的知识非常有限。我们不能思考未知的东西。关于食物及其生产实践的传统知识基本上已经过时了。消费者所知道的和实际的食物生产实践之间的分歧可能变得更深，因为我们用感官知觉来识别的食物也可能被质疑。基因技术也许会导致感官知觉与现实的决裂，因为胡萝卜不再仅仅是胡萝卜，它还携带着来自其他生物体的基因。

我们无法相信自己的感观，只能依靠我们能读到的东西：食物说明。将来，这一点对我们会变得更加重要：不要吃你没读过的东西。

第三部分

食物伦理及其生产历史

第四章

追溯食物的生产历史

有道德追求的消费者希望了解食物的生产历史。这些知识可以通过不同的方式获得。根据来源的不同，知识可以分为智力的、感官的、情感的和叙事性的。[①] 智力知识来源于我们运用智力进行理性辩论、推理和判断。本书的第二部分是对这种知识在我们与食物关系中的主导地位的批判。相比之下，第三部分主要关注其他的知识来源。感官知识是从感官的运用中获得的。在目前的情况下，主要从食物和感官之间的现象层面获得。有些人甚至更喜欢用"身体知识"（corporal knowledge）这个词。情感知识是指我们在与他人和自然的情感交往中所能感受到的内在知识。这种知识不需要被清晰地表达为思想（但被感觉所知）。最后，叙事性知识是指从故事中获得的知识，无论是亲身经历的还是别人告知的故事。叙事理解在解释学传统中占有中心地位。

然而，本书的第三部分不仅仅是讨论认识论和知识论。我还要回到第一章中提出的问题，即我们所吃的食物与其涉及的道德之间的联系。我们看到这种联系一定存在，因为我们知道食物必然有其生产历史，这个故事可能是好的、坏的或邪恶的。首先，我

---

① 参见 Felipe Fernández-Armesto, *Truth. A History and a Guide for the Perplexed* (New York: Transworld Publishers, 1997).

们应该注意到食物很少被认为是纯粹物质——费尔巴哈的观点是一个挑衅性的例外。食物不仅仅是另一种燃料,它不能与我们用于汽车的汽油相比。食物在我们的生活中占据了中心位置;它不仅对我们的存在不可或缺,还是我们在基本层面上理解社区或社会的核心。此外,食物的起源是自然,因此饮食文化反映了一种人与自然的关系。

本书的第三章表明,食物信息标签在食物伦理方面的作用是有限的。因此,我们需要反思消费者如何才能在现实生活中"展现"他们的食物道德。我相信有两件事是至关重要的:赋予食物伦理真正的内涵,并赋予消费者权利按他们的道德观点行事(购物)。

首先,我将从伦理和存在主义的角度指出感官和肉体感受在食物方面的重要性。感官和肉体依赖于自我体验,因此对拉近食物和食物生产与消费者之间的距离非常重要。正如我将要说明的,亲密性是一般道德承诺和奉献的一个重要特征。因此,我们必须考察食物本身,看看其现象学的外观是否可以表征其自身生产历史或作为其自身生产历史的符号。

其次,我主张,通过把食物的生产过程看作生产的历史和故事,消费者会更清楚地了解食物在道德上的影响。我认为叙事形式对于伦理的判断至关重要。为此,我将使用一种特殊的符号学手段,即痕迹。我将研究食物本身如何作为其自身生产历史的痕迹。

这里的问题是,对食物本身或与食物有关的事物的感知如何发展成对生产历史的叙事? 我研究了我们所吃的食物所带来的道德反思:食物是怎样被视为我们与他人、与周围环境之间关系的"媒介"的?

1. 短期的和长期的道德规范

汉斯·约纳斯在其著作《责任原理》①中描述了我们对自然日益增强的技术干预力量是如何影响伦理的。这种影响是相当大的,因为干预自然和人性的后果不仅仅局限于当地或局部,而需要我们在更广泛的空间和时间范围内加以理解。关于古代的伦理学,约纳斯说:

行动所必须关心的善与恶,与行动密切相关,无论从做事方法本身还是从直接影响范畴而言,而与长远计划无关。终点的邻近与时间和空间有关。行动的有效范围小,预见、目标设定和责任的时间跨度短,对情况的控制也是有限的。恰当的行为有其直接的准则和立竿见影的影响。长期的结果则留给机遇、命运和上天决定。因此,伦理针对此时此地,针对它们在人们中出

---

① 该书的英文名为*The Imperative of Responsibility* (1979),直译为《责任的必要性》,但是中译本将其译为《责任原理》,本书采用中译本的翻译。具体可见:汉斯·约纳斯:《责任原理:现代技术文明伦理学的尝试》,方秋明译,上海:世纪出版社, 2013。

现的情况……①

那时候，人类对发生在遥远的未来或在城镇之外（例如在其他城市或农村）的事件没有责任。伦理只与个人经验相联系。

然而，多年来，人类不断增长的技术力量对伦理产生了重要影响。这是因为我们对自然和人体的干预所产生的后果不再局限于局部，而是可以在时间和空间上远距离追溯。今天，城市与自然、文化与自然的界限在许多方面已经被侵蚀。城市不再被野外的、原始的自然包围。也许没有什么东西是纯自然的，尽管很多人喜欢幻想"纯自然"。根据约纳斯的观点，正是技术的发展使得人们有必要在更广泛的背景下重新思考道德，而不是局限于当地和周围的环境。古希腊语"techne"的定义是，工艺方面的技能或天资。"techne"被认为是道德中立的，部分原因是当时的人们并不认为技术干预会导致世界的永久性损害进而威胁到世界的完整性，部分原因是古希腊人没有想到用技术来操纵和控制世界。

英国哲学家麦金太尔（Alasdair MacIntyre，1912— ）触及了相同的主题。在《德性之后》（*After Virtue*，1981）②一书中，他也回到亚里士多德的观点，认为：

---

① Hans Jonas, *The Imperative of Responsibility* (Chicago: The University of Chicago Press, 1984), pp.4-5.

② 中译本有两个版本：麦金太尔：《追寻美德：道德理论研究》，宋继杰译，南京：译林出版社，2011；麦金太尔：《德性之后》，龚群、戴杨毅等译，北京：中国社会科学出版社，2020。

（亚里士多德）给自己设置一个任务：描述"善"。"善"既是地方性的和特殊性的——这是当时城邦特点的体现并在一定程度上由其明确的——又是宇宙性和普遍性的。①

这种局部与普遍性之间的张力贯穿亚里士多德的《尼各马可伦理学》。麦金太尔的批评指出，亚里士多德缺乏对城市短暂性的理解。麦金太尔将这归咎于亚里士多德几乎不理解一般而言的历史性。② 麦金太尔也强调了技术发展在瓦解古代美德伦理和构建局部伦理中的作用。但他的论述与约纳斯不同：

创造现代性的关键因素之一是生产转移到家庭之外。只要生产性工作是在家庭结构内进行的，我们就容易正确地理解工作是维系家庭社区的重要因素，这种维系反过来又维持更广泛的社区。③

麦金太尔描述了生产的变化和消费的增长是如何影响伦理思维的。我们在第三章中提到，丹尼尔·罗什认为这种变化可以追溯

---

① Alasdair MacIntyre, *After Virtue* (London: Duckworth, 1981), p.148.

② Alasdair MacIntyre, *After Virtue* (London: Duckworth, 1981), p.159. 如第二章所示，17 世纪以前的"history"一词的意思与"description"类似。

③ Alasdair MacIntyre, *After Virtue* (London: Duckworth, 1981), p.227. 这与齐美尔对现代性的社会学定义非常接近，后者认为生产与消费的分离是现代性的一个关键要素。

到 15 世纪的法国,这当然也与技术发展有关。对麦金太尔来说,我们对一个新的道德基础和伦理合法化的需求,不是技术本身发展所导致的。正如约纳斯所言,并不是人类通过技术操纵自然的能力越来越强,突显了生物的脆弱性,从而导致了人类承认自己有更广泛的责任。相反,正是启蒙时代生产和消费的分离造成的亲密性和透明度的缺失,导致了人们对德性伦理的不满,并促使许多哲学家以一种新的方式使伦理合法化。

在这个问题上,麦金太尔可能是对的。直到很久以后,"自然是脆弱的"的思想才在蕾切尔·卡逊(Rachel Carson)的《寂静的春天》(*Silent Spring*,1962)等作品中出现。然而,无论是麦金太尔还是他在书中分析的哲学家,在描述伦理学不断变化的时空条件时,都没有约纳斯那样清晰和明确。麦金太尔集中讨论了启蒙运动期间古希腊传承的美德伦理的瓦解,以及随后对新的伦理基础的探索。这是他分析 15 世纪以后的道德哲学的视角,包括康德的"绝对命令"和边沁的"功利主义",他认为这两者都是试图使伦理合法化的新方法。这也是为什么我们今天面对如此多不同的伦理的原因。伦理已经变成了功利、原则、权利和各种美德概念的混乱组合。麦金太尔认为启蒙运动的哲学家们没有给伦理学一个新的基础。关于伦理概念的分歧造成了道德上的混乱。

生产和消费的分离所造成的亲密性和透明度的缺乏是对伦理的挑战,因为它使消费者无法理解生产实践的后果,这些后果不再在当地环境中显现。这对伦理有严重的影响。伦理不再局限于直接的、局部的行为,而必须在时间和空间上进行扩展。丹麦哲学家彼得·坎普(Peter Kemp,1937)将这种现象命名为"长期伦理学"

[long-range ethics，与古代的短期伦理学（short-range ethics）相
对］。① 今天，很明显，不但当地的行为会对不久的将来和当地环境
有影响，而且在实践中长期伦理会遇到一些根本的困难。作为存在
的、肉体的人，长期伦理的概念首先对我们是没有吸引力的，因为行
为的长期后果从来都是不可见的，也从未向人们呈现；它们从未成
为我们生活的一部分。于是，判断一个行为是"好"还是"坏"就变
得不可能了。判断一个行为是否会真正实现美好生活不再可能，因
为我们不知道什么会实现。无论按照我们的道德价值观行事会导
致怎样的真实后果，无论我们多么关心这些行为，时间和空间上的
距离都使长期伦理学变成似乎是抽象的、虚构的和假设的。我们从
不直面我们行为的长期后果。因此，对坎普来说，长期伦理必须假
定是一种"亲密伦理"（an ethic of closeness），这种亲密伦理是建立
在面对面的情境之上的：

　　　为了理解我们的行为在长期上可能产生的后果，我们必须把
　　时间上、空间上缺席的人想象成一张脸，一个活生生的、人的脸，他
　　是我们从与另一个人的直接接触中知道的……在远距离的情况
　　下，我们只有想象与不在场的人面对面从而与他联系起来，才能
　　采取负责任的行动，即使他们是我们从未见过也永远不会见面的
　　人。只有当我们通过与我们在当地和现在的行动相类比的方式

---

① Peter Kemp, *L'irremplaçable. Une Éthique de la technologie* (Paris: Les Éditions du Cerf, 1997), p.99

去理解和执行长期行动时，长期行动才能合乎道德。①

　　我们假设缺席者是在场的，并且将其类比成当下的行动，是实现长期伦理学实践的重要一步。但这就足够了吗？我们必须问，如同缺席者在场般地行动，这意味着什么？社会的复杂性意味着我们不能简单地把时间、空间上的缺席者当作存在。这种复杂性掩盖了我们行为的后果。即使我们在公平的食物生产实践中有了和他人或为了他人的美好生活愿景，消费者也不知道什么行动将确保这种美好生活的实现。这种类比是不可能的，因为食物市场上的行为发生在时间、空间上复杂的环境中，所以它们不能与面对面的行为相比较。

　　约纳斯写道，知识和技术力量之间的差距造成了新的伦理困境。② 在真实的面对面的情况下和在想象的面对面的情况下，实施善行或正义行为所需要的知识是不一样的。为不在场的人采取正义的行动需要更多的知识。因此，约纳斯指出，知识在长期伦理学中比在短期伦理学中扮演更重要的角色，而长期伦理学确立了知识在伦理学中的重要角色。在长期伦理中，知识是负责任的行动的先决条件。没有足够的知识，把缺席的人当成在场的人是不可能的。

　　我们也不能简单地将短期伦理转移到缺席者身上。这其中的

① Peter Kemp, *L'irremplaçable. Une Éthique de la technologie* (Paris: Les Éditions du Cerf, 1997), p.107.

② Hans Jonas, *The Imperative of Responsibility* (Chicago: The University of Chicago Press, 1984), p.7.

区别在于知识。坎普认为，短期伦理学必须是长期伦理学的基础，这是正确的，因为长期伦理学缺少对"他者"的直接经验。在食物伦理领域，平行策略，即以"好像"或"类比"来行动，并不能充分激励消费者按照他们的伦理观和价值观行事。快速观察一下食物市场，任何人都可以相信这一点，食物长期伦理尤其处于弱势地位。美食和餐桌礼仪的美学是有意识地培养出来的距离——远离食物的有机起源。于是，把屠宰动物看作一种杀戮变得寻常了，因此许多人希望远离食物的自然起源。吃东西很容易让人变得太自然化、太身体化。

在短期伦理学的基础上建立长期伦理学，这个观点从理论角度看是正确的。但从更实际的角度看，短期伦理学不能以这样的方式应用。如果消费者要把他们的道德付诸实践，我们必须沿着相反的方向：不是把短期的伦理扩展到缺席者，而是让缺席者在瞥见中呈现出来。这是本书余下部分所围绕的论题，目的是让生产实践作为一个故事出现，作为生产的"hi-story"，即"历史故事"或"故事性的历史"。

现代人对食物生产历史的"一瞥式"（glimpsed）①体验至少有两个层次。在较深的层次上，消费者可以直接体验到食物生产，尽管只是"一瞥"。他们直接看到了其中的一部分：生产食物的人和参与其中的人。因此在某种程度上这个层次是从个人经验了解食物生产或制作的历史。当消费者从农场购买肉类和蔬菜时，他们会因为去过农场而知道农场的生产细节。他们看到农场是如何管理的，动

---

①　这是一个比喻，意为大致地了解、粗略地知道。——译者注

物是如何被对待的，他们的经验将永远与特定农场的产品联系在一起。

在较浅的层次上，消费者通过二手信息了解食物生产情况。约翰·泽德勒（Johann Zedler，1706—1751）出版了《百科全书》（*Encyclopaedia*，1732—1750）。书中写道："如果你不能自己体验什么，你就必须遵循他人的经验。"①这是一种沟通的经验，一种由熟悉生产过程的人——而不是超市里对食物生产实践一无所知的人——根据自己的经验复述的经验。当然，如果要传播的经验和知识对消费者有价值，那么传递生产历史信息的人必须是值得信赖的。

这两个层次的体验都包含某种程度的自我体验。浅层次体验是听一个故事的体验，这个故事是由了解食物生产过程的人讲述的，这些过程正是我们不知道的。在深层次体验中，直接的自我体验本身就是可靠性的保证，而浅层次体验则需要消费者的信任。正如我们将在最后一章看到的，个人信任、与食物生产历史面对面的相会，对于浅层次的体验来说是重要的。

为了让消费者对食物有"道德品位"，必须将感官体验和理性反思都考虑在内。食物伦理必须建立在肉体和精神的双重基础上。感官性和肉体性确保了我们与食物面对面的亲密性。但这还不够，消费者还必须反思食物生产过程中的伦理问题。我们将这种知识以叙事的形式呈现出来，是为了以一种普遍且容易理解的方式强调食物的伦理含义。在本书的余下部分，我们会详细讨论叙事学、符

① 转引自 Reinhart Koselleck, *Futures Past. On the Semantics of Historical Time* (Cambridge, Mass.: MIT Press, 1985), p.38.

号学、现象学和解释学等方法对构建食物伦理的可能性和局限性。

当然,消费者对食物生产历史的了解是有限的。"一瞥"的构想首先表明,没有必要体验整个食物生产历史,实际上这也是不可能的。我们没有必要让食物历史里的缺席者完全在场,为了完全的亲密性而放弃长期伦理学。这里的目的是要找到一个平衡点,在那里缺席者不是完全未知的。也就是说,我们不是要让"缺席者"在没有"在场"的情况下变得更像"在场",而是以"亲密"(closeness)或"接近"(nearness)的形式保持"不在场"。反过来说,"在场"可以延伸到"缺席者",但又没有完全取代"缺席者"的位置。消费者与食物的生产历史有一定的距离,但保留着一种肉欲上、肉体上的关系。

当人们了解了食物生产历史后,食物本身就可以作为生产历史的线索或痕迹,这是我们将在下一节中讨论的内容。当我们对食物有了感官体验并对其有一定认识时,这种认识可以通过感觉本身呈现出来。对食物的感觉可以用来回忆我们对生产的体验和叙述。它就像一个短暂的回放,又像一个想法一样能快速地被回忆起来。食物在感性和理性两个不同层面相互影响的故事中扮演了一个角色:食物本身的故事——它的生产历史,介入了消费者的个人生活故事。这种通过生产历史的痕迹而发展起来的食物伦理,属于符号学和叙事伦理(narrative ethics)。

2. 作为痕迹的食物

吃不仅仅是人类通过滋养自己来维持新陈代谢、维持生命。皮特·法尔布（Peter Farb）和乔治·阿玛拉吉（George Armelagos）指出，"吃食物"的行为比其他任何基本行为都能让人们与整个环境有更广泛的接触——不仅包括自然环境，还包括人们与社会、经济和政治关系。[①] 这种情况可能曾经发生过，但是由于人们如今与食物的疏远以及现在的食物种植方式，食物几乎完全失去了与自然环境的关联，这也无助于我们理解食物消费的社会、经济或政治后果。今天，烹饪的艺术和餐桌的美学反映了一种"不愿意知道"的心态，一种或多或少有意识地回避有关食物起源及其历史的心态。法国结构主义者克劳德·列维-斯特劳斯（Claude Lévi-Strauss，1908—2009）认为，在我们与食物的关系中，吃什么是"好"的没那么重要，认为什么是"好"的更重要。[②] 可以说，食物反映的纯粹物质性较少，更多的是反映我们与环境的相关性。与其说食物是"营养"，不如说它是一种象征。当然，否认食物作为营养和新陈代谢物质的毋庸置疑的价值是荒谬的。但是，如果食物只是营养，它就不属于社会和文化领域，而只属于自然领域。当食物被准备好，从它的自然

---

① Peter Farb and George Armelages, *Consuming Passions. The Anthropology of Eating* (Boston: Houghton Mifflin Company, 1980), pp.9-10.

② Claude Lévi-Strauss, "The Culinary Triangle".

起源转变为一个社会性的实体,它就属于文化领域。①

　　想起来好吃的食物吃起来也好吃;想起来不愉快的食物吃起来也不愉快。我们看待食物的方式会影响味道——有时甚至比生理上感受到的味道本身还重要。齐美尔让我们注意到这样一个事实:用餐时交谈是礼貌的,但讨论的问题不应该干扰用餐的乐趣。交谈应不惜一切代价避免谈论食物的世俗性、生物起源。一想到不愉快的事情就会使人食欲不振。丹尼尔·罗什写道:食物不仅要好吃,而且要想起来也很好吃。② 这句话也可以反过来理解,就像下面关于我的个人轶事所描述的那样。当我想起那只老鼠,在一个寒冷的冬夜,它被困在捕鼠器里,受了致命伤,但它垂死的抽搐让它从架子上掉了下来,掉进烤面包机里死了……当我听说第二天早上我吃的面包是用同一台烤面包机烤的时……我的胃口慢慢消失。通常情况下,我对食物并不敏感,但这一插曲仍不时地困扰着我。比如一开始烤面包的味道让我的胃口大开,但后来我又想起了那只死老鼠,我就开始倒胃口。很难说这些相互矛盾的感觉还会持续多久。毫无疑问的是,烤面包的味道会在以后的很多年里让我想起那只被碾伤后摔死的老鼠。过去的经历可以通过感官印象回忆起来,现在的感官印象也可以把我们带到以前经验的轨道上。关于食物生产

---

　　① 　食物的准备通常被认为是文明进程的第一个标志。70万—23万年前的北京人表明,在那个时候,人们不是直接生吃食物,而是准备后才吃。Peter Farb and George Armelagos, *Consuming Passions. The Anthropology of Eating* (Boston: Houghton Mifflin Company, 1980), p.52.

　　② 　Daniel Roche, *Histoire des choses banales. Naissance de la consommation XVIIe—XIXe siècle* (France: Fayard, 1997), p.240.

历史的知识本身并不能影响生理味觉,因为食物本身的味道并不会被任何知识改变。但是知识可以对味觉或感觉产生强大的影响,这是味觉被感知的方式,也使我们发现其和伦理之间非常特殊的联系:关于生产历史的伦理维度的认识可以影响感知。

这是一种特殊的符号学:食物作为生产历史的痕迹。通过回忆过去的经历来感知食物,为基于标签的食物伦理提供了另一种选择。食物作为一种痕迹当然可以引导人们的思维向许多方向发展,但这里重要的是看看这些痕迹如何将人们的思维引向生产历史,尤其是其中的伦理维度。

法国哲学家伊曼努尔·列维纳斯写道,痕迹的特殊之处在于它意味着某些东西,却没有揭示其含义。① 痕迹并不表明它所指的是什么,而是隐藏了它的意义,因此,痕迹仍然是一个谜。根据列维纳斯的说法,痕迹区别于符号,因为它不包含任何意图。痕迹并不刻意显示任何东西,它只是没有直接指向意义。食物的生产历史不能作为符号,而只能作为一种痕迹。痕迹让我们知道,在食物过去的生产历史中,一定存在着伦理维度。作为一种痕迹,生产的历史仍然是个谜,因为痕迹并不能揭示这是一个什么样的故事,也不能说明故事中涉及的人物。食物作为一种痕迹的因果关系仅限于这样一个事实,即所有的食物都只能在生产历史中拥有它的起源。

美国学者查尔斯·桑德斯·皮尔斯(Charles Sanders Peirce, 1839—1914)的符号学提出了一个完全不同的观点。皮尔斯对解释

---

① Emmanuel Lévinas, "La trace de l' Autre", in *En découvrant l' existence avec Husserl et Heidegger* (Paris: Vrin, 1963).

意向性更感兴趣,他用以下方法定义了符号:符号(sign)是指以某种方式对某人(somebody)表示某种意义的东西。① 解释(interpretation)[根据上面的定义,解释者是指"某人"(somebody)]在皮尔斯对"符号"的理解中扮演着关键角色。他的符号概念有三个组成部分:(1)基本的符号;(2)所指,即符号所指的对象;(3)解释者。按照皮尔斯的说法,我们可以说,对痕迹的解释是不清楚的:痕迹是潜在的符号,因为它们可以被解释,但它们不一定要被解释。当然不是每个人都可以解释它们,因为这需要花费相当多的时间和精力。同样,消费者也需要付出努力,才能看到和理解食物生产历史所留下的痕迹——因为这方面的知识是必需的。

痕迹通常是某种活动留下的某种残余物或遗留物。这种痕迹和活动的关系就像缺乏意向性一样具有特点。过去被保存在留下的痕迹中。②

食物的生产历史属于过去,但其痕迹,也就是食物,至少在被食用之前是存在的。就其本身而言,痕迹就是一种不再存在的事物的存在,一种过去的、无法改变的、但还没有完全消失的事物的存在。德国哲学家马丁·海德格尔写道:

然而,就严格的本体论意义而言,一个不再存在的此在并不

---

① 参见 Jesper Hoffmeyer, *Signs of Meaning in the Universe* (Bloomington: Indiana University Press, 1998).

② 参见 Paul Ricœur, *Time and Narrative*, Vol. III (Chicago: The University of Chicago Press, 1984), p.120.

是过去,更确切地说,是"曾经存在"(德语:da-gewesen)。[1]

过去是作为"曾经存在"的现在,这和说它已经消失、成为"过去"是完全不同的。凡是已经完全消失的东西不再对现在有任何影响,但那些曾经存在且没被忘记的东西对现在有影响。被记住的过去可以活在现在,并延续到未来。

痕迹是从时间意义上进入空间,它是世界"转向"过去和更早的时代的转折点。[2] 列维纳斯的伦理学是建立在他者的概念上的,他者是可以相遇并面对面的。面对他者,列维纳斯看到了缺席的他者的痕迹。他描述了所指和痕迹的意义之间是一种不直接的关系,是一种对过去的偏转(deflection)。在列维纳斯对于面对他者的痕迹的分析中,他写道,我们之所以认识他人,是因为我们记得那个人的某些东西。我们与他者的痕迹有关。坎普把痕迹解释为特定的人所说的话和所做的事留下的蛛丝马迹。[3] 列维纳斯只对人类留下的痕迹感兴趣,对其他生物留下的痕迹不感兴趣。然而,他的分析可能也适用于我们反思食物。

我们现在应该问这样一个问题,食物如何能作为其自身生产历史的一种痕迹? 历史学家们有自己的方法,从文献和其他物品中重建过去,但食物不能与这些文献相比。然而,食物是有痕迹的,因为

---

[1]   Martin Heidegger, *Being and Time* (New York: Harper and Row, 1962), p.432.

[2]   另见 Paul Ricœur, *Time and Narrative*, Vol. III (Chicago: The University of Chicago Press, 1984), pp.120-122.

[3]   Peter Kemp, *L'irremplaçable. Une Éthique de la technologie* (Paris: Les Éditions du Cerf, 1997), p.104.

它们有生产历史,而不是凭空出现的。当然,历史学家和消费者的立场不一样。尽管消费者知道食物有其历史,但总的来说,他们还是不愿意了解它。正如通常我们在美食学中看到的,厨房的存在可能会令人不安,因为它太接近食物的有机体和其自然来源。结果,厨房和餐厅被分开了。同样地,今天我们把食物的生产和消费分开,因为食物的生产历史可能令人不快,甚至在道德上令人难以忍受。面对难以忍受的事实,我们有两种选择:拒绝承认难受的原因或增强自己的承受力以承受它。在食物方面,这意味着要么停止进食(如素食者不吃肉),要么变得悲观,对那些见不得光的事情视而不见。或许我们还存在第三种可能,那就是:让食物的生产历史更容易被人接受——这也是我们的目的,展现消费者的道德诉求。

食物具有过去的事件和故事的痕迹,这些痕迹是不可改变的。消费者可以像猎人一样追踪食物的痕迹。在食物生产的道德要求方面,用保罗·利科的话说:"我们必须学会放手,学会在面对发现别的痕迹时克制自己的关心。"①循迹需要艰苦的工作,还要求就像任何不基于私利的伦理一样——我们关注与关心世界和我们周围的其他人。

梅洛-庞蒂在《知觉现象学》(*Phenomenology of Perception*)一书中提到他经常用来办公的桌子。他在自己的"办公桌哲学"(desk philosophy)中写道:

---

① Paul Ricœur, *Time and Narrative*, Vol. III (Chicago: The University of Chicago Press,1985), p.124.

　　这张桌子上有我过去生活的痕迹，因为我在上面刻了我名字的首字母，还洒上了墨水。但这些痕迹本身并不是指向过去，而是指向现在。我之所以能从它们身上发现某些"过去"事件的迹象，那是因为我对过去的感觉是从别处获得的，因为我内心承载着这种特殊的意义……但在任何情况下，这种（对桌子的）感知，是"当下"的，都不能指向过去的事件，除非我对自己的过去有某种其他观点，能使我把它识别为记忆……①

痕迹的意义源于一个共同的过去。列维纳斯把痕迹说成是对以前和过去事件的偏转。对列维纳斯来说，如果我们想起某人的一张脸，就会有一些关于这张脸的东西引发我们思考：在我们的记忆里那个人说过什么、做过什么。你可能会反对说，在某种情况下，脸是没有痕迹的。因为脸只是通过唤起某些记忆，向相识者揭示了一些东西，痕迹只向已经了解一定信息的相识者揭示它的意义。相识者就像受过训练的猎人，而猎人从他以前和猎物打过的交道中熟知他的猎物，因此能够根据动物的足迹找到它在时间和空间上的位置。相比之下，对于那些没有技能的猎人来说，这些痕迹只能说明有只动物经过，但不能说明是哪种动物。对不熟悉的人来说，这张脸看起来是没有遮盖的，但不是空洞的，因为我们知道这张脸隐藏着故事。同样的道理适用于食物，也适用于其他事物：食物可以被视为痕迹，因为我们知道每一种食物都有故事，不管我们是否熟悉

---

　　① Maurice Merleau-Ponty, *Phenomenology of Perception* (London: Routledge, 1989), p.413.

它。像猎人一样,有道德意识的消费者必须了解猎物(食物)的一些情况,他们必须能够识别和理解这些痕迹,根据这些痕迹重建过去的事件并找到它们的定位。如果做不到这一步,消费者就会迷失方向——这几乎是意料之中的。

正如列维纳斯和梅洛-庞蒂指出的那样,痕迹可以让人唤起曾经的记忆,让我们回忆过去说过什么或者做过什么。所以食物作为痕迹,有能力唤起消费者对它的生产历史的回忆——如果消费者有这方面的知识,即曾经直接或间接地和食物共享了过去。食物作为一种痕迹,只有在消费者已有一些关于食物生产历史的知识或经验的情况下,才能揭示出它的意义,就像他者的痕迹暗示着一些需要理解的知识和记忆一样。

近年来,谈论食物的可追溯性变得越来越普遍。追溯食物有很多不同的方法。例如,葡萄酒是一种食物,我们可以追溯它的产地,一些昂贵的葡萄酒可以追溯到确切的产地。今天,可追溯性主要指生产者对食物链条中的食物进行追溯的能力。可追溯性已成为与食物不安全做斗争的一个核心工具,它被用作在食物链条中定位病原体等污染物的手段。然而,可追溯性并不一定要以这种定位的方式来表达,它可能只是指一些自我体验的东西,这当然比纯粹的智力知识更具感官性和肉体性。

食物作为一种痕迹,是具有时间性的。痕迹总是包含着某种时间性。利科认为:

> 追寻痕迹是"计算时间"的一种方法。如果我们不计算物体经历过的时间,也就是从物体经过和它留下的痕迹之间的时间,

那么在空间中留下的痕迹又怎么可能回溯到所寻找的物体的经过呢?①

如果消费者询问食物是什么时候生产的,那么他们不仅仅总是想起过去,还考虑到将来:食物能储存多久。因此,把食物看作一种痕迹,就是把自己置于时间之中。食物指向过去发生的事件,也指向未来发生的事件。

正如之前所说的,美食学的兴起也是与某种时间性的对抗——对季节专制的反抗。今天我们可以说,科技的发展解放了季节。时间性在食物生产中是一个难题,这个难题被复杂的食物保存方法和食物市场的不透明性掩盖了。在全球化的时代,地球上总有某个地方是夏天,因此市场上总有新鲜的草莓。早春在草地上吃草的奶牛挤出来的奶可以制作成一种散发出特殊气味的奶酪,这种奶酪现在一年四季都可以用人工合成的方式制作。但是,从季节的专制中解放出来也有相反的一面:食物不再带有当地时间的痕迹。消费者不再能够通过食物体验到对当地时间性的理解或嵌入。梅洛-庞蒂写道:

> 因此,时间不是一个真实的过程,也不是一个实际的延续,我并不满足于记录。它源自我与事物的关系。在事物自身内部,过去与未来是一种前存在和存续的永恒状态。明天要流过此处的

---

① Paul Ricœur, *Time and Narrative*, Vol. III (Chicago: The University of Chicago Press, 1984), p.124.

水此刻还在源头,刚才流过此处的水现在正在不远处的山谷下游。过去和未来对我来说就是世界的现在。[1]

同样,我们在不久的将来要吃的动植物已经存在于此时此地。从这个角度来看,食物伦理不仅仅是"过去的伦理"(见第一章)。从对与食物生产历史相关的人和事的关涉和关心而言,食物伦理可以成为当前食物生产的伦理。

3. 味道的判断和道德

在进一步追踪食物的生产历史之前,我们必须花一点时间去思考:食物的痕迹是如何在感官和经验中显露出来的。就痕迹本身而言,它类似于我们通过感官体验的其他事物。其中的主要区别在于,食物作为个人的感性认知、对生命的感觉(feeling for life)、自我认识和文化认同等重要因素,在某种程度上被忽视了。同时,"痕迹"中的感性因素有助于我们理解短期伦理学,并延伸至长期伦理学。长期伦理是一种离我们遥远、不受我们的行为直接影响的社会和自然领域的伦理,因此我们不能忽视那些在食物生产实践中同样对美好生活有愿景的他人。食物作为痕迹具有双重性质:它是当下的和感性的,同时又指向缺席的和过去的。

---

[1]　Maurice Merleau-Ponty, *Phenomenology of Perception* (London: Routledge, 1989), p.412.

　　我们对食物的感官体验主要通过味觉，味觉的概念包含两个不同的层次：一是取决于舌头并与嗅觉相关联的生理味觉；二是基于判断力的比喻意义的品位，正如康德在他的第三大批判——《判断力批判》中分析的那样。"味道"（taste）这个词在许多语言中都有双重用法，比如法语"le goût"、西班牙语"el gusto"和德语"der Geschmack"。根据德国哲学家汉斯-格奥尔格·伽达默尔（Hans-Georg Gadamer，1900—2002）的说法，17 世纪中期，耶稣会修士巴尔塔萨·格雷西安（Balthasar Gracian，1601—1658）首次使用了这个词，他从感官的味觉中发现了一种辨别能力。味道决定了某物是否可食用，从而将味道置于两个极端之间：能吃的和不能吃的。一方面，味道与感官、本能驱动有关，另一方面，对味道的判断力把我们食用或不食用食物的决定，与精神的自由关联起来。[1]"味道"的概念同时具有两方面的含义：一是"味道"可以理解为一种生理感觉，从这个意义上来说，"味道"因其"自然性"及其与最原始的、平凡的生命形式，即摄入和排泄的联系而受到蔑视；二是"味道"也可以理解为最崇高的审美判断，作为一种优雅和文明的表现。在此背景下，更为仔细地审视康德的《判断力批判》，我们就会发现康德是如何分析我们对食物的感知方式：部分是通过纯粹的感官体验，部分是通过与食物有关的智力和认知能力。

---

[1]　Hans-Georg Gadamer, *Truth and Method* (London: Sheed & Ward, 1975), p.35.

　　在《审美理性:康德判断力评判中"建构"的概念分析》①(1991)中,挪威哲学家赫迪思·内海姆(Hjørdis Nerheim)对康德的分析进行了创新性的解读,其中包含了对"判断"进行的现象学和存在主义上的解释。康德自己的形式主义、分析性的语言不能说是鼓励这样的解释的;相反,他常被看作一个感性上已经成熟、富于思辨和理智的哲学家。②

　　《判断力批判》包括两部分:(1)审美判断力的批判和(2)目的判断力的批判。后者考察了自然呈现在我们面前的合目的性(德语:Zweckmäßigkeit),以及它如何影响我们的判断。然而,在我们的案例中,我们的兴趣更多地集中在前者以及它对品位的审美判断的处理上,特别是对前话语(pre-discursive)推理的反思及其与智力、理性的关系。③

----

　　①　该书挪威语名为*Estetisk rasjonalitet. En analyse av konstitusjonsbegrepet i Kants Kritik der Urtheilskraft*,英文名为*Aesthetic Rationality. An Analysis of the Concept of "Constitution" in Kant's Critique of Judgement*。

　　②　例如,Lars-Henrik Schmidt, *Smagens analytik (Analytics of Taste)* (Århus: Modtry, 1991), p.27:"审美判断力本质是理智化的,它对判断设置了一个可能的限制,从而使想象力远离感官和情感的判断。"参见 Nerheim, *An Analysis of the Concept of "Constitution" in Kant's Critique of Judgement*), p.89.

　　③　感官的前概念内容(the pre-conceptual content of sensuality)出现在以下几个方面[Kant, *The Critique of Judgement* (Oxford: Oxford University Press, 1952), p.215]:"但正因为如此,一种判断所具有的审美普遍性也必然是一种特殊的普遍性,因为它并没有把美的谓词与它的整个逻辑范围内所接受的对象的概念结合起来。"在第三大批判中,康德多次指出,味觉不是一种以概念形式存在的感知(如第287页)。伽达默尔也认为味觉是前概念的,"因此味觉就像是感觉。在其运作中,它不知道理性"。Hans-Georg Gadamer, *Truth and Method* (London: Sheed & Ward, 1975), p.36.

康德的论点是，在感性中存在一种非语言的知觉，这种知觉发生在智力对感性知觉进行概念分类之前。因此，《判断力批判》可以被解读为试图超越理智的话语的强制以及对理性、启蒙思想的片面信任。

康德分析了味道的判断（the judgement of taste）①，他首先指出味道的判断是一种主观性的审美判断。事物以感官的形式出现在主体面前，并以快乐或不快乐的感觉出现，这表明它们给予主体"生命的感觉"。在康德看来，世界以这种前话语的方式出现在主体面前，它排除了认知，因为认知属于智力。但是，认知允许主体意识到他的精神状态和情绪，②并由此产生对生命的感觉。以食物为例，我们可以说食物所引起的感官感受是没有认知意义的，但它引发人们注意到肉体的存在。我们不需要用语言来表述这种体验，就能自然而然地知道画面是否美，音乐是否好听，或者梨是否美味。味觉，以及更普遍的感官感受，是以一种普遍存在的愉悦感和幸福感为特征的，这种感觉不包含任何认知，也不能通过对食物内容的话语说明去捕捉。感官的前话语性质与说明的话语性形成对比。凭借知性化（intellectualizing），知性无法与世界建立友好的关联。尼采是这样描述的：

---

① "the judgement of taste"根据字面的意思可以译为"味道的判断"或"品位的判断"，但是在邓晓芒翻译的《判断力批判》中根据德文译为"鉴赏力判断"。由于在本书的背景下，食物是主要探讨对象，而且作者在分析食物的"味道"和"品位"之间的关联，因此本书还是译为"味道的判断"或"品位的判断"。——译者注

② Kant, *The Critique of Judgement* (Oxford: Oxford University Press 1952), p.204.

刺眼的白昼,不惜任何代价的理性,清醒的、冷静的、谨慎的、有意识的、无本能的、反对本能的生活,其本身只是一种疾病,另一种疾病——完全不是通往"美德""健康"和幸福的归途……必须克服本能——这是颓废的公式:只要生命还在上升,幸福就等于本能。①

在对世界的理性分类中,在知性阐明世界的地方,创造了一种"科学"的主体间性,这是一种意义范围有限的知性经验。内海姆说,我们知道理性对自身同一性的渴望是通过审美体验实现的。②

我们在第二章中看到,随着自然史和生物学在 18 世纪末的出现,能指(signifier)的重要性发生了转变。符号不再是事物本身,而是事物的表象。我们可以将这种转变与康德关于味道判断或品位判断的前概念性特征和知性的概念范畴之间的关系进行比较。自然史上的自然观让人想起了前话语的肉体性、存在性和整体性,这些都是感性所感受到的,也让人感到分类和控制等知性的有限能力。由生物学构建的自然观是建立在知性的思维方式上的;它强调概念和理论组织,特点是对生命支离破碎的感觉,缺乏感官上的亲密性。至少从正式的角度来说,现代知识(或科学)已经摒弃了"品位"这种主观判断,代之以工具化的观点。

因此,我们可以论证道,文艺复兴时期的世界图景在我们这个

① Friedrich Nietzsche, *Twilight of the Idols, or, How to Philosophize with a Hammer* (Oxford: Oxford University Press, 1998), p.15;

② Hjørdis Nerheim, *Estetisk rasjonalitet* (Oslo: Solum Forlag, 1991), pp.71-79.

时代仍然有效,它仍在表达一种观察世界的方式,一种存在于世界中的存在,一种世界的嵌入。但我们在重视实证的理性的语言中找不到这方面的表述,因为自然科学完全形式化的语言充满了表征。在诗歌里,我们反而找到一种语言可以表达符号和事物的同一性:符号就是事物,事物就是符号。例如在维姆·文德斯(Wim Wenders)的电影《柏林苍穹下》(德语:*Der Himmel über Berlin*)[①]里出现的彼得·汉德克(Peter Handke)的诗《童年之歌》(德语:*Lied vom Kindsein*):

> 当孩童仍是孩童,
> 爱在走路时摆动双臂,
> 幻想着小溪就是河流,
> 河流就是大川,
> 而水坑就是大海。
>
> 当孩童仍是孩童,
> 不知自己还只是孩童。
> 以为万物皆有灵魂,
> 所有灵魂都是同一的,没有高低之分。
>
> 当孩童仍是孩童,

---

① Wim Wenders and Peter Handke, *Der Himmel über Berlin. Ein Filmbuch von Wim Wenders und Peter Handke* (Frankfurt: Suhrkamp 1990).

尚未有成见,

没有养成习惯;

爱在座椅上交叉双腿,

想到什么就突然跑出去,

头发打着卷儿,

照相时从不特意摆表情。

从他的幻想和玩耍的角度看,孩子可以尽情想象,小溪是一条河流。"小溪"不是作为表征,而是事物本身。或者更确切地说,孩子希望这条"小溪"可以是或者就是一条河流。孩子和自己没有距离,和周围的环境也没有距离。事物并不是"意味"着什么,它们其实就"是"什么。一切都是有生机的,所有的灵魂都是一体的。当孩子被拍照时,他不会试图假装,不会对自己有特殊表现或形象上的要求。他就是他自己。汉娜·阿伦特对"味觉"的描述也说明了这一点。她认为味觉和嗅觉不能让人回忆起物体,因为它们是被物体束缚的;而视觉、触觉和听觉则能代表过去的感觉。味觉和嗅觉是主观的内在感觉,不能代表过去的感觉。① 味觉和嗅觉受制于此时此地,因此受制于存在。

在通过感观描述了品位判断的主观性一面之后,康德转向了品位判断中的普遍性、"公共性"因素。这样,他从一开始就排除了判断的矛盾性:既排除了判断的主观性,又排除了判断的普遍性。品

---

① Hannah Arendt, *Lectures on Kant's Political Philosophy* (Chicago: The University of Chicago Press, 1982), p.66.

位判断是普遍的,这一事实意味着它必须是公正的,因为不公正的事物并非普遍的,而是私人的:"每个人都必须承认,如果对美的判断带有一点点私人的兴趣,那就是非常不公正的,而不是纯粹的品位判断"。① 康德由此论证了公正等于无私利性。

然后,他通过考察三个因素分析了在品位判断中"愉悦"(德语:das Wohlgefallen)的意义:合适(德语:das Angenehme)、善(德语:das Gute)和美(德语:das Schöne)。康德的结论是,愉悦不等同于合适,它与合适、善相关,但它不属于品位的判断范围,因为我们对这两者(合适、善)的态度是不客观的,会受兴趣或利益的影响。只有在关于"美"的品位判断中,人类的愉悦才是自由和公正的。②

康德因此使用"美"这个概念作为他分析品位的重点,因为"美和概念分离,是能够让人们普遍愉悦的东西"。③ 康德选择"美"的概念作为分析重点是经过深思熟虑的,因为在对美的判断中,他既发现了感官的主观性,又发现了普遍性。"美"并不存在于事物本身,它是一个先决条件,正如内海姆所说,"美"是人意识到生活中有意义的内容。④ 在康德看来,"美"具有普遍性:

　　相反,如果一个为自己的品位感到自豪的人想为自己辩解说,"这个东西(我们看到的建筑、那个人穿的衣服、我们听到的音

---

① Kant, *The Critique of Judgement* (Oxford: Oxford University Press, 1952), p.205.

② Kant, *The Critique of Judgement* (Oxford: Oxford University Press, 1952), p.210.

③ Kant, *The Critique of Judgement* (Oxford: Oxford University Press, 1952), p.219.

④ Hjørdis Nerheim, *Estetisk rasjonalitet* (Oslo: Solum Forlag, 1991), p.27.

乐会、提交给我们评论的诗)对我来说是'美'的",那就太可笑了。因为如果这个东西只能让他喜欢,他就不能称之为"美"。①

康德的论点是:"美"存在一种非客观的普遍性,因为客观上没有什么东西可以被认为是"美"的。对"美"的判断是一种主观范畴,它并不依赖于每个人都认可的假设,而是促使每个人都认可品位判断,从而实现普遍性。

康德说,品位判断包括主观性和普遍性。康德通过类比的策略来证明这一点,也就是说,通过引入另外两个领域:类比或相似(as if)。在古典修辞学中,通过明喻进行的比喻是通过"像"(as)、"相似"或"正如"(just as)来表达的,并作为意义的延伸。在《判断力批判》的第一部分,康德试图通过描述品位判断的辩证因素,逐步阐述并合法化这一观点。我们将在下面详细讨论这些相似之处,特别是有哪些地方体现了现象学和存在主义的特征。

康德认为,品位判断有两种性质:

(1)品位的判断以愉悦(作为一种美的事物)来决定它的对象,并要求人人都同意,仿佛它是客观的。② 康德用"这朵玫瑰是美的"这句话来说明,品位的判断不仅是一种主观的陈述,而且是一种具有普遍性意义的陈述。但正如康德用的另一句话"我喜欢苹果的味道"说明的那样,这类表述就不是对"品位"的判断,因为这只是私人的事情。康德推崇的是关于"美"的品位判断,它是对接受陈述者

① Kant, *The Critique of Judgement* (Oxford: Oxford University Press, 1952), p.212.

② Kant, *The Critique of Judgement* (Oxford: Oxford University Press, 1952), p.281.

的呼吁："不仅我认为美，每个人无疑也一定这样认为。"在康德看来，生理上的味道感受并不适合"美"的判断，因为它关涉的是个人的兴趣。

（2）品位判断的另一个性质是，推论、证明对于品位判断是毫无用处的，在这一点上，如果品位判断只是简单的主观判断，事物的情况和判断本身就是一回事了。① 在品位判断中的"主观性"与那些只和个人兴趣相联系的感官体验是不同的，例如食欲就只是个人兴趣或利益需求的主观感觉。康德写道："我们把那些对美的自然没有任何感情（因为我们就是这样称谓对观赏美的自然的一种兴趣的感受性的），并且在餐饮交际中执着于享受纯然感官感觉的人的思想方式视为粗俗的和卑下的。"②胃口好的人认为所有可以吃的东西味道都很好：

> 至于在适意者那里偏好的兴趣，人人都说：饥饿是最好的调味品。在饥饿的时候，只要是能吃的东西，有健康胃口的人都会吃得津津有味。因此，这样的愉悦并没有表明味觉在选择中有任何发言权。只有当人们得到了他们想要的一切，我们才能在众人中分辨出谁有品位，谁没有。③

品位不仅与"美"有关，也与艺术作品以及自然的崇高有关，这

---

① Kant, *The Critique of Judgement* (Oxford: Oxford University Press, 1952), p.284.

② Kant, *The Critique of Judgement* (Oxford: Oxford University Press, 1952), p.303.

③ Kant, *The Critique of Judgement* (Oxford: Oxford University Press, 1952), p.210.

可以从康德的定义中看出："品位是一种能力,通过愉悦或厌恶,而不是任何兴趣或利益,来评价一个对象或一种表现方式的能力。"①

正如上文所述,品位判断与个人的欲望或兴趣、利益无关,而是"无兴趣"、无私利性的。康德将能产生一种精神状态(德语:Gemüthszustandes)的主观感觉描述为具有一种"普遍的沟通"能力(德语:allgemeine Mittheilungsfähigkeit)。② 换句话说,这种感觉是每个人都认可的,并且因此可以建立一个无私利性的共同体。③

在感官中对品位判断的锚定,是将品位判断与"喜欢"和"不喜欢"联系起来,不是作为私人的感觉,而是作为"无利害关系的欲望",一种沉思的、无任何私利的欲望。但是,一个人如何去想象一个没有私利和个人兴趣的欲望? 或者像康德所说的,一个无利害关系的兴趣? 为此,康德使用了另一个概念,即"合目的性"。

> 由此便产生了自然的合目的性的概念。合目的性的概念作为由反思判断规定的概念,而不是由理性规定的概念,因为目的不设定在对象里,而是设定在主体里,事实上是设定在主体的反思能力里。自然的合目的性概念的存在似乎以先验为前提;但那些被建构并相互联系的自然律,仿佛判断力设计它们是为了满足判断力自己的需要,就像我们判断一件事物存在的可能性是以事物本身的表象作为根据一样。这样,判断力就通过它的原则,在

---

① Kant, *The Critique of Judgement* (Oxford: Oxford University Press, 1952), p.211.

② Kant, *The Critique of Judgement* (Oxford: Oxford University Press, 1952), p.217.

③ 参见 Hjørdis Nerheim, *Estetisk rasjonalitet* (Osla: Solum Forlag, 1991), p.8.

通过经验的法则来规定它的形式时，以一种在它本性中的合目的性去思考。[①]

自然的合目的性概念是判断力用来指导我们反思的一个原则，是对经验给我们的混乱印象进行系统化和分类的一种方法。这是一个能使经验存在的原则，因此是一个先验的原则。[②] 它是主体的一个特征：借助"似乎"而起作用。因此它并不代表任何客观性，而只是现实的表象。

根据康德的观点，权宜之计与欲望联系在一起，因为它用意识的力量来处置认知。如果我们没有体验到这种权宜之计给经验带来的共识，我们就会失去欲望，因为在经验中我们感到事物是不相连的。这是无利害关系的欲望。不感兴趣并不意味着缺乏兴趣，而只是寻求者处于一种没有外部目标存在的状态。[③] 在审美判断中，感性超越了理智的理性控制，因为它追求把握人类经验及其整体。内海姆写道：

> 生命本身（活着的生命）完全是以感觉为中介的。品位的判断包含一种反思，因此人们被引导超越以实践为导向的对日常现

---

① Kant, *First Introduction to The Critique of Judgment* (Indianapolis: The Library of Liberal Arts, 1965), p.20. 伽达默尔还写道："品位和判断都评价对象与整体的关系，以便看到它是否与其他一切适合——也就是说，它是否'适合'。"Hans-Georg Gadamer, *Truth and Method*, p.38.

② Kant, *The Critique of Judgement* (Oxford: Oxford University Press, 1952), p.181.

③ Hjørdis Nerheim, *Estetisk rasjonalitet* (Oslo: Solum Forlag, 1991), p.172.

实的理解范围,从而对与生命的无声相遇做出回应,这比所有不变的科学理解更早。在这个意义上,品位的意识——凭借其审美判断——是沉默的。①

因此,对品位的进一步定义包含了进入一种不同生活的渴望,这种生活让我们从日常的单调中逃离出来。内海姆认为《判断力批判》是对"亲密"逻辑进行主题化的一种尝试。

> 当我们接受对方的品位判断时,我们也认可了对方对世界的情感和意识,但也因此我们甚至能够感受别人的情绪。这样,我们就明白了他人在审美快感中体验到的最深的秘密,即他与他的世界融为一体。通过认可他对美的反思判断,内在化的"我—你"关系的体验以一种使一个人能够参与另一个人生活的方式得以实现。因此,关于品位的论述使人类与世界、人与人彼此之间最秘密的友谊具体化。②

那么这对我们与食物的关系意味着什么呢? 作为追寻食物生产历史痕迹的食物伦理,其发展有两个重要的问题。第一,康德对品位判断有些复杂、迂回的分析表明,基于感官和自我经验构建起来的食物生产历史的交流,对于人们而言具有深刻的存在主义意义,这正是那些贴在超市食品包装上对食物内容的话语声明所缺乏

---

① Hjørdis Nerheim, *Estetisk rasjonalitet* (Oslo: Solum Forlag, 1991), p.23.

② Hjørdis Nerheim, *Estetisk rasjonalitet* (Oslo: Solum Forlag, 1991), p.142.

的。根据之前我们关于短期伦理学的讨论，这一观点的重要性变得清晰起来。感官，以味觉为例，将个人与一个真实存在的世界联系起来，这是道德参与的必要条件。感官感受对于当下食物伦理的定位和判断具有重要意义。

第二点似乎没有那么令人惊讶。它指出了这样一个事实，即味道的判断，无论是从生理上的还是广义上的概念来看，都不能作为对食物的道德判断（而只能作为审美判断）。这里有两种推论：

（1）正如阿伦特所写，判断既依赖于想象力的运作，即表现不再出现的事物的能力，又依赖于反思，即概念。如上所述，这几乎与品位判断的工作原理相反。味觉是基于感觉而不是概念的。然而，好的一方面是，康德本人认为对美的兴趣和道德之间存在着一种联系：

> 我确实认为，对自然之美产生直接的兴趣（不仅仅要具备判断它所需要的鉴赏力）永远是一个好灵魂的标志；而且，如果这种兴趣是习惯性的，如果它能轻易地与对自然的沉思联系起来，这就至少表明了一种有利于道德情感的精神协调。①

康德在对美的兴趣和道德之间建立的关系，并不像乍一看那样具有思辨性。美学，如同经历过的美好与和谐一样，常常与善联系

---

① Kant, *The Critique of Judgement* (Oxford: Oxford University Press, 1952), p.298. 参见 Henry Allison, *Kant's Theory of Taste*. 该书对康德的判断力和道德之间的联系进行了深入的研究。

在一起。美是善的，但这并不意味着善也就是美。即使如此，我也不认为对美食和美味感兴趣的人也有良好道德的倾向，这两者的关联似乎是不合理的。

（2）康德认为，对食物的判断与对美的判断并不属于同一范畴，因为食物显然与目的或意图相联系，进而与利益联系在一起。①根据康德的观点，对食物的判断并不纯粹是食物本身的问题，因为仅仅把食物当作"口味"是片面的。这就把食物带入了伦理的范畴。

的确，我写本书的目的绝不是仅仅把食物当作纯粹的美学，而没有其他观念作为基础。当然，审美的方式可以是看待食物的一种方式。将食物作为其自身生产历史的痕迹，这一观点不仅揭示了一种伦理利益，而且还表明，如果不使用概念和知性的方法，就无法认识其生产历史。因此，如果我们遵循康德的论证，就无法得出这样的结论：食物的味道判断是具有主观普遍性的。对给定的生产历史的解释总是包含其道德元素，总是把其自身与美好生活的想法联系起来，对此道德消费者当然很感兴趣。

在康德看来，我们之所以在某种程度上能把食物与"美"联系起来，不是因为它纯粹的审美感性，而是因为食物本身的附属美（德语：adhärirende Schönheit）。正如我们在前文看到的，在这种审美判断中，康德谈到了审美的感官性和合目的性之间的一致性，这种一

① Kant, *The Critique of Judgement* (Oxford: Oxford University Press, 1952), p.230："但人（包括男人、女人或孩子）、马或建筑（如教堂、宫殿、兵工厂或避暑山庄）的美，都是以一个定义事物必须是什么的目的概念为前提的，因此这也是一个定义他们完美的概念；因而他们的美只是附加的美。"

致性引起了无利害关系的欲望。道德消费的契合性不仅是审美的，也是有理念基础的。在最后的例子中，对食物的判断也不是普遍的鉴赏力判断。对食物的判断至少取决于两个因素：感性的和知性的。它是两方面的一致：一方面是在生产历史上对己对人都是好的，另一方面是好的味道和品位。

4. 存在和失去的时间

在日常生活中，我们不再能够了解食物的起源或生产历史。但是如果我们的注意力能够专注于食物的起源或生产历史，我们就会反思食物的故事。我们对食物的感官感知，情况如上所述，是两种视野或两种生活故事的相遇，食物本身和消费者的相遇。我们纯粹的前反思认知能力（pre-reflexive perception）无法接触到食物的生产历史，但这方面的知识实际上可以为我们的味觉体验增色。我们所讨论的现象学的感觉经验不是一种纯粹的、未加修饰的前个人（pre-personal）认知，而是一种反思的，反映在知觉者自己的生活故事和经历中的认知。那么，这种认知和反思的路径是什么呢？

梅洛-庞蒂在《知觉现象学》中以观看房子的经验为例，阐述了空间和时间视角下的认知。关于空间的知觉，他说：

> 房子本身并不是从任何地方都看不到，而是从任何地方都能被看到。完整的物体是半透明的，被无数在场的视线从四面八方

　　穿过,这些视线在物体的深处相互交融,使任何东西都无法被隐藏。①

　　对于梅洛-庞蒂来说,一所房子或任何其他物体的体验都不是纯粹的感官知觉②,因为这样总是会从一个特定的角度去看房子。我们在感官知觉中加入了来自经验的附加知识。在这种情况下,房子可以从每一个可以想象的角度被感知。感官知觉被置于一个空间的视角中,超越了感官知觉对主体位置的限制③。就像我们从每个角度看房子,不同角度看到的画面都是相互关联的一样,我们在不同的时间看房子,每一次看到的画面也是相互关联的:现在的体验是与昨天的体验和对明天的期待相联系的。德国哲学家埃德蒙·胡塞尔(Edmund Husserl, 1859—1938)用"滞留"④(直接意识回溯到过去)和"预期"⑤(直接意识向前延伸到未来)的概念来解释这一观点。"滞留"与"预期"通过对时间视野的综合创造了一个时

――――――――――――

　　①　Maurice Merleau-Ponty, *Phenomenology of Perception* (London: Routledge, 1989), p.69.

　　②　梅洛-庞蒂认为通常的"感觉"已经包含着某种前对象的认识论意义,即"感"已经包含了理性的"认知",这也是后来科学哲学里常说的"观察渗透着理论"。因此,这里的"知觉"不是我们平常所认为的纯感觉的作用。――译者注

　　③　"超越了……的限制"在这里指的是,我们的认知可以超越客观事物给我们的直接印象,而让我们感觉到一种具有个人经验的东西。例如,我们看到一个红色的圆形的不知名的水果,有人认为这是和苹果一样美味的水果,在心理上产生愉悦和接受;有人认为这是剧毒的水果,心理上就会产生厌恶和抗拒。――译者注

　　④　滞留,原文为 retention。

　　⑤　预期,原文为 protention。

间单位。正如梅洛-庞蒂所指出的,离此时此地越远,(记忆)合成的准确性就越低。很久以前发生的事情我们很可能已经忘记了,就像我们对遥远未来的计划不那么确定一样。① 在视野的综合中,真实体验,即此时此地纯粹的感官知觉超越了其本身的时间和空间。事物从一千个不同的侧面(在三维空间范围内)被同时感知,在过去、现在和未来的时间语境中被理解,然后事物和事件作为时间和空间的综合体被单独或完整地留在我们的记忆中。因此,感官知觉是超越性的,把纯粹的知觉限定在一个特定的角度和当下的时间是不对的。知觉也是一种综合体,因为在最终的知觉中,包含我们在之前每一次经历中的许多时间和空间上的知觉。

感官存在于身体之中。对梅洛-庞蒂来说,身体性对于理解知觉很重要。他写道:"除非我亲自行动,除非我是一个面向世界的躯体,否则我无法理解这个躯体的功能。"②这就是身体。要把这个定义扩展到所有的生物,我们可以像汉斯·约纳斯一样,称它为有机体,它向世界延伸以满足自己的需求:

> 感觉的性质是,对空间条件的感知,对实际存在或不存在的感觉的感知。感觉不是外部环境作用于有机体的结果,而是表现了有机体应对外部刺激的方式,并将自己与外部环境联系起来。

---

① Maurice Merleau-Ponty, *Phenomenology of Perception* (London: Routledge, 1989), p.70.

② Maurice Merleau-Ponty, *Phenomenology of Perception* (London: Routledge, 1989), p.75.

如果一种刺激击中了有机体却没有达到有机体感觉器官能感觉到的程度,那么这个刺激就不会被察觉。①

让我们暂时回到食物的讨论中来。我们必须承认,要追溯有机体变成食物的过程是困难的。我们相信,可以仅靠食物包装上内容的理智化说明来追溯食物的历史。但是内容说明既不能刺激我们的感官也不能激发我们的智力。食物说明不能作为感官、肉体和自我体验的替代品,尽管人们企图在工业化的食物生产中这么做。

让我们更仔细地看看消费者是如何面对食物的。通过消费者对食物生产历史的"一瞥"式体验,就为我们所讨论的食物唤起或重启过去创造了机会。记忆再次唤醒时间,"所有的记忆重启过去,并向我们提出挑战,让我们指挥它引起的情况"②。重新打开过去,意味着召唤出存在于过去情形中的、已经"思考过"的知识,并掌握它:

> 当我和非常熟的一个朋友聊天,他的每句话,以及我的每句话,除了包含大家都理解的意义,还涉及他和我性格的主要方面,不需要回忆彼此之前的谈话。这个"获得性的世界"(acquired worlds),③赋予了我的存在以次要的意义。这个获得性的世界本

① Hans Jonas, *Das Princip Leben* (Frankfurt am Main: Suhrkamp, 1997), p.89.

② Maurice Merleau-Ponty, *Phenomenology of Perception* (London: Routledge, 1989), p.85.

③ 这里是指"我"在之前就掌握了的知识和感觉的总和,相对于"我"没有掌握的知识和感觉,之前就掌握了的知识和感觉存在"我"的记忆里,是一个"获得性的世界"。——译者注

身是从一个原初世界(the primary world)中雕刻出来的,而又是原初世界的基础。①

与思维过程相对缓慢地转化为语言相比,记忆能够迅速调动的知识量是惊人的。

我们拥有的知识或经验可以以同样的方式作为想法或富于想象力的思想集合体被回忆起来。一种知识和一种情绪,在一瞬间就被回忆起来了,而不必复述前者。这就像一说"丑小鸭",我们马上就知道指的是哪个故事,我们对故事的一系列事件都有感觉,而不需要解释,更不用说细节了。感知唤起的不是完整的清晰故事,而是一个"可叙述"(法语:racontable)的想法。② 梅洛-庞蒂也注意到了以语言和概念为基础的理解方式,它包含了获得性的世界。获得性的世界作为心理活动的沉积,使我们能够掌握获得性的复杂概念,而不需要每次都去重复将它们综合。当然,正是在这种从概念上获得知识的形式下,我们才能找到包装上食物说明的意旨,因此,没有先验知识,就无法理解意旨。

那么,如果在系统化、标准化的形式下,伦理能够具有与感官相同的功能和效果,为什么伦理不应该建立在这种概念性的、获得性的知识基础上呢? 这是因为,正如我们已经看到的,通过概念化,理

---

① Maurice Merleau-Ponty, *Phenomenology of Perception* (London: Routledge, 1989), p.130.

② 参见 Paul Ricœur, *Time and Narrative*, Vol. III (Chicago: The University of Chicago Press, 1988), p.260.

智化中介从与现在、自我经验和存在于世界的关系中抽象出来。抽象化的理智化中介（作为认知的途径）源自缺乏亲身体验。这意味着我们如果要靠理智化的食物说明来构建食物的生产历史，就必须根据我们的想象补充食物的生产背景画面；我们必须通过类比来构建事物的历史。但是，我们能想象得出这个食物的历史背景吗？即使说明写得非常详细，而且涉及道德方面的信息，它也仍然是一个基于卖方的话语信息。在这里，利润动机限制了可信度。我们不难想象出一个（与食物说明相同的）情境，却不能确定它是否与现实相符，这是想象力的弱点。相反，亲身经历的力量在于，就算距离现在已经很久远的东西，我们都可以通过回忆使其在此时此刻的脑海里呈现出来，尽管肉体上的直接感觉已经不存在了。身体与现在或过去的事物的亲密性，为消费者参与道德行动做好了准备。

　　由于亲密性对消费者实现食物伦理具有相当重要的意义，我们被引导到道德消费的两个比较实际的解决方案：自给自足，或某种形式的社区生产，即食物在当地生产和消费。因为很明显，在空间上，缺席者可以通过缩短距离而变为在场。最激进、最不妥协的解决办法是，把我们与食物的距离缩短到完全自给自足的程度，这样消费者就会完全了解食物生产过程的一切。当然，这是不可能的。如果真的彻底实现了自给自足，那么我们现在面临的问题将不再是消费者伦理的问题，远距离伦理也将变成近距离伦理，远距离伦理将不再与此有关联。

　　消费者的这种理念可以更好地通过一种社群主义的方式来实现。在这种社群主义的方式中，人们可以在一个较小的社区内部进行交易：在当地环境下，一些人生产食物，而另一些人消费食物。但是，当地社区并不是亲密性的绝对必要条件，我们可以很容易地想象，亲密性在更自由、更匿名的市场场所上演。这样具有亲密性的市场结构不一定是不可逾越的和全球化的。这是一种可能的结果，但不符合自然规律。

自给自足、社会化生产与食物道德问题的关联说明了，试图通过缩短食物和消费者之间的物理距离来缩短道德距离，以及通过强调伦理的亲密性来让伦理实际可行，这样的做法是危险的。因为如果过于强调伦理的亲密性，伦理的距离会消融，使伦理变得过于亲密，事实上就会成为亲密性的专制。要想实现食物伦理，就需要在空间维度上使缺席者出现，这对于消费者来说是困难的。此外，时间提供了一些机会，在没有实际在场的情况下，使缺席者在场，形成"纯粹的亲密性"（purely closeness）。

梅洛-庞蒂说，我们的记忆中有些部分与肉体有关：

> 只有当记忆不仅是由过去的意识构成，而且是在包含在现在的暗示的基础上重新开启时间的努力时，身体在记忆中所扮演的角色才能被理解；如果身体作为我们采取态度和构造假表象（pseudo-presents）的手段，（那么身体就）是我们与时间和空间交流的媒介。①

"身体记忆"，这是什么意思？即用现在的感想重新审视过去，

---

① Maurice Merleau-Ponty, *Phenomenology of Perception* (London: Routledge, 1989), p.211.

让身体现在的感觉通过印象把意识带回到过去。我已经提到过,一种特定的气味、味道或声音是如何在数年后将思想引导至某个特定的情境或人物的。法国作家马塞尔·普鲁斯特(Marcel Proust,1871—1922)在他的小说《追忆似水年华》(*A la recherche du temps perdu*)①中探讨了身体的记忆。也许书中最著名的一段就是一个玛德琳蛋糕出乎意料地唤起了他以前的经历和感受:

> 这已经是很多年前的事了,除了同我上床睡觉有关的一些情节和环境,贡布雷的其他往事对我来说早已化为乌有。冬日的一天,我回到家。我的母亲看到我很冷就给了我一些茶——而我平时不喝茶。我一开始拒绝了,后来不知怎么,我又改变了主意。母亲叫人拿来了一种又矮又胖的小蛋糕,叫作玛德琳蛋糕,看起来就像用扇贝壳形状的蛋糕模具做的。过了沉闷的一天,想到明天又将是一个令人沮丧的日子,我很快就感到灰心丧气。我机械地舀了一勺茶送到嘴边。起先我放了一小块蛋糕在茶水里。这混合着蛋糕屑的热乎乎的液体刚刚触碰到我的味蕾,我就不禁打了个寒颤。我停了下来,专注于正发生在我身上的这件非同寻常的事情。一种微妙的快感侵入了我的感官,我感到超尘脱俗,却不知出自何因……这种新的感觉产生了爱的效果,以一种可贵的精神充实了我。或者更确切地说,这个精神不在我体内,它就是我自己。我不再觉得自己平庸、猥琐、凡俗。这种强烈的快感是

---

① 中译本参见:马赛尔·普鲁斯特:《追忆似水年华》(第一卷),李恒基、徐继曾译,南京:译林出版社,2012。

从哪里来的呢？我感觉到它是和茶、蛋糕的味道联系在一起的，但它却远远超过了茶和蛋糕的味道，肯定同味觉的性质不一样。它是从哪里来的？它意味着什么？我怎么抓住并理解它呢？……突然，记忆显现了出来。这种味道是我在贡布雷的某一个星期天早晨尝到的小玛德琳蛋糕的味道（因为在那段日子里的星期天，我做弥撒前都不出门）。当我去姑姑蕾奥妮的卧室请安的时候，她常常把一小块玛德琳蛋糕在她的茶杯或草药茶里浸一下，然后给我。见到那种点心，我还想不起这件往事，等我尝到味道，往事才浮上心头。①

《追忆似水年华》的书名通过"追忆"细心地向我们强调，寻找食物的生产历史不仅仅是我们被动等待痕迹的出现，而且是对已经过去和即将成为过去的东西的积极追寻。根据普鲁斯特的说法，这种痕迹可以在身体内找到。人的身体承载着过去的时光，腿和胳膊充满了记忆。身体的记忆遵循两个轨迹：第一，通过感官知觉重新打开过去；第二，身体的时间表。这被理解为一个人的身体对世界的直接空间存在的理解（例如，我知道自己身体的位置而不用去想它）②，特定的身体姿势可以让人回忆起过去的某些时刻。

关于时间的视野（过去、现在和未来），梅洛-庞蒂写道：

---

① Marcel Proust: *In Search of Lost Time* , Vol 1 (New York: Modern Library, 1992), pp.51-55.

② 身体形象的描述参见 Maurice Merleau-Ponty, *Phenomenology of Perception* (London: Routledge, 1989), pp.98-101.

视野的综合本质上是一个时间过程。也就是说，它是不受时间支配的，在时间上不是被动的，并不一定要胜过时间，而是与时间流逝的具体时刻融合在一起。①

在这个主题中，视野的融合被体验为过去、现在和未来在"当下"中的统一，这三者都在此时此地出现。我们还必须注意，在法语中"在场"和"现在"概念之间的密切关系。法语中"présent"包含了这两种意思。现在（法语：le présent），不仅表示时间，也表示与事物的亲密性。相反地，亲密性不仅描述了与一个对象的关系，也描述了与一个对象的当下性，即此时此地的关系。另一个表示"现在"的法语单词是"main-tenant"。它可以理解为我手里拿着的东西，为我所掌握、拥有的对象。我们再次看到法语中的"présent"是如何与空间联系在一起的，反之亦然。它的具象意义除了涵盖时间和空间的亲密性，还意味着心灵的存在、身心的开放和接受。因此，在法语中，我们可以毫不夸张地说，当下的意识在与事物的关系中是无处不在的。存在占据了这个模糊的位置，正如"le présent"所暗示的："现在"与时间和空间有着不可分离的联系，这是一个基本条件。②

正如我们将从伽达默尔那里看到的，经历并不是孤立存在、与其他事件隔绝的，而是与现在和未来的其他经历相融合的。声称现

---

①　Maurice Merleau-Ponty, *Phenomenology of Perception* (London: Routledge, 1989), p.330.

②　Maurice Merleau-Ponty, *Phenomenology of Perception* (London: Routledge, 1989), p.397.

在不受未来和过去的影响，过去不继续，未来不存在，这属于现代自
然科学的线性时间观。奥古斯丁（Augustine，354—430）的《忏悔
录》①论述了存在与三个不同的时间相关——过去、现在和未来。
但是，现在不是孤立的；相反，它因我们以记忆的形式携带的过去事
件而增色。过去是现在的事件发挥自身作用的背景，现在的事件也
将铭刻成过去。未来就在眼前，是对未来的想法和期待。对未来的
梦想和计划影响着我们现在的体验，将我们的体验引导到此时此
地。因此，经验远非孤立的事件或插曲，而是存在于过去和未来的
时间背景中。尽管表面上看它们是分离的，但可以这么说，它们仍
然存在于现在。记忆和期望把过去和未来聚集到现在。奥古斯丁
通过艺术的形式阐述时间，这种艺术形式与时间联系在一起，叫作
音乐。在音乐中，我们可以在某种程度上"听到时间"：

> 我要背诵一首我所知道的赞美诗。在我开始之前，我的注意
> 力覆盖了整个诗篇。但一旦我开始，我的注意力大部分都已成为
> 过去，我的话还在记忆中延伸。我的动作分为两部分，一部分是
> 我的记忆，其中包含我重复的内容；另一部分是我的期望，其中包
> 含我将要重复的内容。然而，我的注意力一直在我身边，通过它，
> 未来的事情积存下来，成为过去。这样的事情做得越多、重复得
> 越多，记忆的范围就越大，期望就越少，直到整个期望消失殆尽。
> 然后，整个动作结束并传递到记忆中。整个诗篇中发生的事情也

———————————

① 参见《忏悔录》（第十一卷）。利科在《时间与叙事》的第一卷中进行了对比分
析。

会发生在每一个单独的部分和每一个音节中。这也适用于比背诵诗篇持续时间更长的活动。人的一生也是如此,人的一切行为都是生活的组成部分。人类的整个时代也是如此,人类的生命都是这个时代的一部分。①

　　奥古斯丁通过音乐呈现了时间的某一具体特征,这就把我们引向了一个普遍的问题,这个问题可以说是包含在时间的神秘之中的②,即度量和描述时间的问题。"时间是什么?"奥古斯丁说:"当没有人问我的时候,我知道它是什么;如果有人问我这个问题而我想回答时,我却不知道。"③他无法描述时间,这促使我们转向比较和类比。如果时间不能通过它本身得到解释,也许它可以通过别的东西被理解或者至少被阐明。利科在《时间与叙事》中把叙事和时间连接在一起,探讨了时间如何通过叙事而成为人类时间。④ 就像音乐一样,历史和叙事就这样被演奏出来。历史上的行为和事件以及叙事都有一个有意义的时间维度。人们几乎无法想象发生的事件和行动没有时间维度。

　　现在让我们看看如何通过时间来克服距离所导致的伦理上缺

---

①　Augustine, *Confessions*, Book 11, pp.28-38.

②　简而言之,根据利科在《时间与叙事》(第一卷)中的说法,奥古斯丁将时间描述为神秘的,因为它既存在又不存在。这就引出了如何衡量时间以及如何思考时间的问题。

③　Augustine, *Confessions*, Book 11, pp.14-17.

④　Paul Ricœur, *Time and Narrative*, Vol. 1(Chicago: The University of Chicago Press, 1984), p.52.

乏亲密性和参与性。正是在这里，对食物生产或制作历史的"一瞥"，使自我体验发挥了作用。我们想象的情况是这样的，消费者可以不时地"瞥见"生产历史。通过记忆，不在场的可以被呈现出来。先前在场的"缺席"可以被召唤出来，成为"缺席"的"在场"。对于主体来说，缺席者是在场的，不是在空间意义上，而是在时间意义上，作为时间的重启。

　　在某一实际时刻，食物的生产历史会成为一种自我体验：缺席的完全被"在场"所吸引，缺席的变成了完全的"在场"。也许有的消费者会长途跋涉来到产地体验食物生产历史，后来甚至希望再次开启这样的旅程。但在我们的日常生活中，食物生产历史在空间上是缺失的，我们在地理上与它分离。然而，通过记忆，我们可以回忆起特定的生产历史，并将其与现在的时刻连接起来，与某种缺失的东西接近。我们所讨论的食物作为一个客体，作为一种留在感官和身体上的痕迹，重新开启了一段在时间和空间上遥远的记忆。记忆"跨越"时间和空间，能唤起经验的双重性：当前的时间及其直接环境中所有的感官知觉；时间对空间的占用，让空间与所记忆的事物的亲密性并存。可以说，我们"同时"在两个地方，即使它们确实在时间和空间上是分开的。当然，从物理上讲，同时在两个地方是不可能的，所以在某种意义上，距离是保持不变的。但是，当我们身体在"这里"的时候，记忆可以带我们到"别处"去，从而维持着一种"缺席"的"在场"状态。梅洛-庞蒂将其描述为意识的矛盾，或记忆无处不在却又仅存在于当下的悖论。①

食物作为一种痕迹,对感官和肉体都有刺激作用。它是一个与话语的、"科学"的内容说明相比更有力的中介。梅洛-庞蒂写道:

> 我和我的身体一起参与到事物中,身体作为一个肉身的主体(法语:sujet incarne)与我共存。而生活中的事物与科学所描述、所构想的事物没有任何共同之处。②

按照梅洛-庞蒂的说法,当我们感知时,并没有考虑到客体,也没有考虑到我们自己,而是把我们的身体与客体结合在一起。我们的身体对世界的认识比我们自己还多。③ 知觉是有离心力的,因为主体将他的注意力向外引向周围的环境。因此,理解一个事物总是要对事物进行建构,对事物进行实际的综合。④ 在德语中,知觉是"Sinn-gebung",赋予事物意义(Sinn 同时表示感知、意识、意义和理性)。知觉不是对外界印象的被动或客观的接受,而是对过去经验和现在时间的主观综合。这种意义上的感官知觉与食物包装上的

---

① Maurice Merleau-Ponty, *Phenomenology of Perception* (London: Routledge, 1989), p.331.

② Maurice Merleau-Ponty, *Phenomenology of Perception* (London: Routledge, 1989), p.216.

③ Maurice Merleau-Ponty, *Phenomenology of Perception* (London: Routledge, 1989), pp.238-239.

④ Maurice Merleau-Ponty, *Phenomenology of Perception* (London: Routledge, 1989), p.429.

内容说明是对立的,因为它不是客观性的,而是个人主观的。我们现有的感官知觉被个人以前的经历着色,也就是说,我们心灵中已经运行着一个生活故事,每一个感官知觉都将自己铭刻在先前感官知觉和经历的流动中。

前面提到的我们对食物生产历史的"一瞥",使伦理的亲密性扩展至伦理距离成为可能。在身体和感觉的外向开放中,存在着对世界的参与。食物作为痕迹给人一种感官和身体的联系,加强了对世界统一性的体验。

食物的痕迹是表象;它们再现了自身作为结果的食物的生产历史。正如我们在讨论生物学的出现时所指出的,符号成为一种表征的变化也意味着一种理智化。当我们提及食物生产历史时,我们不是用感官,而是用理智和理性去探讨。面对食物时,消费者从食物身上获取的生产历史包含着双重性认知:感官认知和反思。让食物身上痕迹的重新呈现诉诸理智,而对食物本身的鉴别诉诸感官。食物作为一种痕迹,同时是理性和感性的。对于食物伦理来说,食物生产历史可以被经历无疑是重要的,但要想理解生产历史中的伦理因素,食物伦理则必须是一种叙事。

5. 有影响的历史

解释学传统上关注的是文本的解释和阐述。它是一种人文主义的阐释艺术。对《圣经》的阐述,即释经,属于经典解释学,其方法论形成于 16 世纪,与宗教改革有关。① 随着德国浪漫主义哲学家弗里德里希·施莱尔马赫(Friedrich Schleiermacher, 1768—1834)强调个性和个人表达情感的可能性,解释学被扩展成人文学科中更普遍的关于"可理解性"的学说。伽达默尔也坚持按这个解释学的传统进行写作。在 1960 年出版的《真理与方法》一书中,伽达默尔将施莱尔马赫对生活情感而不是冷漠的理性主义的强调,描述为对工业社会入侵的抗议。我们也可以看到浪漫主义传统的解释学,它即使不是一项反向运动,至少也可以作为一种选择,来替代对启蒙主义、理性主义、实证主义和对自然科学的盲目追求。

伽达默尔将解释学应用到艺术和传统领域,他强调解释学是对文本、图片、或大体上说是对作品的理解。当解释学成为一门甚至能用于理解艺术的学科时,美学就同时成为解释学的重要组成部分。与施莱尔马赫一样,伽达默尔并不满足于此。他试图通过回到艺术家表达的本源,即回到创作者或艺术家,来理解艺术家表达作品的心理背景。正如伽达默尔所写,这暗示了一个历史维度。在施莱尔马赫那里,这个维度还没有被清楚地表达出来,但这是施莱尔马赫建立解释学的默认前提,(按照施莱尔马赫的话来说)是让迷失的人重新回到光明中。

对伽达默尔来说,作品产生的背景对理解作品很重要。一方面,他把解释学中的意识描述为一种熟悉与陌生之间的张力。试图理解的前提是存在未知的事物,而未知的事物或外域的事物,也有

① 关于解释学的历史发展,见汉斯-格奥尔格·伽达默尔的《真理与方法》的第 171 页及以下。

其自身的历史，我们必须以开放的态度对待它们；未知的事物必须先受到欢迎，然后才能被理解。另一方面，伽达默尔说，每一次经历都发生在一个已经有过许多其他经历的主体身上，对未知的感知不会发生在一个空的、没有准备的主体身上。伽达默尔用"偏见"（德语：Vor-urteil）这个词表达了这一点。通常，这个词有一个负面的光环，意思是过于草率或错误的判断（false judgement），但是伽达默尔指出这个词存在"合法"和"不合法"两方面的意思，并试图以此重建这个概念。前者是在最终判断前宣布的，即预判（pre-judgement，与虚假判断相对）。对伽达默尔来说，偏见代表了一种连续性，一种对已经发生的事情的保留。这种保留是无法逃脱的，尽管叙事经历了很多变化，而且在未来还会继续经历，但它仍然存在。[①] 这样，偏见就建立在叙事所设定的记忆和痕迹上。我们心中带着偏见，它们影响着我们对未知事物的体验。就像我们自己看到的地平线那样，它可大可小。理解在当下的开放和过去的偏见之间展开：

> 我们不应把"理解"看成是一种主观的活动，而应把"理解"看成是参与了一种传统的活动，一种以过去和现在为中介的持续传递过程。[②]

解释学的地位介于"过去和现在"之间，它的任务与其说是发

---

① Hans-Georg Gadamer, *Truth and Method* (London: Sheed & Ward, 1975), pp.270, 282.

② Hans-Georg Gadamer, *Truth and Method* (London: Sheed & Ward, 1975), p.290.

展一种实现理解的方法,不如说是描述理解何以发生的条件。①

伽达默尔用"有影响的历史"(德语: Wirkungsgeschichte)这个概念将理解与过去的事件联系起来。过去对意识的影响是指过去或历史形成的意识,在当下形成理解中起作用。尽管历史事件发生的时间距离现在很遥远,但我们仍然将其铭记在心并影响着我们对当前事件的理解。在我们的阅读中,有影响的历史反映了文本本身和当前阅读时间之间的紧张关系。"有影响的历史"与对情境的理解有关。伽达默尔说,这是人类的认知特点,他不是面对情境,而是身处其中去理解。一个人处在某种情境中时,既面对着某事,又带着自己的历史意识。

以上说法可以用一个阐述食物的例子来说明。对于我们脑中所有关于食物的故事,把它们看作我们与食物和食品本身关系的一部分是很合理的。这就是英国心理学家约翰·L.史密斯(John L. Smith)在《食物和饮食的心理学》(*The Psychology of Food and Eating*)中所阐述的。

借鉴利科的理论作为自己的起点,约翰·L.史密斯提出了自己的食物和饮食的推论式理解(discursive understanding)模型(见图1)。

---

① Hans-Georg Gadamer, *Truth and Method* (London: Sheed & Ward,1975), p.295.

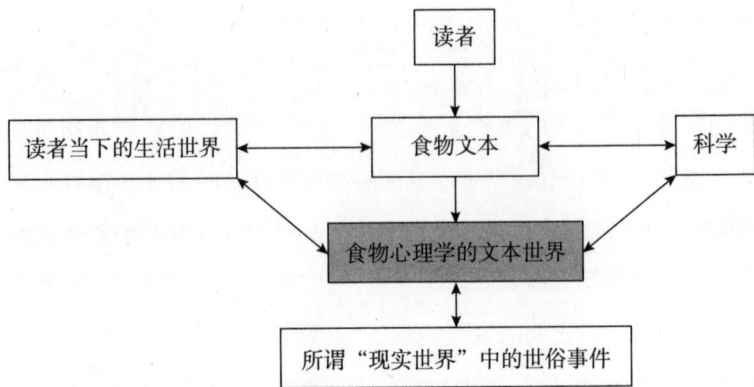

图 1　从心理学角度看食物的话语世界①

　　史密斯的模型是从心理学的角度分析人类对食物的理解。科学心理学(即图 1 中右端的"科学")采取的形式,部分是关于食物的科学文本,部分是关于食物的实验(经验心理学)。这里的重点是,从实验中获得的文本和经验有助于建立读者(这里是心理学家)对食物和食物相关话语的创造性理解。史密斯的模型是有趣的,因为它有条不紊地试图通过解释学的方法来看待问题,即从存在于过去和现在的单个部分建立理解,并将它们综合形成一个整体。

　　毫无疑问,书面文字影响了我们与食物的关系,但史密斯似乎陷入了一种推论式的研究方式,无法进入现象学和存在主义的食物关系中。诚然,史密斯在他的模型中处理了"所谓'现实世界'中的世俗事件"和"读者当下的生活世界"的关系,并赋予它们重大的意

——————

　　①　参见 John L. Smith, *The Psychology of Food and Eating* (Hampshire: Palgrave, 2002), p.203. 图 1 中右边的部分被简化了,在这里,史密斯区分了不同的心理学学科。

义——尽管他没有详细说明这个生活世界到底意味着什么。史密斯认为,在一天结束的时候,专业知识将是评估这一天"读者当下的生活世界"的最后手段。[1] 史密斯对生活世界的分析倾向于自然科学的客观性:那些吃东西的人被认为是孤立的,与他们周围的世界没有关系,就好像他们是在封闭的心理学实验室里进行研究的对象。他的分析缺乏对饮食与社会、空间(自然)、时间、感官和肉体以及存生的关系的反思。

之所以要注意解释学,当然是因为食物有自己的生产历史,可以用文字来叙述,作为内容说明中形式化信息的补充。对生产历史的了解为我们提供了一个机会,既可以减少信息量,也可以通过叙事让消费者参与到生产的伦理实践中。食物的生产历史,现在变成了一种叙事,在接受者中可以创造出新的理解,从而形成伦理观点的基础。食物的内容说明虽然过于简短而且有不少缺陷,无法作为伦理判断的基础,但可以被看作一种叙事。让我们想象一下,我们已经开始讲述一种食物的生产历史。如果不仔细,我们就会只是很快地列出一份事实清单,这些事实最多也就包含了养殖地点和方法、动物福利、加工、工作条件、环境认证和所含物质等。这无疑会让生产食物的故事从一开始就被技术上的细节所淹没,让我们不知道食物成熟所需的时间,以为几乎所有的食物都没有个性,缺少驱动故事发展的情节和叙事的凝聚力。这样的故事不会给我们留下什么印象,因为它排除了具有共情的洞察力和认同的可能性。相

---

① John L. Smith, *The Psychology of Food and Eating* (Hampshire: Palgrave, 2002), p.208.

反,这是一个乏味的技术细节说明,是使我们厌烦的故事。我们永远不会成为这个故事的一部分,因为我们不能认同其中扮演着任何角色的任何人。农夫和面包师可以是任何一个农夫和面包师,也可以是屠夫或烛台匠。

在食物说明里,食物的生产是一个没有时间发展的故事,它可以日复一日、年复一年地无限重复着。它也不占任何空间;它可以在这里,也可以在其他地方,因为它不受特定地点的限制。食物说明展现的是没有情节的历史。人、时间、地点和行为在食物的历史上起不到什么作用。无论生产工艺多么精细,其种植、加工和经销的历史都是极其平庸的,对我们毫无意义。

相反,你可以在一个真实的地方,甚至是附近,与真实的人实时地讲述一段食物生产的历史。如果要让这段叙事产生影响,叙事者必须知道食物生产和制作的历史。在超市里,营业员对消费者的帮助仅限于其在收银台付款时,通常不会有人知道超市里任何一件产品的生产历史。但当叙事者亲自经历或者由屠夫或渔夫叙述时,故事就会呈现出人们与生活世界的实际关系,我们将在第五章讨论这个问题。

去现场了解食物的历史将把我们带回以感官感受作为切入点,来了解食物生产和制作历史。通过对现场食物生产的叙事,食物的历史变成了一个故事。关于食物的故事与味觉的关系,一个事实是,故事不需要味觉。燕麦片不需要变成粥来讲述它的故事。这听起来也许很老套,但我们一会儿将回到这个问题做进一步的说明。事实是,食物的故事是独立于消费者而存在的。反过来,消费者可以在没有吃过或不打算品尝食物的情况下,在伦理上与食物的生产历史联系起来。相反地,食物的味道不需要有故事;我们也不能从食物的味道推断出它的生产历史。事实上,对于两种有迥然不同的生产历史的食物,其口感可能是相同的。

因此,如果我们只在一个方向上推进,就像单向交流一样,那么谈论味道和生产历史之间的联系就毫无意义。感官体验与叙事的结合只有在我们同时关注两者时才有意义,也就是说感官知觉和叙事必须同时存在才能相互影响。这是一种辩证关系,因为感官知觉和叙事是相互作用的。可以说,对历史的了解会影响味道,创造一种影响体验的情绪。反之亦然。味觉以及广义上的感官体验比其他任何东西都更能唤起记忆中储存的故事和信息。因此,食物成为自然(食物是人类培育出来的"自然")和社会空间相联系的一种纽带。但由于食物本身作为痕迹,并没有直接揭示其生产历史,在消费者看来这些痕迹表现得神秘而不可理解,消费者比较容易放弃追寻这些痕迹(背后的故事)。当然,还有很多人对食物价格低廉感兴趣——对"故事"(食物的生产历史)不感兴趣——因为他们负担不起。这当然包括许多消费者。

但如果我们坚持从食物的痕迹追寻历史,就像猎人循迹而行一样,我们将找到两个了解过去事件和历史的指南。对于任何希望按道德行事的人来说,这不仅仅是重构生产历史的问题。其目的是让消费者站在历史学家的立场上,对历史进行重构,然后对叙事进行解释。将历史重建为行动,我们可以对此从伦理上加以解释。

谈到历史的重构,史料编纂学利用了各种原始资料,从考古遗址里发现的垃圾和工具,到冰川和植物残骸,再到文献和档案等。这些原始资料是单独的,然后汇集成"集合"。法国历史学家米歇尔·德·塞尔托(Michel de Certeau,1925—1986)称这个过程为"数据的建构"(constitution of data),这些资料是以前行为的痕迹。① 原始资料的收集不仅是一个客观的过程,而且是历史学家通过他们对资料的选择或拒绝而施加影响的事情。根据塞尔托的说法,这些收集的材料创造或重新创造了历史。在创造历史故事的同时,历史学家也在创造一个新的现实。在重建过去的同时,我们也在重塑现在。

　　食物本身的痕迹与历史上大多数其他事物痕迹的区别在于,当我们孤立地看待食物时,食物本身并没有表现出任何自身特征;只有当它和其他原始资料一起置于一个"集合"时,食物才能成为痕迹。因此,食物需要多种原始资料,就像历史编纂学必须建立在多种原始资料的基础上,以建立一个连贯、可信的故事。通过与其他原始资料放在一起,痕迹揭示了自身的意义,痕迹被放入的信息集合可以包含文献和经验。我们不需要看到和亲身体验那些鸡蛋或这棵卷心菜是如何生产的。食物作为其生产历史的痕迹,重要的一点是,我们要么"瞥见"了它,要么有可靠的原始资料。在这里,我对"痕迹"这个词的使用与历史学家对文献等语言资料的使用方式不同。文献材料或多或少地直接指向自身并揭示其他东西,而在我的用法中,"痕迹"是记忆中的足迹,使缺席的部分出现。这种用法更接近考古学的用法,虽然不完全一致。个人的发现通常并不能直接揭示痕迹的意义,其重要性只有在一系列痕迹(实际上是一个集合体)共同形成一个完整画面的情况下才能被揭示出来。痕迹不是一

---

① Michel de Certeau, *L'écriture de l'histoire* (Paris: Gallimard, 1975), p.84.

种被揭露的真相,而是在精神上(对特定知识)的激活。食物作为痕迹不能揭示生产历史(因为我们要么知道要么不知道),但它能把我们的思想定位在一个特定的方向。

因此,对食物生产历史的"一瞥",无论是直接的还是间接的,对于伦理立场来说都是重要的。食物伦理使我们"遇到"了食物所涉及的人和自然,使食物成为过去事物(即食物自己的生产历史)的再现或痕迹。在伦理环境中,经验的力量在于它表明了直接性和亲密性:

> (我们)经历的每件事都是自己经历的,它的一部分意义在于它属于我这个自我的统一体,因此(这些经历)包含着与我这一生命的整体的明确而不可替代的关系。①

根据伽达默尔的论述,我们可以说在饮食中与食物的相遇是两种叙事方式、两种视野的相遇:一方面是食物本身的生产历史;另一方面是我们在自己经历的基础上,在思想和期望的基础上重塑故事。我们解释生产历史从而对历史产生影响。正是在这种双重的经验中,解释产生了。在某种意义上,伽达默尔提出的概念"预判"与我所说的个人生活故事相对应,而"预判"的基础是已经存在的生活经历和经历所带来的经验。如果我们尝试运用解释学的概念来"理解"食物——这在许多人看来是无稽之谈,但食物也象征着其生产过程中对自然、人类和社会所具有的意义——食物就必须被带

① Hans-Georg Gadamer, *Truth and Method* (London: Sheed & Ward, 1975), p.67.

入这个充满张力的领域,在这里两种视野相遇,个人的生活故事与
食物生产历史的痕迹相交汇。

随着我们对食物痕迹的追踪,生产历史在片刻间变成了"在
场",在短暂的"一瞥"中被记住,因为痕迹将我们的记忆引导至食
物的故事上,并提供了一个机会:让消费者行使道德实践。这一刻
我们与食物的亲密接触,让我们能生活在这个世界上, 给我们"生
命的感觉"。缺席者并不完全缺席;它在肉体上不存在,但在精神上
存在,因为食物曾直接或间接地被我们体验过,现在作为一种记忆
出现在我们的脑海里。

先前"瞥见"的生产历史与消费者自己的生活故事相融合,将
食物的历史嵌入消费者的故事记忆中。消费者会带着这种体验进
入和其他人的交往中以及他们周围的环境中。食物的消费与他人
的生活、与周围的自然有着直接的联系。"这个苹果是谁生产的?"
这个问题并没有凭空消失,而是可以通过具体的人和地理区域来回
答。当然,这样的追问并不能保证(让我们在伦理上产生对食物的)
关心和责任,但这是能够让消费者行使伦理关照和责任的首要条
件 。

如前所述,缺席者并没有完全消失在当下。这正是一个平衡的
问题,缺失的部分可以通过记忆呈现出来。保持距离,即保持我们
的当下与缺席者的距离是重要的,这为我们评估和解释生产历史提
供了新的维度。当体验转移到过去并写入某件已经发生的事情的
叙事时,我们就获得了与所经历的事物的距离。我们可以在叙事中
经历,也可以从中抽离,从远处审视这种叙事,从而更好地把握食物
历史的大致轮廓。因此,作为叙事的食物生产历史,离我们既近

又远。

6. 生产的历史和模仿

　　如果我们把食物的生产历史看作一种叙事,那么要理解叙事中的伦理,我们就必须问这样一个问题:食物的生产历史应该如何被讲述和解释。我将通过利科的《时间与叙事》中的论述来回答这个问题。在书中他把模仿的概念阐述为三个部分。正如亚里士多德所说:"模仿指的是戏剧动作的上演,是对人类行为的创造性模仿。"①利科讲述了三种不同形式的模仿,称之为模仿 I、模仿 II 和模仿 III②:

　　　　模仿 I 是叙事。叙事是在日常生活中就行动领域使用的,叙事所描述的材料由此获得。这是叙事的预想(pre-figuration),是对现实生活的前理解(pre-understanding)。我们在叙事中找到意义,只是因为我们已经熟悉了我们生活的日常世界中被赋予的意义,在叙事中我们意识到某人采取行动、设定目标、使用手段、享受

---

　　①　Paul Ricœur, *Time and Narrative*, Vol. I (Chicago: The University of Chicago Press, 1984), p.31.

　　②　本书对利科"模仿"概念的解释基于彼得·坎普的著作。Peter Kemp, *Tid ogfortœlling. Introduktion til Paul Ricœur* (Århus: Aarhus Universitetsforlag, 1999), pp.34-58.

成功或遭受失败等意味着什么。[1]

我们之所以理解这种叙事,是因为通过我们的实践经验,我们已经对这个概念的含义有了深刻的理解。丹麦人类学家玛丽安·霍斯达尔(Marianne Horsdal,1946—)从教育的角度写道,叙事能力的雏形早在童年时就已经获得。[2] 她的论点是,叙事的起源是身体性的,并与空间中的运动结合在一起。但人类的行动并不仅仅局限于空间和具体情境,它们还有一个时间维度。正如利科指出的那样,时间和叙事是密切联系的。在 1987 年出版的《女人、火与危险事物》[3]一书中根据亚里士多德关于叙事的相关论述,乔治·莱考夫(George Lakoff,1941—)指出,身体体验通常是作为开头(起点)、若干阶段(中间或转折点)和最终的结尾来进行的。[4] 即使是像喝一杯水这样非常简单的动作也遵循这个模式。起点是口渴,中间是

---

[1]   Peter Kemp, *Tid og fortælling. Introduktion til Paul Ricœur* (Århus: Aarhus Universitetsforlag, 1999), p.35.

[2]   霍斯达尔在《生活故事——一本关于生活故事和身份的书》(丹麦语:*Livets fortællinger — en bog om livshistorier og identitet*)中使用的"叙事能力"概念与模仿 I 密切相关。而在彼得·坎普的分析中,利科用它来形成叙事语句,并将这些语句放在文本中去理解,而不是堆砌句子。利科以此建立连贯,即塑型;最后通过戏剧化的方式解释历史事件[见 Peter Kemp, *Tid og fortælling. Introduktion til Paul Ricœur* (Århus: Aarhus Universitetsforlag, 1999), pp.41–42]。

[3]   英文书名为*Women, Fire and Dangerous Things*。中译本见:乔治·莱考夫,《女人、火与危险事物:范畴显示的心智》,李葆嘉、章婷、邱雪玫译,北京:世界图书出版公司, 2017。——译者注

[4]   George Lakoff, *Women, Fire and Dangerous Things* (Chicago: The University of Chicago Press, 1987), pp.275–278.

用水斟满杯子,最后是喝下去解渴。莱考夫的观点是,这种以开始、中间和结尾的方式来展开身体的行动经验(很可能是无意识的),被我们用来理解叙事,因为两者遵循相同的模式。经验告诉我们,行动不能彼此孤立,而必须相互关联,当前的行动建立在过去的事件上,并对未来的后果有影响。当某事失败或成功时,它也是一种身体体验。这样我们就可以了解伦理与叙事的关系。

> 模仿Ⅱ是一种创造性活动,它构成了叙事的"行动",使之符合亚里士多德所说的"必然性和合理性"。基于叙事者从一开始就设定的顺序,所发生的事情必须是一种必然的结果才能让我们相信它是"适当的"或"合理的"。正如我们在亚里士多德书中看到的那样,建立这种叙事顺序意味着有开头、中间(或情节的转折)和结尾。这是模仿Ⅱ的塑型……正是这种活动在历史和文学的写作中呈现出来。①

首先,霍斯达尔将叙事元素的顺序描述为一种选择和层次结构,其中必须提出的问题是:在我们叙事的内容中,必须包括或忽略哪些内容? 什么是重要的,什么是不重要的? 其次,故事的顺序必须有一个明确的体系,事件、人物、环境等必须按有意义的顺序呈现。坎普在书中写道,叙事不应该仅仅是对事件的罗列,这些事件必须被组织成一个可以理解的整体,必须能够跟上叙事的发展。最

---

① Peter Kemp, *Tid og fortælling. Introduktion til Paul Ricœur* (Århus: Aarhus Universitetsforlag, 1999), pp.35, 46.

后，利科指出，叙事中的行动必须被设置在一个时间框架内，通过
"诗意地"叙事，故事必须能够跨越时间在顺序和存在之间的
界限①：

> 模仿 III 完成了模仿的过程。在这个过程中我们不需要体验
> 文本的塑型，除非我们使用它。当我们"跟着故事"走的时候，就
> 会发生一些事情。通过叙事对我们生活的重塑，我们变成了"新
> 的人"……叙事打开了一个我们可以生活在其中的世界。它重建
> 了我们的行动领域。②

　　模仿 III 是我们与叙事产生的共鸣，在叙事中我们将自己置于
人物的位置，以便从他们的立场来体验世界。这就开辟了我们理解
世界的新视野和新方式。通过阅读，读者的世界与故事的世界相
交，两种视野相遇并融合。读者自己的视野不仅仅是他们自己的经
历，也包括他们之前读过的文本。虚构的故事与史学之间存在着一
种特殊的张力。后者从小说中借用创造性的想象来重建过去；而反
过来，小说从史学对历史的引用中借用其参考性动态，正如我们所
看到的，这些痕迹表明有些东西已经过去了；这样，故事就像真的发

---

①　Paul Ricœur, *Time and Narrative*, Vol. I (Chicago:The University of Chicago Press, 1984), p.128.

②　Peter Kemp, *Tid og fortælling. Introduktion til Paul Ricœur* (Århus: Aarhus Universitetsforlag, 1999), p.36.

生过一样被讲了出来。① 利科称之为"小说和史学之间的交叉引用"。

因此,模仿可以通过三个过程来描述:预塑(pre-figuring)、塑型(configuring)和最后的重塑或再塑(finally refiguring)。从叙事者的角度来看,预塑在过去展开(开头),塑型在现在(中间)和重塑在未来(结尾)。下面我将借鉴利科的模仿概念来研究这种对叙事的三重分析将如何有助于理解食物生产历史。在此之前,我们有必要先了解食物生产历史所处的情境,因为无论自我体验是直接的还是间接的,它都不是我们所面对的传统的作家——读者或演讲者——观众的情境。我们必须提出三个问题:谁在叙事? 谁在接受叙事? 讲述的又是哪一种叙事?

我们从最简单的一点开始。很明显,食物生产历史叙事的接受者是消费者。我的主张是,伦理对他们的影响可以通过对生产历史的"一瞥"经验来发挥作用。

那么叙事者是谁呢? 显然,消费者自身的食物生产体验将会为叙事的生产历史提供信息。事实上,作为目击者,他们自己在某种意义上成了那段历史的叙事者。② 当消费者体验食物的生产历史并使之成为自己生活故事的一部分时,他们既是叙事者又是观众。当然也有其他的叙事者。生产的"一瞥"自我体验让消费者与生产

---

① Peter Kemp, *Tid og fortælling. Introduktion til Paul Ricœur* (Århus: Aarhus Universitetsforlag, 1999), p.55.

② 这就是麦金太尔在《德性之后》中使用历史概念的意义,第215页写道:"我所称的历史是一种设定好的戏剧性叙事,其中的人物也是作者。"

者有了接触，通过他们的知识和日常管理，生产者可以充当叙事者和演员来对作为叙事的生产历史做出重大贡献。参观生产者的工作场所时，人们常常会遇见他们，仿佛他们是活生生的叙事者。

第三个叙事者是卖家。卖家对生产历史的了解是意料之中的，但并不总能找到——例如在超市里——如果消费者要相信食物的生产故事，么卖家的诚信对他们来说至关重要。

最后，还有一个问题，那就是要讲述哪种叙事。生产的历史故事讲述了食物是如何生产出来的、动物福利如何、屠宰条件如何、存在什么环境问题、工作条件如何、加工过程和运输如何等。因此，它是一种叙事，涉及过去的真实事件，类似于历史编纂学，而不是小说。但在这种情况下，用"叙事"来描述食物的生产历史并不是很合适，因为它不一定是通过语言表达出来的叙事。这是一种复述，并不总是需要语言。在应用所有的语言表述和开始耗时的反思之前，只要食物上的痕迹能够唤起记忆，让它进入我们的意识，食物历史的叙述就不需要语言。它就像一首我们熟记于心的歌曲，我们将它完整地延伸开来，唤起它特定的音调和氛围，聚焦于具有特色的特定段落。如果没有整体中的上下文，其他段落可能无法让人立即回忆起来（甚至当一个人已经记住了这首曲子时也是如此）。音乐家不能从一段音乐的中间开始演奏或演唱的情况屡见不鲜，比如从第37小节开始，他们必须结合乐曲的符号，把它作为整体的一部分来理解。这对于西方背景以外的音乐家来说尤其如此，他们不赞同将音乐整体划分为更小序列的分析方法。音乐家心中可能有一个关于整个乐曲的"全貌"，但更多的是一种整体感觉，而不是个别的细节。总的印象意味着不能进出所有的细节，因为这些细节是连在一起的,上一个为下一个铺路。通过某种类似的方式,那些人们事先知道其生产历史的食物(也许甚至是熟记于心的,就像音乐一样)可以被"唤起",这是因为人们对故事的整体有一种预先叙述的感觉。例如,当我们谈到鸡蛋,我们就会把鸡蛋和有关它的记忆联系起来,这也许是鸡舍里的母鸡和照料它们的农民的内在形象;这也许是从我们被告知其生产历史的片段开始的。这些场景代表了一个整体。如果我们想知道细节,我们就得演奏这首曲子,讲述这个故事。

一般来说,对食物的体验不过是一种总体印象,这种印象不涉及细节,但仍然具有重要意义。经验与记忆在身体和意识中聚集成故事和叙事,即使它们不一定是用语言表达的。经验也可以作为图片、动作、声音、感觉、氛围等被记住,但它们是叙事性的,因为它们包含了为此目的而成为语言的可能性。一旦一段故事被讲述和体验,它就不再需要文字形成有意识的记忆。一个简单的痕迹就可以衬托出叙事的整体性和想法。

因此,食物生产历史可以成为消费者自己生活故事的一部分。在任何情况下,它都可以与消费者生活中的故事相联系或相互交织,进入消费者生活的事件、情境、人物等的整体当中去。食物是一个始终存在的实体,又是一份"无声的文档",见证着空间上(对消费者来说)缺席的生产活动。因此,对于那些"一瞥"过食物生产历史的消费者来说,食物的生产历史是一个特殊的故事,因为它与他们自己的生活故事联系在一起。

回到模仿的概念,我们现在必须问的是,预塑,即模仿 I 是如何与生产历史联系起来的? 首先,这个概念是对什么是"叙事"的一般理解,因此它将为所有消费者所了解。在社会和人类的层面上,有理由假设，我们已经充分发展了认识食物生产历史的能力，因为我们熟悉叙事的意义。但是，在我们与自然、生产有机体的关系中，我们必须小心，不要假定消费者对实际生活有预先的了解。在丹麦这样的国家，85%的人是在城镇中长大的，自然和农业在日常生活中只占很小的一部分，很多人对自然和农业的亲身体验非常有限。在第一章中，我们看到了如何将食物伦理理解为消费者与生产者（包括农民）、消费者与生产有机体和自然之间的关系。因此，我们可以推断，食物生产历史中的消费者与上述三者的关系不会像社会关系那样能引起消费者的共鸣。

然而，根据北欧部长理事会 2001 年发布的题为《消费者的道德意识》(*Consumer's Sense of Ethics*)的报告，情况似乎并非如此。报告的结论是，消费者的道德观念很分散；生态学最接近人们对伦理的理解，尤其是对环境的关怀。人们通过消费表达社会关怀受到了阻碍，因为他们的关怀往往局限于近在咫尺的事物，难以扩大到更大的范围。正如我们看到的，这种分散是因为市场的复杂性使得消费者无法了解食物生产，这与他们以某种方式经历的生产历史形成了鲜明对比。在伦理分散的市场中，将对自然的伦理关怀表述为制定或多或少的生态规范，比实施对人的实际关怀更容易。这背后有几个原因。除了在复杂环境中长期存在的伦理问题，分散的市场主要关心的是赚钱，这意味着信任关系很难建立起来，分散的市场也很难关心或团结那些消费者不信任的人。在这种情况下，团结仍然是个人自己的事情。因此，体验食物生产历史的出发点不是分散的市场，而是密切的身体体验。我们对社会的关怀更可能优先于对生产有机体和自然的关怀。所以，在同等条件下，强迫儿童工作比强迫母鸡下蛋更糟糕。

在市场上,食物的内容说明提供了一些信息,但对食物生产历史的洞察不仅仅是一些信息,它也是一种叙事,消费者试图从中得出意义。在这里,我们也可以期望这种意义在社会领域比在自然界和生产有机体中更容易被看到,因为与后者有关的共同经验是以社会关怀为代价而减少的。对意义的期望产生于前一种语境,对于今天的消费者来说,期望主要来自社会语境。

预塑到此为止。那么,生产历史是如何被消费者塑型以及为了消费者塑型的? 如何创建出有助于将生产历史呈现为一种叙事的秩序? 在人生故事、自传或精神分析方面,消费者既是叙事者,也是接受者。无论谁在讲述自己的生活故事或生活的一部分时,都难免要同时对其进行解释——事实上,这种解释通常伴随着对内容的选择:包含或拒绝。在精神分析中,患者讲述自己的故事,分析者在解读其叙事时还要为患者进行解释和引导分析。

在食物生产历史的体验中,第一个重要的因素是舞台,即叙事人物的呈现,例如生产者,也包括消费者本身。我们需要了解叙事展开的场景,包括社会环境和自然环境。

食物的生产历史也是一个有组织的事件序列,不是在小说或戏剧的层面上,而更像是一个生活故事,因此它是真实的,而不是虚构的。我的基本假定是,"瞥见"获得的经验是道德行动重要的基础。因此生产历史,就像人生故事一样,对消费者来说是一种自我体验,成为他们自己生活故事的一部分。这也是一个双重叙事,无论多么微不足道,都与他们自己个人生活的叙事融为一体。

汉娜·阿伦特将"事件"定义为打断常规过程和程序的事件。[1]
在这个意义上，对生产历史的"一瞥"可以说是一个特殊的事件。这
个事件虽然不是决定性的时刻，但又不同于日常的例行公事，而是
更容易被记住。

霍斯达尔认为，生活中的故事的结构不如文学作品那么有条
理；材料的选择很少得到精心考虑，很容易出现巧合。它们不一定
是按时间顺序排列的，而且联想很可能将叙事引向没有真正的开
头、中间或结尾的双重叙事。[2] 对食物生产历史的"一瞥"也是如
此，消费者并不知道整个故事，只知道其中的片段。在这种情况下，
生产者与消费者的面对面会见是至关重要的，这会让消费者对故事
有一种整体的感觉。其中的部分原因是生产者可以叙述出消费者
看不到的食物生产等领域的故事；部分原因是生产者的存在可以营
造出一种信任的氛围——也可能营造不出这种氛围，要视情况
而定。

食物的生产历史会有各种各样的叙事者，有些是消费者的自我
体验，有些是生产者或卖家讲述的，这些讲述的故事往往没有单一
的开头、中间或结尾，而是几个故事相互交叉、融合。为了避免这些
故事听起来像一个列表的陈述那样喋喋不休，讲述食物生产历史必
须保持叙事性。对生产历史的"一瞥"经验让消费者有机会自己讲
述故事，消费者可以创造开头、中间和结尾，从而自己选择重要的内

---

① Hannah Arendt, *On Violence* (New York: Harcourt Brace Jovanovich, 1969), p.12.

② Marianne Horsdal, *Livets fortœllinger—en bog om livshistorier og identitet* (København: Borgen, 1999), p.114.

容，以便能够让构建出来的生产历史成为一个可以理解的整体。将食物的生产历史构建成一种叙事，而不仅仅是一个列表，是一种以牺牲技术细节来强调伦理意义的尝试。

现代食物生产是一项复杂的业务，问题是消费者是否愿意了解食物生产中涉及的复杂过程，比如酶的使用和基因技术的实际内容。复杂性是食物伦理最大的敌人，因为它使道德行为变得不可能，任何行为的后果也因此变得不可估量。因此，食物制造得越多，人们就越难对其采取伦理立场，因为这对个人知识的要求也会相应增加。随着在叙事中的参与者以及单个独立的故事越来越多，故事会变得越来越难以想象。这个过程越复杂，人们就越难从伦理的角度选择重要的事件和描述。正如今天的市场是如此复杂，以至于它在伦理上显得很分散，就像一个没有开头、中间和结尾的故事。要想让消费者看到食物伦理，其中绝对的核心是生产历史能够采取叙事的形式。然而，这并不意味着生产历史不能承受一定程度的复杂性，也不意味着我们应该回到150年前的乡村厨房——它是如此简单，以至于几乎被认为不够复杂。通过放弃不必要的信息，可以减少复杂性，这确实是大多数时候制定标签的原则——尽管对消费者来说，绝不隐瞒任何信息很重要。知道是谁选择了这些信息以及选择的依据是什么，能够增加消费者的信心，尽管消费者可能不会提出此要求，因为这会迫使生产者提供全面的信息。

消费者将自己嵌入与生产故事的特定时间关系中。"瞥见"的经验意味着生产不仅存在于时间顺序中，而且存在于我们所存在的、所经历过的时间中。尽管消费者本人并没有出现在实际的生产现场，但是他们仍然可以体验，就好像自己曾经经历过一样，这是因为消费者知道，这一食物正是以他们瞥见的生产方式相同的方式生产的。

让我们重温叙事以便恰当地使用它们。叙事通过重温而变得恰到好处。在重塑的过程中，我们重新认识自己："叙事是一种邀请，让我们把自己的事件看成是……"①霍斯达尔写道：

> 对生活的叙事是一种重复，是对事件路径的再现，它试图通过选择、划分层次和排序，从而创造情节——从一个特定的叙事位置划定事件的进程，来反思性地赋予它意义。当我们试图想象未来会发生什么事情时，我们会根据我们在叙事位置中所拥有的经验，在想象的场景中测试各种塑型。②

在这里，霍斯达尔认为，重塑不仅仅是基于过去或虚构叙事对我们生活进行重新定位，而且是回到我们的过去，看看这个故事是否可以用另一种方式讲述。有人可能会反对说，重塑一直是这样，因为它与所说的东西有关；换句话说，重塑针对被视为好或坏的行为采取了一种立场。这当然是真的，但是在自我体验的叙事中，当叙事者和解释者重合的时候，当一个人同时是作者和读者的时候，我们更应该思考这个叙事是否可以或者应该以另一种方式发生。

---

① Paul Ricœur, *Time and Narrative*, Vol. I (Chicago: The University of Chicago Press, 1984), p.155.

② Marianne Horsdal, *Livets fortœllinger—en bog om livshistorier og identitet* (København: Borgen, 1999), p.39.

食物生产历史的叙事在不断变化,因为它是根据我们自己的生活故事的发展来叙述的,这为过去提供了新的理解和视角。作为叙事者,我们必须考虑我们叙述的新版本在多大程度上是对实际发生的事情的重复或重新解释。从伦理角度来看,关键的一点是,通过对生产历史的复述,消费者会问自己,哪些事情可以或者应该以不同的方式做得更好。通过重塑与塑型相结合,让我们看看过去是否可能有所不同——因为它无法改变——以及是否可以通过可能的生产变化来更好地为未来的叙事塑型。

第五章

作为痕迹伦理学的食物伦理

　　我们可以把食物作为其生产历史的痕迹来呈现,也可以不这样看待食物,这要视情况而定。食物对消费者来说在某种意义上是陌生的,消费者需要意志力和洞察力才能将它们视为痕迹。尼采有一段稍显不寻常的话,提醒我们,不仅要看到事物的本来面目,而且要学会从一个特定的角度看它们:

　　　　一个人必须学会去爱——在音乐方面,我们会遇到这样的情况:首先,我们必须学会听音型①和旋律,去发现和区分它,把它作为一个生命本身加以分离和限定;然后,我们还需要努力,并怀着善意来经受它,尽管它是陌生的;对它的形态和表现方式要有耐心,对它的古怪要有包容心和善心。最后,当我们习惯它的时候,当我们期待它的时候,当我们意识到如果失去了它,我们就会若有所失的时候,于是,现在它持续不断地压迫我们,使我们着迷,直到我们成为它那卑微而为之痴狂的情人,不再想从这个世界上得

---

　　① 音型,英文为 figure,指具有一定特性、能表达出某种情绪或意境的音乐形象。它主要表现在节奏和伴奏部分,往往反复出现,贯穿全曲,具有统一乐曲格调的作用。例如大秧歌、进行曲、藏族民歌、劳动号子、圆舞曲、船歌等,都有它们各自独特的节奏音型。——译者注

到比它更好的东西。但这种情况不仅发生在音乐上。正是以这种方式,我们学会了爱我们现在爱的一切。我们对陌生事物的善意、耐心、公正和温柔最终总会得到回报,因为它逐渐揭开面纱,呈现出一种新奇的、难以形容的美。这是对我们盛情款待的感谢。即使是爱自己的人也会以这种方式学会爱——除此以外,别无他法。爱也是必须学习的。①

了解食物的生产历史也是一样:必须学习。一方面,我们当然需要意识到食物实际上有生产历史,尽管光知道这点是不够的。因为我们也需要敞开心扉去面对那段历史,为它腾出空间,认同它的人物、它的行为和它的后果,等等。但由于这段历史不是不言自明的,它需要消费者用一定的善意来了解它。最后,当熟悉食物生产的历史时,消费者就会与生产者产生共鸣,并理解他们的动机,甚至可以看到行动在生产中呈现的后果。一些消费者对生产的历史了解得如此透彻,以至于当历史不像他们预期的那样显现时,他们会感到惊讶;事实上,他们甚至可能会"想念"这段历史,因为他们已经开始欣赏它了。

另一方面,我们也可以反其道而行之;我们可以忽略食物的痕迹,实际上宁愿保持无知,从这个意义上说,消费者不希望采取立场的行为就是"不道德"的行为。因为我们选择不去了解,甚至拒绝承诺去做出选择。当然,在某些情况下,我们无法就某一特定的生产历史做出合乎道德的判断,因为这样做要么是不合适的,要么不会

---

① Friedrich Nietzsche, *The Gay Science* (New York: Vintage Books, 1974), p.334.

让目前的情况变得更好或更新奇。如果我们坚持认为食物伦理必须在我们吃的所有东西中发挥作用，我们就很容易激怒自己和他人，因为我们各自对这个主题有不同的观点和看法。

因此，当我们发现自己扮演购物者的角色时，食物伦理就扮演了一个特殊的角色。因为正是当我们在商店购买食物时，食物伦理才是值得考虑的。所以，从消费者的角度来看，食物伦理是与特定的情况、身份联系在一起的——不是作为有人陪伴的用餐者，而是作为食物的购买者。

尽管我们对食物本身的生产历史一无所知，但它们总是会留下自己的生产历史的痕迹，因为像大多数事物一样，它们总是会留下它们的来源的痕迹。当然，我们对一个物体的观察，比如一种食物，本身并不能使我们立即回忆起它的生产历史；要实现这一点，需要两个特殊的触发因素。第一个是我们在过去与那个物体的关系，即我们之间的一段共同的历史或经历。第二个是我们与我们所认为的历史的来源或材料的关系，如过去时代的文献、考古物品（人类活动的痕迹）和生物体或地质发展（自然的历史、生物的进化）的遗迹。仅仅通过观察这些东西，我们就会立即把它们和我们的历史认知联系起来。

相反，我们很少倾向于在周围的日常用品中看到历史维度，因为它们主要是用来"使用"的。马克思写道：

  根据小麦的味道，我们尝不出它是谁种的，同样，根据劳动过程，我们看不出它是在什么条件下进行的：是在奴隶监工的残酷的鞭子下，还是在资本家的严酷的目光下；是在辛辛纳图斯耕种自己的几亩土地的情况下，还是在野蛮人用石头击杀野兽的情况下。①

　　我们所讨论的日常用品首先是在此时此地、在当下有目的地使用的工具和设备；消费者在使用它们之前不需要研究它们的历史。然而，将来的人会对它们的历史感兴趣，即使我们纯粹是为了构成现在和将来而考虑它们。就像日常用品的特性遮蔽了它们的历史一样，我们现在对食物的食用和为了将来而对食物进行的储存也掩盖了食物的生产历史。我们首先关注的是消除我们现在和将来的饥饿感，只有在此之后才会关心我们的审美情趣。在这个层面上，历史几乎不是问题。

　　特别是饥饿让我们忘记了食物的生产历史。但是，只要有足够的食物，对饥饿的存在性恐惧和对眼前需要的关注就有可能让位于对他人的关心，这种关心超越个人的自身，延伸到他人的身上。

　　如果要使食物不仅仅表现为其生产历史的微不足道的痕迹，就必须与它们的历史建立一个触发联系。这种联系必须是在时间和空间上的一种展示，食物生产历史的展示需要时间和空间。一方面，在某种意义上，痕迹就像一个符号；它不会立即揭示其隐含的意义，但可以通过先前具备的知识来破译。如果接受者不知道这个符号的意义，那么这个符号对他来说就毫无意义了。另一方面，对于理解符号含义的接受者来说，一种联系将被建立起来，指向一个特

---

① Karl Marx, *Capital, Pt III, The Production of Absolute Surplus-value*, ch. VII, The Labour Process and the Process of Producing Surplus-value, sec. 1.

定的呈现,一种重新呈现。就像我们看一个人的照片,如果看的人与照片里的主体有关系的话,这张照片才有特殊的意义。

在这一章中,我希望把重点放在如何与食物的生产历史建立这种联系,在消费者中为食物生产历史创造一种身份,并调解其与自然的关系。然而,在这样做之前,有一个迫切需要考虑的问题:我们如何信任痕迹? 换句话说,当痕迹被作为中介,向消费者呈现一段生产的历史时,这段生产历史是值得信赖的吗? 或者,这仅仅是一个错误的痕迹,将我们引向错误的方向?[①]

1. 食物生产历史的可靠性

食物在市场的背景下发挥其功能——食物被交易。在社会学意义上,"现代性"的特征体现为从 17 世纪末开始的欧洲贸易的迅速增长。就这一层面而言,食物是"现代的"。食物作为一种交易对象,对人与人之间的关系起着重要作用,对社会经济也起着至关重要的作用。交换是现代社会的基础,因为它创建了各有关方面之间的关系,从而形成一种特定的社会秩序。在自由主义传统中,买卖

[①] 这段话说得比较隐晦,其实就是我们平常所说的"挂羊头卖狗肉"的意思:当我们在市场上看到这块肉,通过伪装痕迹呈现给我们的是"羊",我们判断这块肉曾经是长在活"羊"身上的,但这个痕迹却给了我们一个错误的信息。作者在考虑,现在的商家或者食品加工业非常善于伪装食物,我们应不应该根据食物上的痕迹对食物进行判断。——译者注

双方的商业关系原则上是双方都为自己的利益行事的关系，①双方都从交易中获益，因此均感到满意。人们在达成协议方面有共同的利益，但在确定价格方面却存在利益冲突。最常见的情况是，卖方最了解产品是如何制造出来的，以及各个制造过程的成本是多少。卖方可以通过提高价格（但这样也可能限制了销量）或降低生产成本来增加利润。此外，正如我们所看到的，廉价对消费者来说是重要的，他们害怕因为无知而被欺骗。同时廉价也是生产者提高销量的一个决定性参数。当消费者知道他们是在一个自由市场里和自由竞争的环境里进行交易，而且廉价是决定销量的关键因素时，消费者就有充分的理由假定生产成本已被最小化。这当然是一个合理的原则，消费者也必须支持这个原则——但仅在特定范围内。这就是消费者所面临的担忧和道德困境的核心：一方面，生产必须是合理的和具有成本效益的；另一方面，生产者也应该对他们的产品给予道德上的关注。这两个原则将消费者拉向相反的方向：在考虑得太少和太多之间找到适当的平衡构成了食物伦理的实践主题。

食物之所以可以作为一种社会关系表现的痕迹，是因为我们知道，食物生产的历史涉及工作的人。消费者进行道德选择的前提一定是关心或者声援生产者或参与生产的劳动者。如果一个人对他们漠不关心，就没有必要对他们进行道德反思。利科在《作为一个他者的自身》（*Oneself as Another*, 1990）中对道德的定义是——这个定义我们在前言中已经介绍过——"在公正的制度下为了他人和与

---

①　参见 Barbara A. Misztal, *Trust in Modern Societies* (Cambridge: Polity Press, 1996), p.33.

他人的美好生活"。① "为了他人和与他人"意味着美好生活是在一个(人们之间具有)亲密关系的社会环境下实现的,而"制度"是指人们在社会中有组织地生活。对"团结"的基本理解应该是,一个人不是孤身一人,而是与其他人一起存在于各种环境中。

但是,作为消费者,我们是否需要对食物生产表示声援呢?我们能不能把这个问题留给那些对食物生产有更好判断的人?消费者对自己表示声援还不够吗?

有几个原因可以解释为什么最后两个问题的答案是否定的。首先,纯粹是出于自身利益的原因。我们可以肯定地计算出,如果我们想要某种质量的食物,就必须给农业工作者和其他食品制造商提供条件,使他们能够根据质量和道德标准进行生产,而不仅仅是为了廉价。因此,消费者和生产者之间存在一种相互依赖的关系。复杂性是食物伦理必须克服的第一个障碍,而"一瞥"生产历史的目的正是要减少这种复杂性,从而使相互依赖变得可见。

因此,消费者与生产者团结一致是有道理的。现在的问题是,消费者如何承担具有实际后果的责任?他们的工作不是生产或组织生产,因为作为消费者,他们不参与生产,而是与生产分离。他们唯一的责任是能够说:"是我在消费以这种或那种方式生产出来的食物。"消费者和生产者之间的相互依赖意味着,消费者不可能没有任何责任,尽管不可否认,他们不能承担全部责任。消费者正是通

---

① Paul Ricœur, *Oneself as Another* (Chicago: The University of Chicago Press, 1992), ch. 7. 中译本见:保罗·利科:《作为一个他者的自身》,佘碧平译,北京:商务印书馆,2013。

过成为消费者而与产品及其历史联系在一起。我们在第一章中看
到,共同进餐可以是建立社区或友谊的一种无与伦比的方式。食物
是共享的,关怀是在一个社会背景下表现出来的,所有的用餐者都
参与其中。在这里,人们不吃别人(因为我们不是食人族);我们分
享食物,彼此关怀。被讨论的食物都将人们的注意力引向这样一个
事实:一个人不是独自进食,而是在一定的社会背景下进食。

现在生产者和消费者当然不会一起吃饭,消费者的道德也不能
通过这个途径和生产联系起来。然而,在某种意义上,两者都在餐
桌上"出现"了,消费者因生产者的生产而出现,而生产者通过消费
者所支付的费用而出现;所以即使他们不在同一个分支机构工作,
他们在某种程度上也是餐桌上的同伴。英语中的"同伴"(com-pan-
ion)一词和法语中的"同伴"(co-pain)一词都源于拉丁语,意思是
"一起吃面包的人"。① 把消费者和生产者看作"同伴"是不寻常的。
因为在市场上,一个人的"肉"往往是另一个人的"毒药"②。但在食
物伦理问题上,认识到消费者和生产者在某种意义上是"一起吃面
包的人"是很重要的。拒绝分享就是排斥道德。

因此,消费者构成了生产环境的一部分,他们有充分的理由对
生产环境表示声援。问题是,消费者缺乏对生产历史或过程的整体
观,因此经常要参考生产历史的其他中介才能了解生产的历史。对

---

① Peter Farb and George Armelages, *Consuming Passions. The Anthropology of Eating* (Boston: Houghton Mifflin Company, 1980), p.4; Leslie Goften, "Bread to Biotechnology; Cultural Aspects of Food Ethics", in *Food Ethics*, ed. Ben Mepham (London: Routledge, 1996), pp.121-122.

② 这里作者用"肉"比喻获利,用"毒药"比喻利益受损。——译者注

这段历史的"一瞥"式的自我体验,为我们了解食物的生产历史提供了一种感官维度,可以提高消费者对生产历史的信任度。但在生产历史中有许多因素是消费者无法评估的,他们必须参考他人的陈述。一般来说,消费者无法评估什么构成了理性、高效、专业的生产。然而,人们对生产实践的伦理反思往往会诉诸对"美好生活"的普遍理解,例如生产工人的工作条件和动物福利。在权衡什么是"合理"的生产时,对他人提供的信息和陈述的依赖程度取决于两个因素的平衡:效率和道德关怀。由于消费者缺乏生产者的第一手知识和专业知识,参考他人的意见就成了评估消费者的一个基本条件。

这反过来又提出了信息来源的可靠性问题。消费者能相信(别人或其他中介)所提供的信息是正确的吗? 这个问题的答案在很大程度上取决于谁是信息的发送者。也就是说,在现实中,消费者可以信任谁? 信息的可靠性是通过对发送者的评估来决定的。在食物伦理中,信任是一个关键概念,因为消费者倾向于依赖他们所信任的来源提供的信息,而排斥他们不信任的来源提供的信息。消费者对信息的评估是不平等的,这取决于信息的来源和消费者对信息的了解程度。因此,对消费者来说,知识和信任是紧密相连的。然而,信任不仅与消费者对消息来源和所提供信息的可靠性的评估有关,而且与他们自己的知识多少有关。没有不确定性或无知,信任的概念将是多余的。齐美尔在他的《货币哲学》(*The Philosophy of Money*, 1900)①一书中写道,无所不知的人不需要信任。另外,需要

---

① 中译本见: 齐美尔:《货币哲学》,陈戎女译,北京:华夏出版社,2002。

一定的知识或熟悉程度来展示消费者的信任。信任是从现有的证据中推断出来的,因此是已有知识和无知的混合。

对"信任"概念的分析为数不多。但是德国社会学家尼克拉斯·卢曼(Niklas Luhmann, 1927—1998)在他的论文《信任:一个社会复杂性的简化机制》(*Trust. A Mechanism for the Reduction of Social Complexity*, 1968)中进行了非常深刻的分析。正如标题所示,他的核心论点是:"要简化以或多或少不确定的复杂性为特征的未来,就需要信任。"[1]在卢曼后期的作品中,他从另一个角度提出,降低复杂性是至关重要的,因为我们不可能对所有事物进行交流、了解。例如,对于政治、生态、法律和媒体,必须降低"现实"的复杂性,使其易于理解。当一个问题显得如此复杂,以至于需要付出异于寻常的努力来理解它或收集足够的相关信息时,我们总是倾向于把这些辛苦的工作留给其他人,并相信其他人可以做得比自己更好。这解释了为什么信任在现代社会中变得越来越重要。由于科学和技术显然不能使事情处于控制之下(这可能使信任变得多余),用"控制"取代"信任"是不可能的。相反,现代社会对信任的需求越来越大。[2]

在卢曼看来,表现出信任或许会导致一种很基本的情况出现:信任可能被滥用。的确,这种情况出现的可能性相当大,况且其中

---

① Niklas Luhmann, *Trust. A Mechanism for the Reduction of Social Complexity* (Chichester: John Wiley & Sons, 1979), p.15.

② Niklas Luhmann, *Trust. A Mechanism for the Reduction of Social Complexity* (Chichester: John Wiley & Sons, 1979), pp.15-16.

还潜藏着"巨大的利益"。① 无良的生产者会通过欺骗消费者获利，例如非法降低生产成本。这当然也冒着被揭露和处罚的风险。信任只会在以下情况出现：当参与的伙伴意识到有机会破坏信任，但他们却拒绝这样做的时候。② 从前面几章可以清楚地看出，食物市场往往是由不信任而不是由信任主导的。占主导地位的不信任使生产者和消费者解除了双方之间的社会联系和道德义务，给予他们只按自己的利益行事的自由。在以不信任为主导的情况下，人们可以预料到利己主义将会盛行，这不可避免地会让他人失望。在这种情况下，复杂性将重新回到食物系统的参与者及其行为当中，因为他们不再能够通过信任的方式来减少或简化复杂性。由于不信任，参与者对更多信息的需求又回来了。因此，彼此不信任的人们就面临着复杂的现代性所固有的一项任务：收集和重新挖掘信息。信任的破坏也常常导致处罚、反处罚等情况出现，战斗、储备动员或放弃的策略让一些基于不信任的行为成为可能。③ 消费者对特定产品的处罚可以看作一种放弃战斗的策略，从而也是不信任导致的策略。生产者和零售商把"廉价"作为一种作战策略，他们的敌人是相互竞争的其他生产者和零售商，最终的输家却是所有人：消费者、零

---

① Niklas Luhmann, *Trust. A Mechanism for the Reduction of Social Complexity* (Chichester: John Wiley & Sons, 1979), p.42.

② 这句话是指，一方在意识到他的合作伙伴有违约的可能时，却不予追究。这样，一方面让失信的可能性存在，另一方面却相信合作伙伴会遵守承诺。这就是信任。——译者注

③ Niklas Luhmann, *Trust. A Mechanism for the Reduction of Social Complexity* (Chichester: John Wiley & Sons, 1979), p.71.

售商、生产者、动物和环境。

让我们再次回到卢曼对信任的分析。他的方法是实事求是的，有时看起来近乎不人道。他没有从感同身受的角度看待信任，也不像芭芭拉·米斯兹塔尔（Barbara Misztal）在她的《现代社会的信任》（*Trust in Modern Societies*）中那样，把信任看作一个团结问题。卢曼说，信任是一种对信息和控制的有意识放弃。询问详细的信息与信任的风格相矛盾：询问是建立信任的最后手段，因为直到此时仍没有决定性的证据可以使人信任。① 信任和不信任以一种难以追溯具体原因的方式强化了现实。出于这个原因，卢曼指出，信任建立在幻觉之上，因为在现实中我们没有足够的信息可以为采取行动或取得成功提供充分的依据；但我们仍然选择相信（或信任）无论如何事情都会好起来的。信任意味着故意忽略信息的缺失。信任建立在信任者已经熟悉该事物的某些一般特征，即已经被告知的基础上——无论被告知的信息是多么不充分和不可靠。如果我们掌握了所有必要的信息，这种自愿的冒险本可以避免。信任是一种跳入未知世界的行动，是一种意志的行为，因为我们可以选择信任或不信任某人。通过引入信任，某些必将发生的场景被排除在考虑之外，某些无法消除但不应扰乱行动的危险被中立化了。②

当我们信任的时候，我们相当于承认了自己的弱点，这些弱点

① Niklas Luhmann, *Trust. A Mechanism for the Reduction of Social Complexity* (Chichester: John Wiley & Sons, 1979), p.26.

② Niklas Luhmann, *Trust. A Mechanism for the Reduction of Social Complexity* (Chichester: John Wiley & Sons, 1979), p.25.

正是建立信任关系的工具。表现出信任会暴露我们对他人的依赖，也会让我们受到不公正对待。同时，任何想要赢得信任的人，都必须能够接受他人的期望，并按照这些期望行事。我们必须能够将他人的期望融入我们的自我表现中。①

我们不可能对仅仅按照规则或命令行事的人表示信任。要让我们表现出对某人的信任，就要求被信任的人必须能够脱离规则和秩序。这需要被信任的人具有灵活性，他们必须保持自由决定的权利，但同时能够将他人的期望纳入自己的行动中。

让我们回到食物的生产历史和在这段历史中应该信任谁的问题上，进而判断哪些信息是真实的。从卢曼的解释学分析中，我们可以找到一些思路。作为消费者，我们不可能了解关于生产历史的一切；事实上，消费者大多没有办法评估生产者或零售商所提供信息的真实性。因此，消费者必须对所使用的信息来源进行选择和辨别。这反过来又要求消费者首先要有一定的先见之明，才能评估信息来源的可信度。这些"先见之明"的知识可以以两种形式呈现：对参与生产历史的人的了解，即个人信任；或者是对组织或系统的了解，即系统信任（a system trust）②。个人信任建立在个人关系的基础上，而系统信任往往建立在事实和技术专长的基础上，例如系统的内部规则或控制机制。在不可能面对面地互相了解的情况下，系

---

① Niklas Luhmann, *Trust. A Mechanism for the Reduction of Social Complexity* (Chichester: John Wiley & Sons, 1979), p.62.

② 系统信任，原文为 a system trust，也可译为"制度信任"。由于上下文更多是在讨论基于食物的系统，因此本书中译为系统信任。——译者注

统信任可以替代个人信任。英国社会学家安东尼·吉登斯（Anthony Giddens, 1938— ）认为，时间与空间的分离、社会关系与当地语境的"脱离"（也称"去脱嵌"）是现代性的一个本质特征，这也是需要和产生系统信任的条件。[1] 由于我们不再受当地时间和地点的束缚，我们被迫依赖于抽象的系统。

　　然而，系统信任的概念可能还有另一方面。尼采指出，缺乏诚实和正直是建立系统的基本动机。[2] 当然，并不是所有的系统都是为了打击诚信缺失而建立的；我们必须假设，尼采特别考虑到了法律体系。但是，还有很多其他类型的系统可能是因为失信而建立的。从某种意义上说，食物生产就像一个系统，构建它不是为了对抗诚信缺失，而是为了使食物生产实践合理化。然而，建立这种复杂的食物生产系统似乎也是一个把诚实和正直推到一边的好办法。今天，消费者在个人信任和系统信任之间别无选择；他们不得不选择后者。虽然"信任"不是最恰当的词，因为在许多情况下，食物市场更多的是以缺乏信任为特征，即对食物系统的不信任。内部控制和外部监控是提高系统用户对系统信任的不可或缺的手段。这种控制和监控必须包含强烈的不信任或怀疑的成分，否则就没有必要进行监控。系统和组织总是对员工的行为进行某种内部监控。当

---

① Anthony Giddens, *The Consequences of Modernity* (Cambridge: Polity Press, 1990), pp.17-21.

② Friedrich Nietzsche, *Twilight of the Idols or, How to Philosophize wirh a Hammer* (Oxford: Oxford University Press, 1998), p.8: "我不信任所有的系统主义者（systematists），并避开他们。创立系统的意愿（the will to system）是一种缺乏诚信正直（integrity）的表现。"

控制和监测系统不能正常工作时,当它们不能为消费者所理解或与它们所监测的系统相比不够独立和公正时,对系统的不信任就会出现。

就食物市场而言,要像卢曼在其关于信任的书中所说的那样,在个人信任和系统信任之间做出如此明显的区分,似乎值得怀疑。诚然,他注意到个体间的相互关系和依赖会激发信任,但他没有进一步思考个人信任和系统信任之间的关系。这些信任都不是相互独立的。就食物而言,很明显,对系统的信任或不信任,可以通过与食品生产公司代表的个人接触而加强。吉登斯也用"接入点"(access points)的概念来指代这一点。"接入点"指的是外行的个体或集体与抽象系统的代表之间的连接点。"这是面对面或非面对面承诺的会面场所。"①因此,代表的个人风格对于用户如何体验系统的可靠性是至关重要的。实际上,在这些"接入点"所发生的是,对系统的信任被个人信任取代——只不过作为食品公司的代表,他们不仅代表自己,还代表一个系统。

个人接触基于身体肉体性和自我体验。就社会学而言,个人信任不同于对系统的信任。社会关系无论好坏都增强了相互影响的可能性。卢曼写道,当参与者知道他们一定会再次见面时,信任关系就会找到有利的土壤。② 对于列维纳斯来说,当我们面对他人

---

① Anthony Giddens, *The Consequences of Modernity* (Cambridge: Polity Press, 1990), p.83.

② Niklas Luhmann, *Trust. A Mechanism for the Reduction of Social Complexity* (Chichester: John Wiley & Sons, 1979), pp.36-37.

时,有一种关心他人的道德诉求。个人信任不仅建立在先前的信息上,还建立在对方的外表上,建立在他或她的风格和性格上。我们在这些想法是否值得信任方面的判断力可能有高有低,这当然是我们在任何一种信任中所面临的风险。

参与者之间的直接接触、面对面的会谈,不仅促进了信任关系(与系统信任相比),而且更容易将他人的期望融入自己的行为中。这使得食物生产者或零售商更容易按照消费者的期望来经营他们的生意;反过来,消费者也更容易理解生产所处的条件。

总之,我们可以说,在食物市场上,个人信任与系统信任是相辅相成的。通常情况下,消费者不能只依赖其中一种。把个人信任与系统信任分裂开来会导致误用的风险,即违反信任的风险是巨大的。然而,在食物市场上,大多数官方机构和公司都将注意力集中在系统信任上,在许多情况下,这还不足以成功地获得消费者的信任。

2. 食物与伦理认同

食物消费是消费者对人、社会、自然进行伦理选择的一个契机。康德问道:"人是什么?"费尔巴哈答道:"人如其食。"那么,从纯粹的唯物主义观点来看,费尔巴哈的陈述毫无意义;只有作为一句格言,它才有意义,因为食物和食品在我们的自我理解中起着作用。人是什么? 参考齐美尔关于现代性的社会学观点,我们可以这样回答这个问题:人是生产商品、交换商品和消费商品的人。当然,这远远不是一个详尽的定义,但也不是一个微不足道的定义。"食物使人成为今天这样"的论点是基于这样一种信念:从某种意义上说,人通过所吃的食物调解他与自己、与社会、与自然的关系,也把人与自己和环境联系在一起。"人如其食"(You are what you eat),这当然有些夸大其词,因为还有许多其他的事情有助于自我理解;一个消费者的自我当然只是自我的一部分。

我们在第一章中看到,古希腊的饮食学是一种将自己塑造成身体和道德的主体的特殊方式。食物构成了自我作为主体创造自己的技术的一部分。饮食学的框架就像伦理学的框架一样,是亲密性的、近距离的,但今天这两者都必须延伸到长期的范围,延伸到缺席的部分。健康的身体不再仅仅是关于我们吃什么的问题,而且关涉如何生产食物的问题,例如,生产蔬菜时是否使用了化学物质。同样地,自我创造身份认同的技术不再局限于食物和身体健康,而必须包含有关食物生产历史的知识和伦理。

寻找自我认同,寻找"我是谁"这个问题的答案,自哲学诞生之初就一直困扰着哲学家们。[1] 海德格尔认为,对自我存在的理解是对自我进行哲学化的行为。[2] 食物"能够"(can)在身份认同和自我理解的创造中扮演重要的角色,因为它协调了自我与环境、他人和社会的关系。之所以专门用"能够"这个词,是因为食物对一个人的

---

[1] 参见 Luther H. Martin, Huck Gutman and Patrick H Hutton (eds.), *Technologies of the Self. A Seminar with Michel Foucault* (Amherst: The University of Massachusetts Press, 1988).

[2] Hannah Arendt, "What is Existenz Philosophy?", *Partisam Review* XIII, No.1. (1946): 48.

自我理解"能够"有或多或少的重要性。我已经提到，我们与食物的关系所形成的不同类型的自我理解：饮食如何让我们与周围的环境亲密接触，分享食物怎样成为社区的基本要素，食物如何在饮食学中被用作隐喻来表示对自己的关心。在吃的过程中，我们可能已经注意到，食物的这些文化意义似乎与"自我"无关。我们有理由从这一点出发进行思考：这些真的是自我理解吗？答案很大程度上取决于"自我"概念的定义。"自我"这个词诱使我们去寻找一些孤立的东西，即"自我"本身。但是一个完全孤立的"自我"是没有意义的。相反，"自我"在与其他事物的关系中成为"自我"。"自我"是在与他人以及人与人之间的关系中形成的，这种关系通常被称为"主体间性"，同时也与其他事物相关。身份和自我不是独立于这些关系而存在的。

　　人的身份不能被认为是来自内在的，是与生俱来的；相反，它是根据人与环境的关系而产生的。法国作家兼飞行员安托万·德·圣-埃克苏佩里（Antoine de Saint-Exupéry，1900—1944）对人所处的各种关系特别感兴趣。通过这些关系，人成为一个整体的一部分，而且与其他部分不同，但也有助于人对自我的理解。圣-埃克苏佩里把人描述为一系列关系的综合："人只是关系的结点。"①他把这种说法推至极端，说道："事物本身是虚无的，它只有通过上下文本的联系才存在。关系不能建立在冷漠之上，冷漠不会创造关系：关系只能建立在同情或反感之上。"

　　人们常常用消极或对立的方式定义自己，将自己与他人或他者

---

① 原文为法语：l'homme n'est qu'un nœud de relations.——译者注

形成对比：例如，我不是那种可怜的老人；我不是那种吃肉的人；我不是那种吃猪肉的人；我不是那种天生浪漫的人；我不是那种撒谎的人；我不是那种相信团结的人；等等。从直接意义上说，这并没有说明我是谁，只是说我不是谁。但是，由于这样的陈述总是存在于某一语境中，它超出了自身的范围。如果有人说他们不吃肉，我们知道这不是因为他们是羊；我们立即将这个人定位为对动物有特定看法，可能对健康和生态也有特定的洞见。说出他们不是谁可以让我们推断甚至理解他们是谁。此外，这种对立的同一性并不是因为那个人通过否定而获得力量，让我们看到他们是谁。后现代主义渴望解构每一种信仰，将我们称之为真理的一切呈现为纯粹的表象和集体谬误。面对这种渴望，我们很难找到一种令人信服的、谦逊的、非表面的同一性。相反，正是对立本身提供了同一性。

这种对立也建立在权力关系之上。由于权力是在主体和他人之间的关系中行使的，因此权力在两者之间进行了区分，从而迫使个体进入认同的过程。[1] 对一个有对立精神的、好斗的灵魂来说，这一点的重要性绝不可低估。在一个价值观是相对的、被解构的现代世界里，我们很难知道该相信什么。正因为如此，对立本身在同一性的创造中扮演着重要的角色。对于持反对意见、喜欢对抗的人来说，只需说："我是不会……那样干的人；我反对这个或那个。"在《卫城记》（*The Citadel*）里，圣-埃克苏佩里让第一人称叙事者——

---

[1] Torben Bech Dyrberg, "Foucaults magtbegreb og dets relation til politik og demokrati", in *The Circular Structure of Power, Politics, Identity, Community* (London: Verso, 1997), p.123.

沙漠王子说："通过限制你，你的敌人让你成为自己，并建构了你。"①他甚至还补充说：如果没有敌人，人是不会存在的！换句话说，如果没有敌人，我们就会去制造敌人。这也意味着，在沙漠王子的哲学中，没有敌人，我们便无法存活，因此我们应该照看他们："然而，生活是一个由如此复杂的关系构成的网络，如果你摧毁了相反的两极中的一个，你便会死去……消灭了敌人的人也是如此。其实，他因敌人而活。这就是他随敌人一同死去的原因。"②

这种对立的同一性为何扮演如此重要的角色，以至于沙漠王子实际上可以说，如果这种对立的同一性不存在，一个人就什么都不是？"同一性"（identity）源于拉丁语"idem"，意思为"相同"。但这里我们要讨论的是一种似乎基于我们的不同的同一性。对此的解释是，与他人敌对的刻画使我们想要与他人分离，因此才有可能区分"他们"和"我"。但这种不同也意味着"我"在与敌人的对立中仍然保持不变，自我不变。

敌对的刻画包含着两个方面：首先是善与恶之间的关系，类似于黑与白之间的两极关系：我是好人，我的敌人是坏人。没有坏的行为的概念，就无法理解好的行为。善与恶相互影响，不能孤立地理解。圣-埃克苏佩里说："糟糕的雕刻家培育了优秀的雕刻家。"理解好的行为需要一个坏的或恶的行为作为背景。如果我的敌人

① Antoine de Saint-Exupéry, *Citadellet* (Chicago: The University of Chicago, 1979), p.118.

② Antoine de Saint-Exupéry, *Citadellet* (Chicago: The University of Chicago, 1979), p.246-247.

是那些做坏事的人，我就把自己理解为一个做好事的人。这是一种强有力的自我认同：我是行善的人，我支持行善；这是我的天性。

政治中的消费者在很大程度上是通过这种对立的同一性获得自我理解的。正如我们在第三章看到的，消费者的政治性购买不是一种支持性的选择，而是一种反对性的选择。当有其他选择时，他们会选择抵制他们希望避免的东西。这样的抵制是出于反感而不是同情。

与此相反，人们可以说，生态牛奶（ecological milk）是一个很好的例子，说明"绿色"消费者通过支持性的选择而不是反对性的选择，对牛奶的生产产生了决定性的影响。但这只是部分的事实。许多消费者选择了生态牛奶，但他们对生态生产或涉及的动物了解多少呢？事实难道不是，选择生态牛奶基本上变成了选择反对杀虫剂和化肥，而非选择一种特定的生产形式吗？目前，许多生态牛奶生产企业面临财务困难，一些已经关闭，因为他们可以卖到的价格相对于成本来说太低。原因是生态牛奶的产量大于销量，由于供过于求，价格就降低了。然后生产者必须更加努力工作，使之合理化。但总的来说，只有生产者自己（如乳品厂）意识到这一点，政治消费者不太可能关注这个问题。市场无疑会自我调节。当足够多的企业倒闭，牛奶生产进一步合理化时，一个新的平衡就会出现：价格会降低，生产效率会提高。政治消费者不能选择支持或反对这种情况的发生。消费者可以继续消费生态牛奶，但无论他们有多么大的意愿，他们都无法承受一个确保农民获得合理生产基础的价格。政治消费者还能做些什么呢？没什么，除了等待合理化进程的发生：当小农场消失，剩下的农场变得更大。

这种对立的同一性是消极的,从长远来看是不能令人满意的。相反,让我们转向麦金太尔和利科,看看叙事身份的概念对于消费者意味着什么。麦金太尔在他的《德性之后》书中写道,要理解美德是什么,仅仅了解美德可能表现出的如诚实、可靠性、勇气和毅力等特征,是不够的。我们只有体验美德,即把它嵌入一个故事的背景中去理解时,才能真正理解美德。① 麦金太尔说:"人是讲故事的动物。"通过讲述自己的故事,我们找到了自己在叙事中的身份。麦金太尔将这种身份描述为"自我的叙事概念"(the narrative concept of selfhood):人类从自己的生活故事中获得身份叙事——关于自己的故事。我们是自己故事的主体,但同时我们也参与到别人的生活故事中,就像他们参与到我们的故事中一样。这些故事是相互交织的。如果美德指的是值得赞赏的品质,可以引导我们完成人生故事从而使人生在道德意义上取得成功,那么我们必须赞扬那些依照他们为了他人和与他人的美好生活的愿景,而不是出于忌妒或基于经济利益方面廉价的考虑而购买食物的消费者。这是一种美德,因为在市场上,按照自己为了他人和与他人一道过上美好生活的愿景行事,并不是一件理所当然的事。②

利科在《时间与叙事》(第三卷)中提出了"身份叙事"(法语:identité narrative)的概念。③ 利科参考了汉娜·阿伦特的观点,认为

---

① Alasdair MacIntyre, *After Virtue* (London: Duckworth, 1981), p.125.

② 这里的意思是,对于一件理所当然的事情,这样做就成了一种义务;对于并非理所当然的事情,你可以选择做或者不做,如果你选择去做,就成为一种美德。——译者注

③ Paul Ricœur, *Time and Narrative*, Vol. III (Chicago: The University of Chicago Press, 1988), p.246.

说明"谁"这个问题的答案在于讲述一个人的生活故事(法语：l'histoire d'une vie)。我们通过提及一个人的行为来解释他是谁。然而,我们对身份的叙事既不是稳定的,也不是没有疏漏的,因为我们总是有可能以另一种方式来讲述故事。例如,在故事里可以包括更多或更少的某种元素,就像可以根据虚构的叙事来看待和比较自己的故事一样。我们总是从现在的角度来评价自己的人生故事,因此,身份的叙事在不断地被重建。

在《作为一个他者的自身》中,利科指出了"相同"(拉丁文：idem)和"自我"(拉丁文：ipse)之间的区别。"idem"表达的是"同一的"(identical),一种形式的相似性;而"ipse"作为身份的概念,表达了一个人的永恒方面,尽管生活不断变化。坎普写道,当我们问"什么是相同的"时,我们指的是"idem";当我们问"谁是相同的"时,我们指的是"ipse"。①

在《作为一个他者的自身》中,身份的叙事在"idem"和"ipse"之间展开。"在叙事和生活故事中",利科说,"我们发现在 idem 和 ipse 之间有一种联系或辩证关系。"②叙事包含行动和施动者(也可以称为角色)。一方面,如果我们问：一个人有什么相同(idem)之处？ 我们可以回答：肉体是相同的。但我们也应该考虑技能和性格。另一方面,如果我们问：谁是相同的(ipse)？ 我们通常不会回答：同一个人"有那样的身体"(这听起来好像人有两个不同的身

① Peter Kemp, *Praktisk visdom* (København: Forum, 2001), p.28.

② Paul Ricœur, *Oneself as Another* (Chicago: The University of Chicago Press, 1992), p.140.

体）；或者回答：同一个人"具有这样的特殊能力"（这可能听起来像是精神分裂）。相反，我们倾向于通过引用其他方法来定义所讨论的人：做这件事的人是同一个人，或者是同一个人做了这件事、那件事等。如果我们问"什么"（what），我们问的是空间范围内的问题，而"谁"（who）是与时间相关的问题。"idem"与"ipse"之间的辩证法在于角色或个性本身决定他们的行动，同时通过他们的行动来改善或保留他们的角色或个性。

回到消费者的角度，我们可以看到，如果我们了解食物的生产历史，它将成为消费者自身身份叙事的一部分，或与之交织在一起。我们也可以说，这样的生产历史是一种叙事，我们作为消费者，与之交织在一起。生产历史的知识解释了消费者所处的环境。这一解释使我们更好地理解了我们与他人以及与自然共享的环境。我们从中获得了更好的自我理解，因为我们所扮演的角色是更大背景的一部分；我们可以说是"进入了角色"，就像我们之前看到的，它把我们和价值、道德联系起来。①

利科进一步说明了叙事和伦理之间的关系。② 叙事从来都不是伦理中立的。在叙事中，人们就成功或不成功的行为交流经验。叙事的伦理维度也表现为对具有特殊技能或美德的人的描述（参见上文提到的麦金太尔的观点）。通过与生产历史的关系，消费食物

---

① 利科这样说，"解释加上倒理解"。（法语：expliquer plus pour comprendre mieux）即通过解释，我们获得更深的理解。

② Paul Ricœur, *Oneself as Another* (Chicago: The University of Chicago Press, 1992), pp.163-168. 这已经超过了第四章所暗示的内容。

给消费者带来的身份认同,对消费者自身的自我认知具有重要意义。这种关系把食物消费置于一个语境中:我是消费以这种方式或那种方式生产的食物的人。食物的生产方式与参与生产的人有关,与作为食物的有机体和"野生的自然"有关。因此,消费食物也是我与他人、与社会、与自然建立道德关系的"方式"。如果食物消费(脱离社会和自然)单独存在,它的身份将是微不足道的。但生产历史仅仅是交织在我们的生活故事中、对我们自己的叙事身份有重要影响的众多历史之一。

食物的生产历史不是无关紧要的,它对我们来说一定是有意义的。对某一食物生产历史的叙事性理解能让我们意识到一种关系和从属关系。对我们有意义的、亲近我们的东西具有伦理的性质。理解食物的生产历史可以被描述为一种重塑(参见第四章)。但重塑不仅指向过去,也指向未来,作为一个期待的地平线(德语:Erwartungshorizont),①作为一种基于过去经验的对未来的期望。然而,期望的范围远不止于此。可以说,期待包含了我们对未来可能是什么样子的想法。当我们听到或知道食物生产历史时,我们就会进入期望的状态,根据我们对事物现状的经验,我们可以思考事物可能会怎样,是更好还是更坏。通过期待,我们对食物生产历史的了解可以成为为了他人、与他人一起的食物公平生产的愿景。

---

① 期待的地平线(horizon of expectation),也作期待视域,其概念见 Reinhart Koselleck, *Futures Past. On the Semantics of Historical Time* (Cambridge, Mass: MIT Press, 1985), p.267.

3. 食物作为自然的痕迹

我们已经看到，食物与自然、与其他相关者之间的联系越来越少。食物正在接受一种"前身体的消化"①。这种消化说服我们将食物视为一种文化，一种已经成为我们自身的东西。通过对膳食的审美化，食物中的自然元素逐渐成为饮食文化的背景。

这种食物与自然的疏离通常表现为三种不同的方式。第一，自然被认为是微不足道的，因为它对现代人来说很少甚至没有作用——部分原因是在现代社会中没有可见的位置。第二，自然可能被认为是对文化和人类社会的威胁。在这种情况下，自然必须受到约束和制约。第三，我们只从有用性来看待自然。效用成为研究自然的唯一合乎逻辑的途径，因此成为与之相关的唯一价值，例如，正如马克思的理论中所指出的，人与自然的关系是工具性和技术性的。关于自然观与技术应用的关系，马克思写道：

> 技术揭示了人类对待自然的方式，揭示了人类赖以生存的生产过程，从而也揭示了人类社会关系的形成方式以及由此产生的各种心理概念。②

————————

① 前身体的消化，原文为 pre-bodily digestion，这里指的是人类的食物在被吃进去之前已经经过了许多的加工，加工过的食物相当于在进入我们的身体前已经经过了初步的消化。相对而言，野生动物吃的食物是直接的，是没有经过"前身体的消化"的。——译者注

② Karl Marx, *Capital. Pt IV, Production of Relative Surplus-values*, ch. XV, Machinery and Modern Industry, n. 4.

　　按照马克思的说法,工业化的人把自然看作原材料,因此也就像对待原材料那样对待自然。一个工业化的社会在很大程度上是一个城市化的社会。在这样的社会中,几乎所有的东西都是为了某种目的而创造的,都是为人们的生活服务的。当都市人遇到不是为了某种目的而创造的事物时,他会感到惊奇。贝托尔特·布莱希特(Bertolt Brecht)写道:"如果在一段时间里,我们能看到在城市、房屋、铁路上有很多日常用品,却发现这里无人居住,这些物品也未被使用,我们就会感到困惑。如果没有人使用的话,这一切将毫无意义。"①因此,城市人倾向于从利用、功能和目的的角度来理解自然;无用的东西使他担心,甚至会对他形成威胁,他不想知道存在无用的东西。

　　马克思主要感兴趣的是自然对于人类活动的意义。这里我们要注意的是"对于"这个词,马克思在他的认识论中保留了客观的自然及其规律②,但是同时,马克思也承认人不能直接接触自然,因为自然是由社会条件所调节从而为人服务的。这涉及人们观察自然时的"眼镜"。对于一些马克思主义者来说,这样看待自然的方式是眼睛的一种特质——大自然是通过"社会"来为人类服务的。自然作为自然科学的认知对象,不存在纯粹的、历史上未经修改的自然。所有的自然只有在社会进程的历史框架中才变得有意义。在只要能够延伸到的地方,人类的劳动就能把"自在自然"(nature-for-

---

① Bertolt Brecht, *Geschichten vom Herrn Keuner*. 引自 Martin Seel, *Eine Ästhetik der Natur* (Frankfurtam Main: Suhrkamp, 1991), p.105.

② Alfred Schmidt, *The Concept of Nature in Marx* (London: NLB, 1972), p.33.

itself)改变成"人化自然"(nature-for-us)。①

任何自然观都可以被看作一种意识形态。马克思在对自然的悲怆中谈到意识形态的特征。在工具论中,"关心"自然在维护未来生产资料的利己主义中被合法化,一种狭隘的经济理性支配着人与自然的关系。如果我们接受马克斯·霍克海默尔(Max Horkheimer,1895—1973)和西奥多·阿多诺(Theodor Adorno, 1903—1969)在他们的著作《启蒙的辩证法》(*Dialektik der Aufklärung*,1947)中的观点,未来便是没有什么希望的:

> 准确地说,是因为统治社会的机制抓住了自然,把它作为健全社会的对比面,自然本身被拿来做交易,因而变得病态。②

在观察自然的时候,我们总是被偏见和意识形态左右,说我们与自然有什么真正的或原始的关系是毫无意义的;所有这些提法都包含着欺骗和诱惑。

《沃尔普斯韦德》(*Worpswede*,1902)一书描述了在沃尔普斯韦德(德国西北部小镇)的一个殖民地里生活的五位艺术家。其中,浪漫主义作家莱内·马利亚·里尔克(Rainer Maria Rilke,1875—1926)让我们发现了人与自然之间的根本区别。里尔克在沃尔普斯韦德只待了几年,之后成了法国雕塑家奥古斯特·罗丹(Auguste

---

① Alfred Schmidt, *The Concept of Nature in Marx* (London: NLB, 1972), pp.49, 76.

② Max Horkheimer and Theodor W. Adorno, *Dialektik der Aufklärung* (Frankfurt am Main: Fischer, 1947), p.177.

Rodin）的秘书。该书出版不到一年，里尔克就已经抛弃了这本书，称它"无效"（invalid）。该书对绘画的描述并无特别的见解，但在导言中，里尔克对"风景画"作了一些概括性的评论。在面对一幅风景、一片自然景象的情况下，艺术家必须将对它的感官印象转化到画布上，他不得不反思人与自然的关系，从而决定他要画什么。风景画是否应该是对眼睛所见最准确的再现，是对自然最忠实的复制，而个人的解释应该最小化？这真的有可能吗？还是应该让个人经历主导画面？应该关注人与自然的区别还是和谐？艺术家必须决定他们看到的是什么，看到的风景的意义是什么，以及他们希望在绘画中捕捉到什么。

里尔克在《沃尔普斯韦德》里表述道，无论哪位艺术家要讲述风景的故事，都必须把自己沉浸在陌生的、未知的和深不可测的世界里。人习惯于满足和应付别人的愿望，但是风在吹，风景的画面随风移动，树木生长，流水潺潺，自然不会有什么愿望，它没有任何目的：

> 让我们干脆地承认这一点：这片风景对我们来说是陌生的，我们害怕与开花的树木和潺潺的小溪独处。与逝者独处时，我们不会像与树木独处时那样有一种被遗弃的感觉。然而神秘的死亡，更多的是一种不是我们生活的生活，一种没有我们参与的生活，一种没有看到我们庆祝它的节日的生活，我们可以用某种自

我意识来看待它,就像我们偶然遇到的说另一种语言的游客一样。[1]

　　这种对自然的理解一定是悲观的!虽然里尔克说大自然庆祝它的节日,但大自然对他来说仍然很神秘。大自然并不关心我们在或不在,因为大自然似乎没有注意到我们的存在。公路、小路、农业和城市也被大自然忽视了。我们挖掘出铁和石油,耕种土地,收割果实,这些对大自然来说都无关紧要;大自然没有参与我们的生活,没有参与我们的欢乐和悲伤。大自然不在乎任何人;大自然照常运行,这是它所能做的。我们无法让它理解我们,它对我们来说仍然是"哑"的。的确,现在自然对我们的意义越来越小。

　　但是,仅仅用效用价值和异己性来看待自然,是一种片面的观点。英国诗人兼画家威廉·布莱克(William Blake,1757—1827)在1799年的一封信中提到了人类对自然的双重态度:

　　　　我觉得在这个世界上的人可能是幸福的,我知道这个世界是一个充满想象力和愿景的世界。在这个世界上我画的每一件东西我都看到了,但每个人看到的东西都不一样。在吝啬鬼看来,一几尼[2]远比太阳美丽,一个用来装钱的袋子比一棵长满葡萄的藤蔓有着更美丽的比例。一棵树使一些人喜极而泣,但在另一些

----

[1]　Rainer Maria Rilke, *Worpswede. Monographie einer Landschaft und ihrer Maler* (Bremen: Carl Schünemann Verlag, 1987), p.9.

[2]　几尼,英国旧时货币单位。——译者注

人眼里,它只是一种碍事的绿色东西。有些人视大自然为畸形,为笑柄,我不会因为觉得自然是畸形的而调节它们本身的比例;还有一些人根本看不到自然。但在有想象力的人看来,自然就是想象力本身。一个人的本性是怎样,他就是怎样看自然的;眼睛怎样形成的,它的力量就是怎样的。①

对布莱克来说,一个只看到"比例"或理性的现代人是看不到心灵本质的。"为人如何,所见即如何",布莱克这样写道。一些唯物主义者可能这么认为:布莱克承认我们对自然的看法是自负的和充满幻想的。但对于布莱克来说,寻找对自然的原始和真实的理解并不是什么大问题,相比之下,自然提供给我们的思想启发更重要。因此,所谓的"自然的本质"是真或假也没什么大不了的,因为没有谁能最终真正了解世界或自然,我们必须创造自己的理解。

美国作家亨利·大卫·梭罗(Henry David Thoreau,1817—1862)认为,为了社会能够正常运转,人类能够工作并履行其社会义务,感官享受已经被文明压制,并被隔离。从这个意义上说,人是受社会约束的,是为工作和责任所驯服的。在人与自然的相遇中,人有可能忘记这些令人厌烦的事情,回归到感官享受。对感性的重新征服是一种解放:

当然,若踏出的脚步没把我们带到树林,则向彼处走去也是

---

① Rainer Kathleen Rilke, "William Blake—Prophet of Imagination", *Resurgence* 204 (2001): 6-9.

无用的。若我已走入树林一英里①，身体到了，精神却还没到那儿，遇到这种情况，我是惊恐的。午后散步时，我欲忘却我所有的晨间事务和社会义务。可我有时无法轻易地甩脱那村庄。有些事情的思绪将在我的头脑中萦绕回环，而我并不在身体所在之处——我超越了我的感觉。散步时，我欲回归我的感觉。若我总是想着树林外面的东西，我在树林里还做得了什么事呢？当我发现我自己竟如此受所谓善举的纠缠连累时——由于这有时可能会发生——我就怀疑我自己，并不由自主地战栗。②

马克思写道，我们通过社会看自然，看到社会状态是眼睛的属性。对于梭罗来说，他也意识到了这种自然观；但是当梭罗带着自己的社会责任在晨间散步时，他希望自己可以摆脱或忘记这些社会责任，以一种非功利的方式体验自然。

德国哲学家马丁·泽尔（Martin Seel，1954— ）在他的《对自然的审美》（*Eine Ästhetik der Natur*，1991）一书中，描述了与自然相关的三种审美方式，他还对比了工具论的自然观。他的基本假设是，人不可能在与自然的关系上保持中立；正如康德所说，只有人才能为自然观设定尺度。在泽尔看来，自然既是"模型"（德语：Vorbild）又是"复制"（德语：Nachbild）——在模型中，有些东西是我们自己创造的。这个问题从而转化为：在我们看待自身与自然的关系的各

---

① 一英里约等于 1.61 千米。——译者注

② Henry David Thoreau, *Walking*. 这段译文参照了中译本：《漫步的艺术》，董晓娣译，天津：天津人民出版社，2018。——译者注

种方式中,什么才是恰当的关系。① 有许多方法可以帮我们找到
"恰当的关系",这意味着这种关系实际上与自身相关。对自然的审
美理解也是通过我们的关联而进行的一种构建或一种关系,正如泽
尔所写的那样。② 他把自然美学理解为构成人类生活世界的自然
伦理理论的一部分(与自然科学中的"自然"相反),因为它阐明了
人类与自然联系的各种方式。③

　　泽尔与那种认为只能从单一角度看待自然的观点划清了界限,
他倾向于用多种方式来看待自然,尽管这些方式或多或少是同时进
行的。除了哲学上的工具性和有用性(康德将其与自我利益联系起
来),自然作为一种美感也可以通过(1)沉思、(2)对应(correspon-
dence)和(3)想象力来获得。在泽尔看来,自然之所以能取悦我们
并因此属于美学,是因为它是脆弱的和易朽的(德语:zerstörbar)。
我们与可被摧毁的东西之间的关系,揭示的是生活世界的实际问
题,而不是在理论和客观化的世界中的问题。④

　　我们在梭罗的作品中看到的那种沉思冥想的方法,是远离日常
生活的琐事,漠不关心地看待自然的方法:瓦尔登湖既不是什么象
征,也不会被归为一种特殊类型的湖泊;在我们开始用理智和理性

---

① Martin Seel, *Eine Ästhetik der Natur* (Frankfurt am Main: Suhrkamp, 1991), pp.14-15."与自然的恰当关系问题变成了我们与自然相处方式的恰当关系问题。"(The question of the proper relationship to nature becomes the question of the proper relation between our ways of relating to nature.)

② Martin Seel, *Eine Ästhetik der Natur* (Frankfurt am Main: Suhrkamp, 1991), pp.35.

③ Martin Seel, *Eine Ästhetik der Natur* (Frankfurt am Main: Suhrkamp, 1991), pp.31.

④ Martin Seel, *Eine Ästhetik der Natur* (Frankfurt am Main: Suhrkamp, 1991), p.22.

去理解它之前，它只是在现象学上被视为存在。自然在意义上是
"外来的"（德语：sinnfremd），因为自然不会对我们透露任何意义或
功能。因此，沉思的观点也消解或悬置了自我（ego）的中心性。①
泽尔说，沉思的判断是古怪的。在这里，一切都没有意义，但一切都
很重要。无论沉思的注意力指向什么，它看起来都很美，因为一切
都是为了观察而呈现，没有留下理解的空间。所有的感官，甚至是
嗅觉和味觉，都可以构成这种沉思的自然观的一部分，但视觉的优
势在于能够将自己与焦点中的物体隔开。在冥想的状态中，我们不
再按推理来理解事物。

与之相对应的观点是将自然作为一种生活场所的存在来观察：
"以相应的意义来体验自然之美，就是把自然看作幸会美好生活的
一种表现，也是美好生活的一部分。"②相反，丑陋的自然是一个不
可能有美好生活的地方。在积极的对应中，泽尔写道，美丽的自然
变成了一个人生活的一部分：这是我可以生活的地方。在这种积极
的对应关系中，我们被自然吸引，它被视为我们自己生活条件的一
个可能部分——不是因为自然有意义，而是因为我们在自然中找到
了意义，我们在自然提供给我们的意义中看见了它。相应的判断是
规范性的，只要它能说明成功的生活理念。③

泽尔把他对自然的第三种审美理解称为"想象力的"（imagina-
tive）解释。在这里，我们可以把自然看作或想象为艺术——当然我

---

① Martin Seel, *Eine Ästhetik der Natur* (Frankfurt am Main: Suhrkamp, 1991), p.57.

② Martin Seel, *Eine Ästhetik der Natur* (Frankfurt am Main: Suhrkamp, 1991), p.90.

③ Martin Seel, *Eine Ästhetik der Natur* (Frankfurt am Main: Suhrkamp, 1991), p.133.

们也知道用"想象力"这个词或许不太准确。但这并不仅仅是我们把艺术想象力投射到自然上，因为自然也帮助我们建立了一个想象的框架。围绕着这个框架，我们可以产生任何富有想象力的想法。自然促进了幻想。

对食物的消费影响了我们对待自然的特殊方式，因为食物是通过农业与自然生产的，而农业与自然的关系实际上是一种"对待"自然的方式。"耕种象征着我们的空间"，日本人类学家大贯惠美子（Emiko Ohnuki-Tierney，1934— ）如此说道。[1] 她指出，食物和食品与在普遍景观中的动物和植物有着密切的关系，实际上就是我们在地理景观中发现的动物和植物。地理景观和自然是由耕种土壤所主导的，因此我们与食物和食品的关系，无论我们对此有意识还是无意识，都是一种与自然的关系。

市场、经济理性和科学保障了工具论自然观，即生产必须有效，成本必须最低。在现代理性农业中，对家畜和作物的主流观念是，动物和植物是为我们而存在的。它们被评估为对人类有用。也许这并不奇怪，因为这是它们在工业化农业中唯一的意义。在现代农业的生产车间中，动物被隔离和工具化。除了成为食物，这些动物没有其他功能，因为它们与其他环境隔绝了。如果作为消费者，我们认为食品伦理满足于自然建立工具性关系就足够了，那么我们可以放心地信任市场。但是，如果我们通过消费食物来显示对自然的

---

[1]　Emiko Ohnuki-Tierney, "We Eat Each Other's Food to Nourish Our Body: The Global and the Local as Mutually Constituent Forces", in *Food in Global History* , ed. Raymond Grew (Boulder: Westview Press, 1999), p.245.

其他非工具性的考虑,包括审美和环境等方面的考虑,那么市场就不太适合。对此,有人可能会说美学与农业无关;审美经历属于另一种没有农业的自然。对于那些可以在其他地方定居或搬到远离农业生产地区的消费者来说,情况也是如此。但农业是人们赖以生存的景观的重要组成部分,也是许多人的日常生活空间;因此,坚持生产食物的同时也注重自然的审美体验,并不是太高的要求。正如泽尔所写的,对自然的审美体验会成为成功的美好生活的一部分。①

我们已经注意到,我们无法知道大自然本身是否有任何意图或意义,因此很难主张我们应该为了大自然本身的缘故而关注大自然。尼采说:"生命的价值是无法评估的。"②泽尔观察到,自然具有我们赋予它的价值,通过参与或远距离观察,自然获得它的价值。意义不仅仅是来自外部的东西,而且是我们自己帮助创造的东西。③ 这是很重要的一点,因为尼采也写过,人们不是因为实际的痛苦而受苦,而是因为这种痛苦的无意义而受苦。④ 除非我们自己能够赋予生命意义,否则它无疑会显得毫无意义。

泽尔强调自然的多样性和差异性,认为这是自然的审美体验的

---

① 在泽尔看来,三种自然审美体验中的自然美与成功的美好生活相联系,从而与伦理相联系。Martin Seel, *Eine Ästhetik der Natur* (Frankfurt am Main: Suhrkamp, 1991), p.290.

② Friedrich Nietzsche, *Twilight of the Idols, or, How to Philosophize with a Hammer* (Oxford: Oxford University Press, 1998), p.12.

③ 参见 Martin Seel, *Eine Ästhetik der Natur* (Frankfurt am Main, Suhrkamp, 1991), p.314.

④ Friedrich Nietzsche, *On the Genealogy of Morality* (Indianapolis: Hackett Publishing Company, 1998).

重要因素。根据泽尔的观点,自然的他者性可以用"独立"(independence)①或纯洁(virginity)的概念描述。但泽尔也意识到,当这些概念应用于描述自然时并非没有问题,因为在人们体验自然时,自然的纯洁就已经被入侵了。然而,泽尔坚持认为,独立、非强迫和无序的自然是自然审美的典范。

食物消费是一种人与自然发生关联的方式,我已经描述了消费者可能考虑的两种对自然的截然不同的观点:工具性的和美学的。除此之外,还有关于环境可持续性的问题,这对许多消费者来说当然也是非常重要的。然而,不管对自然采取工具化的态度还是审美的态度,有一点变得越来越清晰:食品生产实践形成了景观和自然,这是一个伦理问题。另外有一点也变得很清楚:有许多复杂的因素,让关心道德的消费者采取立场,而这些因素往往是在消费者内部协商达成立场的。

4. 消费者的食物伦理

近年来,食物伦理发生了相当大的变化。在食物生产工业化之后的几十年里,食物伦理一直被排除在讨论之外;现在,生产者和消费者对食物伦理都更感兴趣了。越来越多的人认为,如此尖锐地切断食物与道德之间的联系或许是不明智的。对食物伦理的新理解的寻求涉及两个方面的因素。首先,是基于新出现的有点模糊的术

---

① 这里的"独立"不是指自主意义上的自我调节,而是指独立于人。——译者注

语——全球化。世界的开放程度已经非常高,我们现在可以与世界各地的人们建立联系。相反地,世界也变得越来越小,曾经看起来遥远的东西现在就近在咫尺,这多亏了现代通信和运输技术。这一点意义重大,因为我们现在的行动不仅会产生局部性的影响,而且会产生全球性的影响。其次,在历史方面,我们又回到了食物伦理议题上。现代的人们对过去的人们如何在伦理上与食物相联系越来越感兴趣。也许我们可以通过研究与食物有关的历史资料来学习或重新发现一些东西。简单地说,在我们成为"现代人"之前,人们对食物伦理的理解有两种不同路径:个人和社会。

就"个体"而言,作为一种"自我的技术",人们认为食物的选择表达了自我与其周围环境的关系。食物创造了身份,并且具有道德的内容,因为它与美好的生活、与自己的身体有关。大多数人仍然有意识或无意识地以这种方式与食物联系在一起。但在某些哲学家看来,这种态度是非常明显的。古代犬儒主义哲学家第欧根尼(Diogenes,活跃于公元前 4 世纪)认为人是生物和动物,因此他避免食用现成的、做好的食物,而是赞成人像动物一样只吃生肉。法国浪漫主义哲学家让-雅克·卢梭(Jean-Jacques Rousseau,1712—1778)更喜欢简单的乡村食物加上大量的牛奶和面包,而不是"优雅"的美食。他们都把食物看作自我理解的重要组成部分,可以说是他们的哲学和伦理的延伸。同时,他们的饮食习惯也成为一种文化批评的形式。他们在食物选择上都拒绝了"文明"社会。第欧根尼希望像动物一样生活在自然的原始状态中,而卢梭认为健康的农民文化所代表的生活方式是理想的生活方式。

就"社会"而言,我们可以通过德语单词"Gericht"(相当于斯堪的纳维亚语的"ret")的用法来解释。这个词既有美食的意思,也有法律的意思(英语中对应的是 dish 和 right)。对于社区来说,"Gericht"的基本含义可以解释为"一道菜"的权利,意思是分享社区可用的食物的权利。因此,食物和权利(菜肴)是表达对他人和社区关心的一种方式。

食物伦理在过去似乎相对简单和具体,今天已远非如此。在现代社会中,食物生产已经转移到家庭和当地社区之外,这使得食物伦理不再是一种自我技术和食物权,不再是一种有东西吃和吃什么的技术。今天,同样重要的问题是,人们吃的食物是如何生产出来的。事实上,我们已经在卢梭身上看到了对这个食物伦理问题理解的初步迹象。在《爱弥儿(或论教育)》(Emile, or On Education,1762)中,卢梭强调乡村生活是一种原始的、美好的生活形式。基本的土壤耕作知识,即如何生产食物,是卢梭对美好生活理解的核心。但他的"食物伦理"是前现代和浪漫主义的,将生产和消费的划分视为一种分裂。

在原始的农村生活中,我们都是食物生产—消费链条的一部分。如果我们同意,回归原始的农村生活并不是一个好主意,而且无论如何也不可能,那么食物伦理必须建立在另一个基础上。由于大多数人与食物生产没有直接接触,食物伦理的首要任务就是研究如何传播食物生产历史的基本知识。食物的理智化意味着我们必须重新考虑食物对个人、社会和自然所起的作用。本章关于食物和哲学的"世界环游"就是这样一种尝试,试图为食物伦理找到一个新的支点。

然而,第一个困惑在一开始就出现了。食物是一个多元化的主题,对社会的许多领域都有影响。有这么多球同时飘在空中,它们很容易都掉下来。因为我们通常会被问到不可避免的问题:这或那对食物伦理意味着什么? 文明所导致的人与食物的距离或消费者政治上的无能对食物伦理意味着什么? 或者这里提出的亲密关系伦理实际上涉及什么,以及它是如何影响消费者的购物的?

在这一点上,希望读者对这些争论更明智一些。本书研究的实际结果是什么呢? 目前还没有什么明确的指示对一名深思熟虑的消费者应该如何行动进行说明,也很少有关于消费者如何在实践中实施食物伦理的新方法的建议。在明确的价值观或正确行动规范的意义上,目前的伦理几乎是"很具体的"。但在消费者伦理方面,却没有产品清单具体告诉消费者要将什么放在购物篮里,也没有需要注意的生产条件概览。食物的说明书中没有笼养鸡或快乐放养的猪的图片,没有标注破产的农民或满意的消费者,也没有道德标签的说明。事实上,作为一个主题,食物伦理在这里被呈现为普遍的和抽象的。无论是对理智化的食物制度的批评,还是作为在公平的食物生产实践中与他人并为他人创造美好生活的愿景而发展起来的食物伦理,都没有包含简单而具体的方向。那么,本节所阐述的伦理真的是一种"伦理"吗?

为了回答这个问题,让我们从对伦理、道德和规范①的区分开始。规范以禁止或禁令的形式表明正确的行动。道德声明了支撑这些规范和行为的价值观。这些价值观可以是正义、平等、自主、实用,也可以是勇气、诚实、团结或责任等美德。伦理则是为了试图证

---

① 这三个词的英文分别为 ethics、morality、norms。——译者注

明道德价值而进行的深入探讨。这使它们始终处于一种开放的空间,因为在伦理辩论中,人们必须随时准备继续关于价值正当性的讨论,并对修正的可能性保持开放的态度。伦理绝不能诉诸教条主义的指手画脚或道德化的政治正确。伦理作为一种愿景,不能在原则、规则或价值观中形成,即使这些原则、规则或价值观是必要的,也是伦理画面的一部分;伦理学主要是将意义作为一种观点或一种观察方式。它是一种关于什么构成了美好生活和行为模式的看法。

美好的生活不是孤立的;它总是与其他事物、自然、社会和其他人有关。不管我们喜不喜欢,我们在食用食物的过程中对自然、社会和我们自己都有实际的影响。当我们吃东西的时候,我们是在无意识地支持一种特定的生产食物方式,这种方式对实际生活产生了影响。自然,食物的来源之处,可以从功利主义的角度被看待或作为沉浸(immersion)和同情(empathy)的主题。农业生产可以在不同程度上反映这些观点。社会以不同的方式和不同的食物生产方法组织起来,例如,全球化的食物市场涉及大量的运输。人对自己的了解有时是通过其食物的生产方式:"我是吃以这种或那种方式生产的食物的人。"大多数人实际上意识到他们正在参与工业化农业,这是他们自我理解的一部分。然而,这种现代的自我理解意味着他们不太了解自己食物的生产历史:"我是吃工业化食物的人,而我对它一无所知。"

本书的研究目的不是试图提出正确的解决方案,而是让读者(即消费者)在实际情况下得出自己的结论,从而形成自己的食物伦理。本书仅仅说明了消费者在何种条件下可以践行这种道德。在某种程度上,我提出的解决方案是一种主观的观点,因为它描述了个人消费者做出道德选择的必要条件，但这并不排除我们达成一个共识，即有必要对这个日益侵扰我们日常生活的话题进行辩论。这对消费者的要求是相当高的。成为一个"有道德的"消费者需要一种特殊的美德，即勇气——按照自己的道德标准行事的勇气。不幸的是，要在食物市场上贯彻伦理观念往往面临各种困难，因为伦理观念与短期经济利益不协调。为了做到有道德，消费者需要花费时间、精力甚至金钱。文明与食物自然来源的距离反映了人们对食物生产实践的无视，无视不能让事情变得更容易。其中的困难主要是因为食物市场的不可测知性（impenetrability），这意味着消费者对其购买的后果仍然不知情。

如果要在现代食物生产中为食物伦理辩护，消费者必须有更多的知识来理解他们的消费产生的影响。这不是一项容易的任务。这里提出的一个解决方案是，向消费者介绍某种特定食物的生产或制作历史，而不是像品牌推广和营销那样，或多或少是在向消费者讲述"虚拟的体验"和虚构的故事。我们应该讲述食物的起源和生产的真实历史。于是，食物伦理成为一种叙事伦理，一种审视真实历史的方式。叙事形式被认为是我们理解善恶行为的基础。以叙事的形式呈现的生产过程为消费者提供了批判性回应的机会：生产历史可以用不同的方式讲述吗？它现在已经够好了吗？它还能变得更好吗？

当然，仅凭生产历史本身不足以进行道德参与。对食物的亲近可以通过感官、身体和食物现场所涉及的存在条件来激发，因为当我们的行为变得具体而可见时，我们才能更好地理解它们的影响。为了达到这种亲近，食物的痕迹成为一种有价值的元素。因此，消费者的食物伦理必须建立在感觉和知识的基础上。

　　读者无疑已经考虑过好几次的一个核心问题是,为什么不把食物伦理问题留给当局呢? 政治家不能确保食物生产历史的伦理是健全的吗? 或许,诸如生产条件之类的规定甚至不应该由消费者做出选择。问题是根本性的:谁有权对食物伦理做出决定,通过什么过程做出决定? 指望忙碌的消费者参与到现代食物生产的复杂案件中去,当然是太过分了。

　　作为回答,我们当然必须期待当局通过规则、标准和控制检查以及对什么是可接受的、什么是不可接受的公开辩论来进行监管。在自由市场上,总是会有生产者试图通过欺骗赢利,当局必须对他们进行检查,因为这是消费者个人做不到的。对某一特定物品提供最低限度的信息的规定是绝对必要的,正如保障工作环境、动物福利等方面的规定一样。

　　但是,消费者应该自己做决定的原因是,这个过程会影响他们的自我认识和尊严:知道和不知道自己行为的影响对于自我认知来说是有很大区别的。在社会方面,消费者希望做出道德选择,这证明了当前政治舞台和市场的转变。这种市场的政治化经常受到政治家和经济学家的批评,他们更愿意把这两个领域分开,并保持在目前的权力平衡范围内。然而,消费者对道德和政治的兴趣必须被视为新发展,尽管其中还会涉及一些问题。显然,需要以新的方式和领域来诠释政治的游戏规则,消费就是其中之一。有道德地消费是对制度提出的令人耳目一新的新挑战,也是适时的挑战。

　　挑战比比皆是。如果要认真对待消费者政治,首先消费者需要真正的信息和真正的行动机会。"有道德的"消费者所要求的透明度和可追溯性也与经济有关。经济上的透明度对消费者来说很重要，因为这样消费者才能够知道他们在为谁和为了什么而付钱。与此同时，食物市场上的信息数量已经太多了，但消费者却不能使用其中的大部分信息，因为消费者要么不了解它，要么对它不感兴趣。我们需要的是更多正确的信息。消费者对产品内容的了解程度是合理的，但大多数对生产方法却知之甚少。

北欧部长理事会指出："消费道德对消费者来说是散乱的，道德并不是消费者在选择日常消费品时明显的偏好。"①我们大多数人都会同意这一点。我们可以思考消费商品所包含的伦理含义，但我们很少拥有关于生产实践的知识或获取信息的途径，这些知识和信息对我们选择食物，并理解其中的伦理含义，做出明智的评估很重要。如果消费者发现道德消费散乱，这可能不是因为他们无法判断在公平的食物生产实践中，什么是与他人的美好生活，以及什么是为了他人的美好生活。这更有可能是由于明显缺乏获取信息的途径。我个人关于经营一家消费者支持农场的经验可以证明，当面对不同的食物生产方式时，人们往往对什么是"好"、什么是"坏"有一种直观的理解，甚至是非常清晰的理解。当然也不总是这样。

那么，在未来，我们希望消费者有什么样的食物伦理呢？答案是：希望他们有道德节操（moral integrity）。这可能听起来有点严厉，但道德节操直接指的是消费者能够超越他们狭隘的自身利益的意愿，超越只关心食物的廉价，并深入了解食物的生产历史，在更广

---

① Nordic Council of Ministers, *Forbrugernes fornemmelse for etik* (TemaNord 2001, 583, København, 2001), p.9.

泛的背景下呈现自己的道德影响。然后,消费者将看到食物的生产
历史是如何影响社会和自然,以及消费者的自我理解的。"节操"的
概念通常用来指那些具有坚贞和决心等特定美德的人。[1] 从逻辑
上说,"节操"所表达的这些品质既适用于圣人,也适用于罪人;既适
用于否认犯罪的罪犯,也适用于承担全部责任的诚实的人。但是,
否认自己的不道德行为并不是一种美德,不断否认自己的不良行为
将是荒谬的。因此,否认不可能在生活的所有领域中都是"恒定
的"。否认从来都不是稳定的,而是反复无常和犹豫不决的。因此,
对于那些不否认自己的言行、坚定的人来说,坚贞和决心可以与"节
操"联系在一起:

> "应负责任的"(answerable)的意思是,对于"谁做了这件事"
> 这个问题的回答,一个人可以回答说"是我做的",或者"是我"。[2]

要对我们的消费负责,不仅要求我们说"是我消费了它",还要
求我们必须对这种消费的后果负责,这需要有决心按照自己对美好
生活的愿景采取行动。

正如我们所看到的那样,消费的影响不仅必须在现在加以强
调,而且必须在过去和将来加以强调。因此,消费者的道德节操要
求消费者"有意愿了解"产品的生产历史,并按照他们的伦理信念采

---

[1]　Alasdair MacIntyre, *After Virtue* (London: Duckworth, 1981), p.203.

[2]　Peter Kemp, *L'irremplaçable. Une Éthique de la technologie* (Paris: Les Éditions du Cerf, 1997), p.44.

取行动（也包括商业上的）。食物的生产历史在很多方面都很重要，尤其是因为描述一个事物的历史就等于赋予它某种"意义"。

第六章

可追溯性与食物伦理

到目前为止,本书所阐述的食物伦理还是在理论和抽象的层面上进行的。在最后一章中,我打算对目前食物伦理的实际意义给出更明确和简要的说明,即消费者如何从食物伦理的角度采取行动。换句话说,我将表明,理论反思不仅仅是一种学术兴趣,这对那些赞成道德消费的人有用,也可以作为政治上参与社会发展的一种手段。

从本书目前阐述的理论看,有一点应该是清楚的。即,从消费者的角度来看,食物伦理关系到食物的生产历史。这是因为在食物的生产过程中,我们发现了某种脆弱性:人类、动物和自然都是食物生产过程的一部分,某种具体的生产方式可能会对它们造成伤害和侵犯。这种脆弱性使食物生产历史的伦理相关性变得明确起来。在不存在脆弱性的情况下,谈论道德是没有意义的。正如我在前几章中所论述的,在实际生活中,我们购买或消费的食物不再是"活的",因此也不再是脆弱的、容易被伤害的。所以,有人认为对商店里的蔬菜或盘子里的牛排怀有道德上的担忧是没有意义的。要想食物伦理有意义,我们必须关注蔬菜和牛排曾经是生命的"一部分"。这样的生命,即食物曾经存在的状态,在食物的生产历史中可以找到。

　　为了有道德地消费，消费者需要付出的努力似乎是令人生畏且巨大无比的。在一个高度工业化的社会里，追踪食物的生产历史即便能够实现，也会是一项困难重重的任务。例如，我们通常不可能追溯用于制作面包的谷物的来源，因为面包房用的面粉是由许多不同农场生产的谷物混合在磨坊的大容器中，再磨制而成的。用于工业化生产面包的谷物可能来自几个不同的国家，甚至来自世界各地。对于道德已经成为购物文化不可分割的一部分的忠实消费者来说，他们在许多情况下也不得不依赖食物标签来理解食物具体的生产实践，如公平贸易和有机农业等信息，但这些标签没有关于实际生产历史的任何具体信息。普通消费者根本无法获知生产历史。

　　因此，本书讨论的食物伦理对于大多数普通市民来说看似用处不大，因为食物并不是以标志的形成揭示其实际生产历史，而只是作为一种痕迹告诉我们曾有过一段生产历史。因此，在本书的结尾，我想试图让有关食物痕迹的哲学和伦理学更加具体适用。为此，我将列出四个步骤。

　　第一步，引入可追溯性的概念。"可追溯性"已经成为一个相当具有技术性的术语，它指的是在生产、加工和销售等所有阶段追溯和跟踪产品的能力。因此，可追溯性意味着产品实体的历史由记录的标识组成。这使得鉴别一种食物的所有成分成为可能。对产品进行记录意味着要知道供应商是谁、供应的是什么、何时收到、交付给谁，等等。这个概念已经在医药产业中使用了一段时间。如果医疗产品出现故障或含有有害健康的元素，能够对其进行追踪和召回是很重要的。由于过去十年里各种食物丑闻频出，可追溯性也通过欧盟指令，被食品部门引入。

第二步,我将介绍在丹麦进行的可追溯性和伦理调查的实证结果。作为调查的一部分,我们在丹麦的六个超市对选定的产品实施了"可追溯性"调查,并特别关注了其中的伦理问题。调查结果和消费者对这个"实验"的反应将会在下文中呈现。

在第三步和第四步中,我将参照两个与消费伦理和食物伦理有着根本关系的概念,即"自主"和"承认"来讨论这些调查结果。自主和承认是对那些希望在食物消费中采取道德立场的人的基本理念和要求。

1. 碎片化和可追溯性

现代性常常以碎片化的概念为特征。谈到设想中的过去的亲密性,许多人会说,人类不再以一种可见的、可理解的方式彼此联系。相反,现代性的存在似乎让人们"遭受"着脱节和碎片化的痛苦。第一章中所述的消费与食物生产的分离非常符合现代性的这一解释,因为在大多数情况下,人与人之间不可能有直接可见的联系。对于现代人来说,分裂、碎片化已经成为一种普遍的经验,因此成为一种基本的人类状况,以至于希腊哲学家科内利乌斯·卡斯托里亚迪斯(Cornelius Castoriadis,1922—1997)认为诠释碎片化是当今哲学中最紧迫的问题之一:

> 世界,不仅仅是我们的世界,是支离破碎的。然而,它不会分

崩离析。对我来说，反思这种情况似乎是当今哲学的主要任务之一。①

世界是支离破碎的，即使如此，它也不会分崩离析。卡斯托里亚迪斯呼吁人们对此进行反思。一种可能的解释是，我们对世界的感知是支离破碎的，因为我们看不到维系世界的纽带——不是因为我们没有能力发现，而是因为这些纽带是不可见的。这种对碎片化的解释使得知识成为一个中心概念——我们看不到这些联系，因为我们不了解这些联系。

回到卡斯托里亚迪斯的另一种解释，他不同意只有在现代性中我们才会遇到分裂和碎片化的困境。相反，世界的碎片化本质上是感知的一个基本特征。因此，卡斯托里亚迪斯把分裂和碎片化作为一个认识论问题。分裂和碎片化是一种组织世界的方式。例如，一些领域被排除在感知之外，另一些领域则可以被感知。为了创造一个我们可以理解的世界秩序，这个世界必须（被人为地）缩小和分裂。否则，感知会因陷入无数的细节而令人不知所措。我们可以说，世界被我们感知成支离破碎的，正因为如此，我们对世界的感知没有分崩离析。

即便如此，我们对现代性的认知并非来自认识论，而是来自一种分裂的、碎片化的社会经验，这在上文第一个解释中提到过。碎片化已经成为一种常见的存在主义体验；不仅世界，我们的生活也

---

① Cornelius Castoriadis, *Le monde morcelé* (1990). 这里的引文来自《碎片化的世界》的前言第 22 页。

被体验成是碎片化的存在。分裂和碎片化被认为是人们生活缺乏连贯性的表现,特别是现代生活把生活划分和分割为不同领域:个人关系、家庭、工作、休闲、消费等。这些领域通常是不同的,没有联系。但在这些领域的群体内部也出现了分裂和碎片化:我们和不同的人有私人关系,而他们彼此之间没有联系,事实上我们可能不只是一个家庭的一部分。工作和消费往往与这些活动的后果分开。

对社会生活碎片化的存在体验影响了我们对社会意义和目的的态度,也影响了我们评价与他人生活在一起的意义。加拿大社群主义哲学家查尔斯·泰勒(Charles Taylor)评论说,人们"可能确实觉得自己是在公共项目中与其他一些人联系在一起,但这些更多的是部分群体,而不是整个社会"①。人们往往会倾向于放弃承担公益项目,甚至会放弃相互声援和关心。根据泰勒的说法,这样做的后果是,"缺乏有效的共同行动会使人们只能孤军奋战"②。这种个人主义反过来导致了个人的"责任内化"。然而,这并不是说人们的行为由此而变得更负责任;有些人堕落得更深,就像有些人上升得更高一样。③ 最后,泰勒对现代性的悲观诊断,意味着团结倾向于被限制在面对面互动的近距离环境中。整个社会是由一种持续的、中立的自由主义所主导的,因此容忍比团结的特点要好得多。团结

①　Charles Taylor, *The Ethics of Authenticity* (Cambridge, Mass: Harvard University Press, 1991), p.113.

②　Charles Taylor, *The Ethics of Authenticity* (Cambridge, Mass: Harvard University Press, 1991), p.117.

③　Charles Taylor, *The Ethics of Authenticity* (Cambridge, Mass: Harvard University Press, 1991), p.77.

被用来描述在一个社区中,因其他人的存在而受益或丰富的关系,而容忍仅仅是指一个接受其他人存在的社会。

对现代性碎片化的看法千差万别。有些人认为现代性固有的碎片化只是一个小问题,因为现代性的优势和可能性足以弥补其造成的损失。例如,增加的个人自由可能比社区的一致性和嵌入感更受欢迎。但如果我们不考虑利弊,我相信大多数人会同意,分裂和碎片化在某种程度上也意味着损失。如果说分裂和碎片化是现代性所固有的,而一致性和统一性并不会自动出现,那么在生活中创造一致性就成了人类在现代社会的任务。因为分裂和碎片化是由一种无意义和孤立的感觉主导的,而一致性通过建立人与人之间的关系而产生意义(如第五章所述,我将在本章的最后部分再次提到)。

自 17 世纪以来,食物消费也出现了分裂和碎片化,消费与生产开始隔绝。在现代社会中,从农场到餐桌的统一性和一致性本身并不会主动出现,它们必须被创造出来。食物的生产历史代表了从农场到餐桌的联系过程,这段历史并不是普通人所能接触到的。但是,它们是可以被"访问"的。这对消费者来说不是一项容易的任务,可是掌握生产实践信息的人可以完成这项任务。当然,这里我指的是生产者,是可以提供这些信息的人。其中也包括从政者和当局,他们在确保生产者提供可靠信息方面发挥着重要作用。我的具体建议是,食物生产的历史可以通过使用可追溯性的概念来传达。从消费者的角度看,在食品相关部门实施可追溯性措施可以成为处理碎片化问题和建立新的一致性关系的一种方法。

可追溯性的概念最近才被引入相关的食品部门。该概念的引人可能是基于我在本章导言所提到的完全不同的原因。但让我先介绍一下这个概念目前的用法。总的来说,可追溯性概念的引入归因于生产实践的变化:生产和消费的分离、大规模化生产的引入和国际商品的自由交易。随着这些变化,新的、不可预见的后果接踵而来。在生产过程中可能会出现错误和缺陷,重要的是要能够追踪这些错误和缺陷。否则,商品可能不仅会对个人、家庭或小的地方性社区造成伤害,而且会对世界各地的许多人造成伤害。可追溯性的目的是尽可能精确地找出生产过程中出现的问题,以便进行必要的维修,并仅收回出现故障的产品。在某些情况下,找出责任人也是必要的,以防错误是人为故意造成的。当危害健康的化学物质被故意添加到食物中,或者当从农场到餐桌的食物链条中的一些参与者没有对食品卫生给予足够的重视,从而导致食物被沙门氏菌等病原体污染时,就需要追溯这种情况是如何发生的。

　　一般而言,食品相关部门似乎还不能看到实施追溯性的好处,因此在引入这一概念方面比其他部门慢一些。然而,随着食物丑闻的出现,如 20 世纪 80 年代在英国爆发的牛海绵状脑病(BSE,即疯牛病),20 世纪 90 年代末在比利时发现动物饲料中含有二噁英,以及沙门氏菌、李斯特菌、梭状芽孢杆菌和大肠杆菌 O157:H7 等病原微生物的迅速传播与其他的食物污染事件等,可追溯性成为一个与食物相关的主要问题。其目的当然是提高食品安全性。

　　然而,正如我已经指出的,除了食品安全,食品相关部门应该引入可追溯性措施还有其他几个原因。表 4 列出了最常见的理由。

表4 可追溯性的功能

关于食品可追溯性的目标
1.食品安全与风险评估
· 安全：识别或绘制食物安全故障图，以便为保障公众安全而回收受污染产品
· 风险评估：对食品安全（如卫生）可能具有重要意义的食物、食品配料或加工技术的绘制
2.管制
· 对生产者和零售商活动的监督和审计
· 食物残留监测：在适当地点对食物进行抽样检测残留物，例如杀虫剂
· 避免欺诈和盗窃：用化学和分子方法对产品进行控制（生物"食物足迹"）
· 认定相关责任人（同时也可以认定清白！）
· 标签验证
· 成分定义
· 避免负面索赔（如要标识出"可能含有转基因成分"）
· 尽量减少召回损失
3.产品定价策略和质量保证
· 营销、健康、道德和其他主张信息
· 真实性：产品的身份（食品认证）和生产者的身份
· 质量：最终产品标准的保证
4.消费者的感知和利益
· 透明度
· 消费者的知情选择（后果）
· 信心和忠诚度
· 了解消费者的诉求和顾虑
· 作为比较不同产品的信息
· 公众参与：消费者服务和公司的"客服热线"，以获得消费者的反馈意见

    食品安全和生产过程的控制是可追溯性最广泛的目标。在欧洲，这是强制性的，欧盟执行的相关法规中对此有明确规定。

产品标签和质量保证计划的认证是可追溯性能够发挥效用的另一个领域。认证主要是在自愿的基础上进行的,即生产者自愿采用这类计划,例如有机农业认证。表 4 中最后一点"消费者的感知和利益"的内容表明,可追溯性可以用来服务于特定的消费者利益,能提升食物市场的透明度,符合消费者知情选择的主张,因此也可以用于保证道德消费。这仍然是一个极具争议性的问题,目前也只是一个假设性的构想,因为迄今尚未有任何政治上的措施,能让一般公众获得食物的可追溯性信息。

下一节我们将举例说明可追溯性的概念是如何用于传播食物生产历史的。

2. 关于伦理可追溯性[①]的社会学调查

2004 年,"可追溯性"的概念被用于一项社会学调查。该调查有丹麦哥本哈根的 6 家超市参与。调查内容是如何向超市里的顾客传播食物的生产历史。[②] 调查目的是分析面对商店里某些商品生产历史信息的增多,人们会有什么反应。这是否有助于弥合第一章所概述的消费者态度和行动之间的差距? 如果顾客可

---

① 伦理可追溯性,原文为 ethical traceability,指的是追溯某一食物的生产历史或制作过程是否符合伦理要求,例如超市里卖的鸡肉是否符合动物福利、公平交易等伦理上的要求。——译者注

② 该调查报告发表在 Christian Coff, Lise Walbom Christiansen and Eva Mikkelsen, *Forbrugere, etik og sporbarhed* (*Consumers, Ethics and Traceability*).

以追溯食物生产历史的伦理,那么他们会按照自己的意见行事吗? 我们的期望是,顾客对商品的选择将受到这些信息和道德可追溯性的影响。该分析不仅是描述性的,比如描述了现在的顾客是如何购物的,以及这与他们的观点有无关系,它还将显示,顾客的态度和行动之间的差距很可能是缺乏信息造成的。因此,这个调查又是"规范性的",因为它的目的是分析需要什么条件才能使顾客更能按他们的意愿行事。换句话说,我们希望分析如何在实践中满足顾客购物时的道德愿望。所以,该分析侧重于描述,比如分析当代政治消费的不可能性和该概念在权力行使中的"战略应用"。这将使调查项目变得更加实际和规范。我们需要问的问题是:政治消费如何真正变得可能?

调查的设置如下所述。这里值得注意的是,调查显示了整合经过工业加工的食物的生产历史是多么困难;同时,调查也详细地记录了提供给顾客的信息。

首先,我们必须确定顾客感兴趣的信息类型,以及他们是否真的有兴趣了解关于可追溯性和生产历史的信息。为此我们召开了三次焦点小组会议,与会者交换了关于生产历史的伦理意义的相关意见。会议讨论了相关的道德领域和顾客应该涉及的信息类型,最后讨论了应该向顾客提供哪些知识和工具,以便他们能遵照自己的态度购物。会议得出了五个重要的结论:

(1)信息太多了,但我们仍需要更多的信息(才能做出合乎道德的购物)。许多人会说,顾客获得的信息已经超载了。然而,尽管受到了信息的轰炸,仍有顾客声称他们想要更多信息。这听起来像是一个悖论,其中的原因很可能是他们接收到的信息并不是他们想要的。也就是说，如果可获得的信息是不相关的，顾客就会被这些不重要的、耗时的信息所淹没，这就是为什么顾客仍然感到需要更多信息的原因。

（2）我是负责任的人，所以商店也应是负责任的商店。这听起来也自相矛盾，但它反映了消费者对其购物行为的道德责任感，同时顾客认为商店有责任向消费者提供关于货架上产品的道德原初信息。

（3）商店是连接顾客和生产者之间的渠道。消费者对于生产过程的信息和其中涉及的道德行为的需求，更多的是针对商店，而不是生产者。顾客认为自己在与生产者的关系中几乎无能为力，但也看到了在商店里，他们有一定的机会能按照自己的道德标准行动，以促使食物生产中有关的道德条件得以落实。

（4）生产者的工作条件、动物福利（包括运输过程中对动物的照顾）和环境可持续性是与会者最常提到的食物伦理的三个方面。

（5）对食物生产历史和道德的可追溯性信息的需求因人而异，因此仅凭一类信息很难满足所有消费者。有很多办法可以促进顾客了解食物生产历史，如：提供可信的、全面的内容说明，增加店员对所售物品的了解，张贴店铺宣传单和海报，利用网络，诉诸感官感知而不是过多的文字说明，等等。所有这些都可以让消费者明确相关的食物生产历史是否符合道德要求。如果要把所有可用的资料集中在一个地方，互联网显然是一个可选之处。能够轻松访问这些信息是顾客的明确要求。

考虑到这些问题，我们精选了一些商品，收集了有关它们生

产历史的信息材料,并以三种传播方式将其投放到六家参与调查的超市:

(1)安装带有图片和打印主页的电脑。

(2)装有现成的图片和打印出来的文件的文件夹。

(3)有演示者在场,他们熟悉产品的生产历史,能够将产品信息告知顾客。

在六家参与调查的超市中,两家有电脑,两家有文件夹,两家有演示者。调查使用的两种产品是黑麦面包和猪肝酱,这两种食物在丹麦超市拥有很高的营业额。

出乎我们的意料,我们所设定的调查面临的最大任务竟然是向顾客讲述食物的可追溯性和生产历史。第一,食物生产历史中包含同一种产品不同品牌的信息是很重要的,这样它们才能被公平地比较。事实证明,食物生产历史的标准化比我们假设的要难。第二,从生产者那里获取信息,也比我们想象的要复杂。

生产历史的标准化对于产品的比较和提供公平的选择是很重要的。我们从焦点小组中得到了他们认为相关的主题列表,从伦理的角度提供了可追溯性和生产历史相关内容的指导方针:

(1)产地:地理来源。

(2)产品质量:描述制造方法及其对产品质量的影响(如食物原材料收获后的处理和加工工艺)。

(3)生产和环境:描述环保措施和产品可能获得的认证。

(4)生产和动物福利:动物是如何被对待的。

(5)生产和工作条件:为了保证良好的工作条件,是否有什么特别做法。

（6）生产与社会的关系：涉及农场和企业的描述。

（7）经济透明度：谁赚了多少钱——体现作为伦理参数的经济公平。

（8）保证和认证：谁负责确保产品上的信息是正确的。顾客必须信任相关检验机构。

根据这份列表，我们起草了一份标准问卷，要求生产商填写。事实证明，这是一个复杂的问题：有些生产商不愿意提供我们需要的信息；其中一家公司——丹麦皇冠集团（Danish Crown），因涉嫌在其德国工厂雇佣工资过低的波兰工人而成为媒体关注的焦点。

对于一些实际存在的问题，我们似乎很难获取信息。我们必须完全放弃关于经济透明度和公平问题的追求，因为有太多的因素在起作用。例如，在猪肝酱的例子中，谁赚了多少钱的问题是消费者高度关注的，因为许多顾客怀疑大型生产商排挤了小生产商。计算超市和生产者赚取的份额很容易，但是农民的呢？农民不出售肝脏；农民把整只动物出售给屠宰场，然后屠宰场宰杀动物，取出肝脏后单独卖给肝脏加工商。屠宰场支付给农民的是整只动物的价格，而不是单独的部分，所以没有人能合理地计算出农民从肝脏中赚了多少钱。而且，收入必须与各部分的费用联系起来看。当伴随着大笔开支时，高收入本身并不是问题。因此，我们如果要理解食物生产历史，就必须以一种完全不同的方式阐述经济公平。

对于那些希望参加调查的企业来说，它们所掌握的信息存在巨大差异。一般来说，有机产品的生产者提供了最多的信息，这并不奇怪，因为他们受制于自主的市场安排，需要提供一系列的文件。但许多企业发现不可能回答这些问题；他们只能说，遵循了有关动物福利、环境和工作条件的现行法律。这些调查结果证实了食物市场的分裂和碎片化。一般来说，一家公司对自己公司以外的产品的生产历史了解得很少。他们还强调食物生产历史作为经验事实的"隐蔽性"。而且，我们还遇到了一个问题：法律条文不能很好地传达信息。一些企业似乎对自己的产品几乎没什么故事可讲，因为这些产品都是"无名氏"。就工业化程度最高的产品而言，我们对其动物的来源或生长、农场的工作条件、制造商或其环境问题一无所知。

第三个问题是少数企业在市场上广泛地占据主导地位。在我们的调查中，我们选了三个不同品牌的黑麦面包，所有这些黑麦面包都是用同一家磨坊——希瑞尔利亚（Cerealia）生产的面粉制成的。丹麦的面粉市场由三家大企业主导，其中希瑞尔利亚公司是最大的。这给我们带来了两个问题。首先，面粉的历史只能追溯到混合了所有谷物的磨坊，所有的谷物都是从七个不同的欧洲国家进口。因此，我们无法追踪有问题的农场、地区或原产国。这是一个遗憾，因为地理来源对许多人来说很重要。人们会把特定的食物与特定的地理区域、景观或文化联系起来。其次，这使得生产历史非常相似。在顾客看来是三种不同品牌的黑麦面包，实际上它们的生产过程和原料非常相似。事实上，在其中一家连锁超市中，10—12个不同品牌的面包都来自同一家面包生产商，这就违背了我们的目的：如果在生产历史上没有差异，只通过价格和味道进行描述，伦理就变得无关紧要。企业不适合作为区分和记录生产历史的主体,他们不能提供相关信息。因此,我们自己收集的材料没有预期的那么详细。图2展示了一个例子,说明了顾客是如何通过互联网了解面包的生产历史或制作过程的。六个超市中有两个可供顾客使用电脑。

　　为了不给顾客增加不必要的负担,此处所呈现的面包生产历史很简短。图2是从网络页面摘录的关于西斯烘焙(Heathbaker)黑麦面包的生产历史。

　　网页上的文字表明,要从特定的伦理角度审视这些食物的历史是多么困难,因为只有少数参与其中的企业对道德问题有明确的态度。

　　在超市里,我们对购物者进行了采访,询问他们对所提供的信息和材料的看法。购物者对此项调查很感兴趣:在257个被询问的人中,155人愿意参与调查,102人不愿意参与。尽管这些调查存在一定的缺陷和许多相似之处,但是155名参与者中的绝大多数人还是对提供给他们的信息表示感谢,因为之前他们对面包的历史几乎一无所知。他们中的一些人对面包的生产过程有一些模糊的认知,但是当面对超市提供的信息时,他们常常感到惊讶:食物生产的工业化比大多数人想象的更为广泛。一位参与者说,这种形式的信息具有激励作用:

　　　　我认为有信息在那儿是很好的。尤其是对于像我一样不太善于发现的人——所以这些信息能激励人。

农场   磨坊   烘焙坊

黑麦面包

农场

黑麦是由丹麦和国外的生态种植者种植的。这意味着不使用化学合成杀虫剂或肥料，只进行机械除草、更换种子以避免植物疾病，只使用动物肥料和绿肥。

农民直接把粮食送到希瑞尔利亚磨坊。磨坊的记录可以追踪到是哪一个农场生产的粮食。然而，一旦黑麦被混合并研磨，消费者就不能再从面粉追溯到农场，因此没有关于农场工作条件的信息。希瑞尔利亚磨坊与农民们签订合同，以市场价格购买黑麦。

磨坊

黑麦是由位于丹麦日德兰半岛中南部的伦的斯考的德拉贝克斯磨坊磨制的，该磨坊是希瑞尔利亚磨坊的分公司。黑麦是一种100%全粒研磨的产品。

希瑞尔利亚磨坊已通过ISO 14001认证。公司通过以下方式识别所有的环境影响，并实施改善措施：(1)作出正确的环境选择和工艺变化；(2)通过减少用水来减少排放；(3)以最环保的方式生产，尽量减少和清除废物。希瑞尔利亚磨坊旨在创造令员工满意的高水平的工作条件。发展技能和学习知识是企业和员工的责任。

烘焙坊

西斯烘焙的黑麦面包是由位于哥本哈根的阿迈厄岛的"金色玉米"烘焙坊制作的。这是一个经营批发业务的烘焙坊。

这种面包是一种传统的日德兰黑麦面包，含有有机黑麦面粉、谷粒、水、酵母、盐和黑麦面包屑。面包需发酵至少6小时，然后烘烤1小时45分钟。长时间的发酵，提高了原材料的口感和营养水平，生产出健康、耐嚼、无添加剂的面包。根据相关法律，面包店的环境或工作条件不需要特别认证。

图2   关于黑麦面包制作过程的网页

这位顾客并没有说明我们提供的信息以什么方式激励着他，但是我们可以想象几种引发激励的可能，包括激发消费者寻求信息的动机和基于道德考虑采取的行动。

许多消费者也很快提到,可用的信息必须能够让他们比较品牌的好坏。这里的问题是,生产者不愿提供可能被顾客认为是负面的信息。因此,从政者、企业和当局也要发挥作用,这是因为不能让自由市场来告知顾客食物的生产历史,不然他们通常得到的只是公关材料。

调查还显示,"道德"在消费者心中显然被认为是一个理解困难和意义分散的概念。这可能是由于全球化等原因,因为现代伦理学不仅仅是短期伦理学和我们能立即理解的伦理学。正如第四章所述,现代伦理学迫使我们考虑我们采取的行动会在地球另一端所导致的长期后果。困难就在这里,因为我们不知道这些后果。

调查中进行的访谈,指出了实现食物伦理需要的一些具体的条件,这些条件对于食物伦理可追溯性的传播非常重要。主要结果如表 5 所示。

表5　关于伦理可追溯性的实证调查的主要结果

调查内容	调查结果
相关信息	·对于大多数受访者来说,关于生产历史的信息显然是新的信息。 ·顾客很少能自己找到关于伦理可追溯性的信息,他们需要帮助和指导。 ·人们经常提到食物市场里信息过的问题。这项调查指出,信息缺乏同样是可能出现的问题:现有的信息并不是消费者所想要的。 ·食品品牌公司每天都迅速地向消费者推送信息,但这些信息所代表的立场并不容易获得;不同的品牌需要给消费者提供更多的信息。 ·关于食物及其伦理可追溯性的信息必须易于获取,不能包含冗长、晦涩的文本。这些文本也应该在销售点提供给消费者。 ·对许多顾客来说,食物带来的感官享受在食物的选择中起着重要作用。但在超市里,感官享受作为选择食物的手段往往被排除了。
可比较性	·顾客能够比较品牌的不同,对于购物来说是至关重要的。不同的品牌必须强调差异,方便顾客选择。 ·当唯一可比较的参数是价格时,价格自然成为许多顾客购物的主导因素。 ·低廉的报价使市场变得不那么透明,因为消费者不清楚各种食物的通常所需要的成本。
伦理可追溯性	·食物的可追溯性信息主要与主要生产地点有关,即食物来自什么样的土壤和景观。对许多顾客来说,农场比食物加工厂更重要。 ·地理标志不仅仅是对地点的说明,还可能具有政治、伦理、文化、社会或环境意义。

续表

调查内容	调查结果
信任	·许多顾客对零售连锁超市非常信任。这可以解释为他们缺乏与生产商的直接接触。 ·透明度(transparency),以公开、标准的形式呈现的信息会建立信任。 ·公正性(impartiality),事实上,几乎每个受访者都认为信息提供者的公正性至关重要。
伦理	·略多于一半的受访者认为,如果他们有更多关于食物生产历史和伦理的信息,他们会改变购物习惯。 ·关于可追溯性和伦理的信息对带着伦理态度购物的消费者具有激励作用。 ·顾客对食物生产历史中涉及的伦理问题尤其感兴趣的是:动物福利、环境、工作条件和公平贸易。 ·人们非常期望商店会对其销售的商品价值和提供给顾客的信息承担伦理责任。

　　调查的主要结论是,第一,增加食物的可追溯性信息会引起顾客相当大的兴趣。许多受访者认为,他们需要这些可追溯性信息的帮助,才能在消费的丛林中找到出路。第二,引入伦理可追溯性和产品生产历史信息的做法,不能指望在顾客中立即产生效果。我们得到的不足为奇的经验是,顾客需要很长时间来习惯这些可用的信息,而将这些信息应用到他们的购物实践中则需要更长的时间。由于消费在很大程度上是一个选择的问题,它也可以

被视为一个学习的过程。① 也就是说,消费不是自动的、类似本能的实践,而是在经验、意见交换、调查等的共同作用下产生的,更不用说广告的作用了。我们应看到,自从现代消费出现以来,伦理几乎已经被排除在市场之外,并因此被移至政治领域(至少在理论上是这样)。这就需要来一场关键的革命,使得伦理因素成为市场不可或缺的一部分。因此,消费伦理遭遇的反对并不令人惊讶。顾客已经习惯了媒体上出现的有关生产实践的伦理话题,但在店里,在购物中直接呈现这些话题则是一种创新。

下面是一个访谈的例子。

受访对象:一位三十多岁带着孩子的女士

问:(调查者向顾客演示如何使用电脑获取产品信息)你认为这是你需要的信息吗?

答:不,不是的。我唯一感兴趣的是添加剂是什么。实际上,我只对产品的内容感兴趣……这里,如果电脑显示的数据库中只有这些信息(而没有关于食物所含成分的信息),我会说,不。

问:你认为现在关于产品的信息够多了吗?

答:哦,如果我说我需要知道的是里面有什么成分,那么我并不能总是得到我想要的信息。

---

① Roberta Sassatelli, "Tamed Hedonism: Choice, Desires and Deviant Pleasures", in *Ordinary Consumption*, ed. Jukka Gronow and Alan Warde (New York: Routledge, 2001), p.95.

　　问:但不是总会介绍食物里面有什么吗?

　　答:没有,但是,呃,让我们看看(在电脑上查找资料),上面没有说,例如,他们是否使用了生长抑制剂。

　　在这里我们可以看到,受访者最初对生产历史不感兴趣,但对化学物质在农业中的使用却很关心,担心它们会在食物中再次出现。也许她会对发现食物成分和生产方式之间的联系感到惊讶。

　　对话还揭示了消费者认为谁拥有食物市场上的信息,以及因此谁能够制定议程,以确定哪些信息可以传递给消费者以及如何传递。关于生产历史、道德规范和可追溯性的信息(在食物说明中)是新的主题,只有少数能起关键作用和对食物伦理忠诚的消费者才会去寻找这方面的信息并明确自己的态度。大多数消费者看到一些关于食物生产历史的内容时都无法立即了解其中的含义。在起初,与其说是消费者,不如说是生产者和经销商能够促进大众对食物生产历史关注的发展。但要使这种关注持续并保持稳定,必须得到消费者的支持。

　　在调查中,可追溯性被证明是一个比最初设想的更加细微的概念。地理标志,其本身不过是一个简单的专有名称,但是它蕴含的意义往往远比它直接表明的要多。由于顾客对特定的土地和地区有一定个人化的印象,许多受访者普遍受到工作条件、动物福利和对自然的尊重等因素的影响。我们现在看看一个采访的部分对话。

受访对象：一位 50 岁左右的女士

问：像蔬菜这样的东西，超市通常不会说它们来自哪里。

答：嗯，超市应该告诉我们。

问：蔬菜来自哪里，你认为重要吗？

答：非常重要，极其重要。例如，如果我想抵制来自某个国家的产品，有时就会遇到一些问题，因为有些产品上有虚假的标签。有时上面写着它们来自别的地方，但实际上它们就是来自这个国家。尽管如此，我还是要看看这些盒子上的标签写着这些食物是从哪里来的！

问：但是你会用可追溯性对新食物做同样的事情吗？

答：是的，我认为这是个好主意，如果没有别的原因，我们应该更多地关注可追溯性。

地理标志不仅仅是一个生产地点的问题。表 5 中显示，原产地与其他一些因素有关：政治、伦理、文化、社会、环境等。抵制某个国家的产品就是一个例子，但在采访过程中我们也越来越清楚地看到，生产工人的工作条件好坏对丹麦产品来说并不是一个问题，因为人们认为丹麦已经立法，做了严格的规定。这表明地理标志被"过度解读"（overinterpreted）了，因为消费者倾向于读懂比他们实际得到的更多的信息。食物上的标签"丹麦生产"（produced in Denmark）意味着食物是在工作条件方面有严格规定的国家生产的，但在现实中工作条件不一定那么理想。例如，工作速度经常被认为是导致丹麦工人感到压力的因素之一。

调查还显示,消费者认为主产地远比二次加工地重要。这可以解释为:食物及其可追溯性首先是与生产食物的自然和"景观"有关。

3. 消费者自主权:记住他人和知情选择

尽管折扣商品层出不穷,但人们对道德消费的兴趣仍在增长,它开始在一个原本不太可能出现的领域引起政治上的轰动。有道德诉求的消费者似乎也忽略了市场与政治之间的关联。这让我们不禁要问,将市场与政治从根本上区分开来的观点,是如何维持其主导地位的。

为了追求类似议题的答案,荷兰哲学家米歇尔·科尔萨斯(Michiel Korthals)在《追问膳食:食物哲学与伦理学》(*Before Dinner*)①一书中令人信服地解释了消费者和民众之间的区别是如何在反对封建主义的启蒙时代出现的。在封建社会,生产和贸易是不自由的;它们被政治利益控制。王子们并没有区分自己的私人财政和他们所控制的公国的经济利益:这两者是相同的。生产和贸易受政治框架和条件的制约。

18世纪在很大程度上对这种封建社会结构进行了否定。权利旨在保护民众免受封建主义对个人造成的不公正待遇。权利

---

① 中译本见:《米歇尔·科尔萨斯:追问膳食:食物哲学与伦理学》,李建军、李苗译,北京:北京大学出版社,2014。

赋予民众一个私人而不受国家干涉的领域。早期的理论发展了一种观点：

> 消费者(中产阶级)被分配到个人管辖的公共和私人领域，在这个领域里，个人的行为和后果只由个人自己负责；市场……民众团结起来，在民众权利的基础上采取行动。①

由于消费文化与受保护的个人和私人领域之间的历史联系，消费往往与自由选择的观念联系在一起，通常被表述为消费者的自由选择。由于市场被认为是由需求驱动的，消费者的自由选择已经成为关于市场如何运作的经济理论的一个中心概念。但是"自由选择"到底是什么意思呢？这个问题已不再明显，因为工业化国家的大多数消费者已经感到自己是自由的，或者至少不受直接约束。"自由选择"的反义词是"强迫选择"(forced choice)，这实际上不是一种选择，而是一种被迫的行动。也就是说，在强迫选择的消费中，一个人不自己选择，而是他人或"必要性"为自己做出选择。例如，在早期时候，当时季节的专制使人们服从于非常本土化的食物系统。如今，"强迫选择"更像是让别人决定自己应该买什么产品。例如，一个人将被迫购买和消费一种特定的牛奶。当然，这似乎很荒谬。从一种不那么激进和更合理的意义上说，"强迫选择"意味着人们别无选择：要么购买特定品牌的牛奶，要么完全不买牛奶。当出现垄断时，人们被迫从特定的公司购买

① Michiel Korthals, *Before Dinner* (Dordrecht: Springer, 2004), p.155.

牛奶,或者根本不喝牛奶(或者消费者自己能生产牛奶,当然这只是少数人的选择)。在更微妙的情况下,"强迫选择"也可能表明消费者受到了操纵,如广告,或受社会压力而购买某些产品。

对强迫选择和广告作用的思考,让我们更深入地明白应该从中领悟什么。我们可以从两个相反的角度看待广告:操纵和信息。作为操纵,它阻碍自由选择;而作为信息,它有助于使选择更加自由。但是,这样的选择究竟在什么方面而言是"自由"的呢?

在法理学中,谈论三代权利已成为一种惯例:18世纪主要描述保障民众自由的消极权利;19世纪的政治权利描述了参与政治的权利;20世纪的社会权利是关于社会中商品的公平分配和享有平等福利的权利。今天,第四代权利正在发展。这些权利通常涉及健康和环境等问题。同样,对于"信息社会"来说,交流权或知情权被视为个人自主权的核心,这并不奇怪。在尚未充分发展的第四代权利中,可以看到道德消费者的权利。无论是在国家层面还是在国际层面,保护消费者权利都是一个日益重要的问题。与上述传统的市场和政治之间的区分相联系的是,贸易关系中权利的形成是政治联系贸易的另一个明显标志,反之亦然。另一个迹象明确地表明,贸易的影响不能脱离政治领域,贸易对民间社会也有影响。

然而,个人自由或自由的概念不仅仅与自由主义传统有关,自由主义传统是为反对欧洲中世纪的封建政权发展起来的。为了更全面地理解自由的概念,从传统哲学的角度更广泛地考虑这个术语是有用的。个人自由的概念是建立在个人自主的规范观念之上的。作为一个哲学概念,自主并不是指一个单一的事物,对于这个复杂的概念有多种哲学理解。"自主"（希腊语：auto-nomos）的 字 面 意 思 是 自 我 约 束 (self-rule)、自 决 (self-determination）或自我管理(self-government)，从这个意义上说，它最初被规范地用于描述主权(自治)国家。康德把这个概念强硬地用于个人意义上。个人自主的概念是规范性的，因为它不是自然给予的东西，而是用来描述一个理想的人的愿景以及这个人如何做决定。自主不是人与生俱来的东西，而是需要努力争取的，通过教育和培养(德语：Bildung)来实现。

作为美好生活愿景的一部分，自主的规范性概念是建立在个人受到侵害或不公正的负面体验之上的，这种体验是在违背个人意愿的情况下被强迫或决定去做某事。个人自主作为最古老和最基本的权利原则之一，旨在保护民众不受侵犯，并在不受胁迫的情况下做出决定。在一个非常普遍的层面上，自主行为是一种不受外部条件强迫的自愿行为。因此，"独立"在传统上被认为是自主的核心价值。自主性是独立进行决策、选择和行动的能力，独立于他人，或独立于他人的观点或偏好。① 这通常被称为消极的自由。

为了阐明自主的概念，美国哲学家托马斯·希尔（Thomas Hill）对哲学史上找到的三种不同层面或种类的个人自主观点进行了区分：

---

① Onora O'Neill, *Autonomy and Trust in Bioethics* (Cambridge: Cambridge University Press, 2002), pp.23-24.

（1）道德哲学。

（2）法理学。

（3）人的哲学理论（philosophical theory of the person）。[1]

让我从第二层面，即法理学开始。个人的独立性是有限度的，因为我们同样也必须尊重他人的自主权。在一个组织良好的社会中，必须对个人自主做出限制和规定。其中最明显的可能是不伤害原则。人们也不能自由地互相欺骗或不尊重他人的私有财产。然而，法定的自主权并没有过多地说明实际的自主行为或个人的自主能力。

这将我们带到了第一层面道德哲学。在道德哲学这一层面中有两种对个人自主的不同理解，都与决策和判断有关。第一种理解来自康德。在他的理解中，个人自主是指一个人能够成为他自己的道德立法者，不受感官欲望、传统、个人倾向等的约束，以便根据理性原则做出道德判断。辩护和论证是道德判断的核心。对个人自主的第二种理解强调公正。根据这种理解，论证导致对实践原则的考虑，从而脱离个人倾向。道德判断有别于其他判断，当它建立在理性论证和公正的基础上时，就被称为自主的判断。因此，道德不一定是行为的一种特征，因为行为可以是未经反思的和自发的；更具体地说，道德存在于理性和公正的判断程序中。

[1] Thomas E. Hill, *Autonomy and Self-respect* (Cambridge: Cambridge University Press, 1991), pp.43-51. 另见 Axel Honneth, *Decentered Autonomy. The Subject after the Fall*, 以了解霍耐特对希尔的区别的解释. Axel Honneth, *The Fragmented World of the Social* (New York: State University of New York Press, 1995), pp.261-271.

　　个体自主的第三层面与道德主体的自我意识和人类主体的概念相关。自主的个人不能对特定情况下的紧迫问题、理性论证、价值评估、他们自己的需要等视而不见，因为那将是一种矛盾的说法。相反，他们必须能够承认自己的价值和意图：作为人类主体，我们必须对自己来说是透明的、了如指掌的。

　　现在我们所讨论的问题，以及本书余下部分讨论的问题是，这些自主的概念如何适用于消费者的选择以及消费伦理的概念。正如我们所看到的，进行选择显然需要这种推理、反思和判断的能力。否则，它就很难被认为是一种自由的行为，而只能被认为是本能行为的结果。

　　让我首先考虑这样一个问题：选择是否可以完全自由且不需要承诺？首先，在人类完全不受约束的情况下，无条件的自由选择是值得怀疑的。完全的自由选择只能在理论层面上是可以想象的；在实际层面上，这几乎是不可能的。这种不受约束的自由选择不尊重他人的自主性，受到了包括黑格尔在内的许多哲学家的批评，他们认为这种自由的结果将导致一种"不确定性的痛苦"。最激进的自由选择是不可取的，因为它忽略了他人和整个社会的利益。因此，自由选择是在孤立中做出的选择，这种选择也会迫使个人的孤立。自由选择本身已经成为一种价值，无论选择的是什么，选择的后果远没有那么重要。这种对选择的解释，以效用最大化和利己主义为中心，已经成为理解"自由选择"这个术语的常见方式。因此，选择的概念，特别是在消费的情况下，往往是以一种相当居高临下的态度被对待的：选择与满足自己的欲望有关，而别人的需求不会引起自己的注意。

　　然而，选择，即使是在消费的情况下，也不一定是一个简单的活动。选择也可能是高度反思性的：基于仔细的判断和评估过的论点。选择可以是一种关系性的活动，需要我们将选择的后果考虑在内，并将自己与周围环境联系起来。因此，这里要讨论的问题是，消费者自由选择的概念，聚焦于自主和独立意义上的自由选择，这样的对自由选择的理解是否能恰当地满足消费者的需求。

　　我的观点是，大多数消费者认为他们自己是自由的，因为他们能够做出非强迫性的选择——尽管有大量的广告，但没有人直接强迫消费者购买特定的产品。现代消费者确实可以在现有的商品中自由选择或不选择某些产品。人们的购买力是有财务限制的，但在大多数情况下，如果人们真的不想买某种商品，就没有人会被迫去买。只有在垄断的情况下，例如，只有一家公司提供牛奶，我们才能说消费者没有自由选择。在这种情况下，自由选择可以作为保护消费者免受垄断伤害的一种手段。因此，自由主义者对选择自由的要求似乎在许多方面已经被预料到了。自由选择既是观念又是实践，需要我们继续捍卫和维护。

　　然而，即使消费者在这种意义上的选择自由确实是不受限制的，但在另一种意义上，他们肯定不是自由的。因为获取有关食物和生产方式信息的自由肯定没有得到尊重。上文提到的社会学调查表明，获取有关食物生产历史的信息是多么困难。现实中不存在自由获取信息的程序性权利。消费者的自主权不仅应被理解为一种实质性权利，即简单自由选择的权利，而且应被理解为道德消费者获得关于生产历史的公正、可靠信息的程序性权利。

在当今复杂的社会,信息和知识是做出自由选择的关键因素。我认为,没有知识作为基础的选择不是自由的选择,它只是从消费者的利己主义效用最大化的角度来看是自由的;但从消费者的角度来看,消费被视为与他人联系的方式,没有知识支撑的选择是一种强迫性的选择,因为消费者不知道选择了什么。因此,将自主性狭隘地理解为自由选择是不充分的,我们应该在消费伦理的背景下以另一种方式加以解释。为了进行类比,有必要考虑一下在医学伦理中关于"自由选择"的解释。对病人自主权的尊重保护了病人选择他喜欢的治疗方法的权利。当然,这必须在疾病信息和医生提供的可能治疗方案的基础上进行。医学伦理的自主权通常是在自由知情同意的情况下实行。这个例子强调了信息和知识在做出自由选择方面的重要性,但没有涉及在医疗实践中使用知情同意所涉及的所有实际问题。

在消费中,我们不说知情同意,而是说知情选择,这表明选择是基于信息的。消费者被"胁迫"是由于信息的缺乏,或者更糟糕的是被太频繁的信息误导。大多数消费者认为,由于缺乏信息或受到误导性信息影响,他们能进行合乎道德的消费只是一种错觉。这就是实际发生的情况。

对于有道德诉求的消费者来说,独立或不受限制的选择的自主性当然是至关重要的。然而,有道德地消费不止于此:道德消费是一种基于尊重和关心他人的与他人有关或产生联结的活动。这在食物领域尤其明显。烹饪和分享一顿饭是表示关心的基本方式,通常是在家庭成员或朋友之间。这也是当别人拒绝你提供给他的食物时,你会觉得沮丧的原因。我同意英国社会学家艾伦·沃德(Alan Warde)的观点,他认为,食物问题逐渐被视为一种技术问题,但他也强调,烹饪与对他人的关心密切相关。① 食物选择是一种关系活动,因为要考虑实际选择产生的后果:选择将人们与他们的环境联系起来,不仅是与亲戚,而且在更广泛的意义上与社会和自然联系起来。为了说明关于自主性的讨论以及消费者对这一概念的理解,下文将介绍本章第二节中提到的关于可追溯性调查的五项结论。

(1)消费者必须提出声明:我们可以自由选择自己喜欢的商品。

(2)我们应该对一切可能的事情表明立场。我们的态度应该以现有的信息为依据。

(3)消费者可以通过他们的购买力来改变现状。我们有权自己决定把钱花在什么地方和什么事情上。

(4)目前食物消费面临的问题是不能在品牌之间进行真正的选择②。表面上有许多不同的品牌,但实际上只有少数公司对产品负责。

---

① Alan Warde, *Consumption, Food and Taste* (London: Sage Publications, 1997), p.130. 沃德的观点是正确的,烹饪也以一种微妙的方式被用来压制女性自己的欲望,使她们顺从以取悦他人。

② 这句话的真正意思是,虽然摆在我们面前的食物有很多不同的品牌,但是无论你选择哪一种品牌,其实都一样。这种状况的详细描述和原因分析见拙作《食我所爱——城市发展和农业工业化的哲学反思》(中国政法大学出版社,2018)中的第二章。——译者注

(5)必须尽可能以最好的方式对待所有参与食物生产过程者。人类、动物和植物——在食物链条上的所有环节都必须得到保护(这是一个很高的要求!)。

这些结论说明了食物消费几个方面的问题。第一，消费者实际上可以自由选择他们想要的东西。在调查中，消费者或多或少认为自由选择是理所当然的。第二，这些结论强调了信息对做出选择的重要性。虽然消费者的选择是自由的，但是购买食物的经历远非毫无问题。即便选择是自由的，消费者也不认为自己是自行决定的。信息的缺乏是如此之严重，以至于根本谈不上能真正实现消费自决。关于这项权利，仅仅提及自由市场和传统"自由选择"中的"自由"已经过时。当选择自由成为主导市场的不确定因素时，就存在着消费者放弃政治地、道德地消费的巨大风险。第三，这些结论强调了消费是一种道德行为，因为有道德的消费者认为他人的福祉，包括自然的福祉，是他们购物时所需要考虑的因素的一部分。他们将消费与对社会、自然的责任联系起来，因为消费可以调解人们与社会、自然之间的关系，他们认为所有的消费者都应该承认这一点。有道德的消费者都认为，应该在消费问题上承担对自然和社会的责任。

消费对社会和自然的影响使消费具有政治性和伦理性——无论我们承认与否，消费仍然具有重要的政治和伦理意义。因此，消费既是一种经济活动，也是一种伦理和政治活动。市场和政治有着密不可分的联系。人们开始把自己视为消费者和民众，他们的消费不仅是私人事务，而且是公共事务。传统意义上的消费者和民众之间的区别已经过时了，因为购买行为和政治利益不再属于不同的领域。个人既在政治领域行动，也在市场领域行动。在调查中，只有少数受访者认为民众和消费者之间存在广泛的学术差异。消费者明显对更深入了解食物的生产历史感兴趣，这证明了政治或道德与市场、民众与消费者领域的相互交错。

4. 认识消费者，认识生产者

在本章第三节中，我们讨论了将消费者的自主权也视为一种程序性权利的必要性，即消费者有权获得生产历史的公正信息，并以此作为知情选择的依据。在社会中，自主比自决和权利更重要：自主以承认为前提，没有承认它就没有价值。或者反过来说，承认一个人通常意味着尊重这个人的自主权。因此，在一个以民众之间不断相互作用为特征的社会中，自主与承认的概念是密切相连的。在实践中，没有得到别人承认的自主是不可能的；因为没有得到别人的承认，就很可能被别人或者外部条件忽视、强迫或操纵。

个人自主权的行使不仅要求个人具有自主行为的能力，而且要求他人的自主权也同样得到承认。在这样的社会背景下，个人自主的合理性就成了问题，因为它似乎带有一个内在矛盾：如何在不干涉或限制他人自由的情况下保持个人自由？这似乎是"自主"这个社会概念的一个内在冲突。一方面，个人的决定和行动应该不受他人的限制，但另一方面，为了尊重他人的自主权，个人有义务不干涉他人。后者意味着，当其他人的自由选择受到伤害或受到限制时，自主性就受到了限制。这是一个严重的限制，似乎与自我立法的想法相矛盾。

承认理论经常被用来解决自主性这个基本的、内在的问题。自主和承认代表了冲突的两个方面：个人的自由和他人的自由。英国哲学家尼尔·柯蒂斯（Neal Curtis）在《反对自主》（*Against Autonomy*）的批判性分析中写道：

> 对许多理论家来说，承认的概念提供了解决这一争论困境（个人自由与他人自由）的理论工具，因为它是通过与他人的相互关系而在主体间构想的自主。因此，承认是个人在社会上的构想。①

我将简要描述最近对自主权的其他一些批评，因为这对理解消费者自主权很重要。② 自 20 世纪 60 年代以来，学界从心理学和语言哲学的角度对自主性的概念和研究进行了批判。这意味着，自主不能被视为一个完全直截了当的概念。要求自我透明、自我完全了解自己的主张已经受到了彻底的批评：人的心理动机

---

① Neal Curtis, *Against Autonomy* (Aldershot: Ashgate, 2001), p.95. 柯蒂斯提到的理论家及其作品有 Alexander Kojève, *Introduction to the Reading of Hegel*; Axel Honneth, *The Struggle for Recognition*; Robert Williams, *Hegel's Ethics of Recognition*; Francis Fukuyama, *The End of History and The Last Man*.

② 这一批评基于 Axel Honneth, "Decentered Autonomy: The Subject after the Fall", in *The Fragmented World of the Social* (New York: State University of New York Press, 1995), p.261-272.

在某种程度上是无意识的,所以人是不透明的,并不总是意识到自己的意图。由于无意识和"力比多"的作用,将自主的基础通常归因于主体的理性、理性的反身性的观点就受到了质疑。心灵被认为是不透明的。意志或多或少被无意识的心理动机等不可控制的力量左右,从而使自主成为一种幻觉。从自决意义上说,主体性也受到语言哲学的质疑和解构,因为语言的意义和系统被认为先于并凌驾于个人意向性之上。当自决被消解时,自主就变得毫无意义。超越主体自身控制的权力被心理学和语言哲学赋予如此具有压倒性的影响,以至于自主的内容被认为是空洞的。对于道德消费来说,这意味着即使在消费者对食物生产历史的道德判断辩护的情况下,潜意识的力量也可能起作用并"扭曲"判断,因此,有时候我们的"自主"判断可以说是错误的。对有道德考虑的消费者来说,限制这种潜意识的扭曲很重要,但正如理论所言,这完全是不可能的。然而,我确实相信,如果完全否认理性和自主判断的存在,将是对上述批判理论的严重过度解释。尽管有这些理论,但仍然存在这样一个领域:在这个领域中谈论自主和理性是有意义的,否则,这一大堆理论就会显得毫无价值。理性可以被认为是一个关系术语,描述了为达到特定目标而进行的论证和选择的相关性(无论这个目标本身是否合理)。这样看来,理性并不是脱离一切的抽象的论证原则和规则,而是与具体目标的实现联系在一起的。而且,我确实很难相信所有的目标都是由无意识的力量决定的:人们可以针对一些关于美好生活愿景的目标在公开场合进行辩论,甚至可能在某些问题上达成一致。在我看来,我们有许多不应放弃自主观念的理由,因为它确实描述了一种社会的基本价值。然而，我们也可能有充分的理由更加关注主体间关系的观念，对"自主"这个概念进行新的解释。从本章第三节可以清楚地看出，我在多元主义的传统中既主张对道德自主的解释，也主张应该考虑其他人的平等权利。

从理论上说，消费者与生产者或零售商之间的关系是一种相互的、主体间的关系。然而，在实践中我更愿意说他们之间的关系可能是这样一种主体间的关系：建立在相互承认基础上的主体间关系。因为，如前几章所示，目前消费者和市场上其他行动者之间的接触过于局限，以至于不能包括任何诸如承认甚至认知之类的东西。因此，我将以一种更有远见或更有想象力的方式来谈论这种关系，即我们应该如何发展这种关系，以便认真对待道德消费。首先，这种关系不能建立在单方面承认自主的基础上，而必须建立在相互承认的基础上。在此基础上，我们应该能够识别生产者和零售商，以及消费者。

（1）毫无疑问，有道德要求的消费者觉得有必要承认食物的生产方式。有伦理感的消费者认为，食物的生产历史应该被消费者认知，即食物生产历史的信息应该是透明的，是消费者可以获得的，这样他们就可以根据食物生产实践对食物进行承认或反对。承认或反对应该是基于对食物生产方式的评估。因此，从消费者的角度看，承认食物的生产历史，也意味着承认生产者和零售商及其生产和处理食物的做法。这里要讨论的问题是，如果消费者承认一种食物的生产历史以及生产者和零售商时，涉及什么样的承认。

（2）如果存在任何类似"有道德地消费"的行为，首先必须满足的条件是承认消费者的个人自主权。没有对消费者自主权的承认，消费者就无法根据自己的道德关切和信念进行选择。这里要讨论的问题是，关于承认的政治和哲学（后文中我将回到这一点）将如何有助于阐明"消费者自主权"和"有道德地消费"这两个难解的概念。换句话说，如何才能承认道德消费者的个人自主性？我们还将讨论消费者的个人自主权需要由谁来承认的问题。

到目前为止，我们已经概述了关于消费者与生产者和零售商之间的主体间承认和相互承认这两个问题。下面我要给出的答案来自一项调查：如何用承认的社会哲学来分析当前的市场形势，以及在承认的基础上发展生产者、零售商和消费者之间新的关系的可能性。为此，我将主要借鉴德国哲学家阿克塞尔·霍耐特（Axel Honneth, 1949— ）关于承认的理论著作。接下来简要介绍他关于承认的社会哲学。

根据霍耐特的考察，正是在德国哲学家弗里德里希·黑格尔的著作里，我们发现了一些最早的、最具启发性的关于"承认"的历史来源和在哲学上对"承认"概念的修补，特别是他的早期著作《伦理学体系》（*System der Sittlichkeit*）①和《耶拿实在哲学》（*Jenaer Realphilosophie*）中。黑格尔的承认哲学通常被看作是对 16 世纪自然权利哲学家思想的重新解释，比如霍布斯和马基雅维利。他们认为社会是由冲突和斗争、人与人之间的搏斗主宰的。而与他们不同，黑格尔没有将社会视为原始社会个体之间的斗争，黑格尔认为在社会化的过程中，儿童首先处理与父母之间的关系，之

---

① 中译本见：黑格尔：《伦理体系》，王志宏译，北京：人民出版社，2020。

后再到和其他人的关系。在这个社交的过程中，个体体验到和其他人的关系不仅是搏斗，还有（甚至更多）爱和关怀。从这一经验出发，黑格尔把"为承认而斗争"作为其社会哲学和主体间性哲学的一个核心概念。这一理论的主要论点是，正是通过承认他人并被他人承认，个体才意识到自己。与他人的接触，了解他人对自己的看法使人有可能"取代"自己，把自己放在他人的位置上考虑问题。根据黑格尔的观点，通过他人对自我的理解来看待自身是自我理解的核心，因此也是身份形成的关键。自我意识是在他人在场时形成的。也正是通过被他人承认，一个人开始意识到自己。在这样的承认理论中，"身份"不是孤立的，也不是来自人本身的内部心灵。承认理论强调，身份的形成发生在主体间关系中，因此是以个体之间的相互认同为基础的。

在霍耐特的著作中，通过区分三个独立的社会互动领域——私人、法律和共同体，使得承认的概念和身份形成的概念得到了进一步发展。这三个领域涉及三种身份形成或自我关系，霍耐特用以下术语描述：

（1）在私人方面（爱、家庭、友谊）：自信（self-confidence）。

（2）法律（权利）：自尊（self-respect）。

（3）共同体（共同价值取向）：自重（self-esteem）。

自信来自情感关系，自尊来自法律关系，自主来自共同的价值取向。这三个术语是霍耐特为了非常不同的目的而使用的，因此是"人为创造的"或"专业的"术语，因为它们被用来描述和分析关于承认的三个领域的三种不同形式的自我理解。这些术语是"人为创造的"，在日常用语中，这些术语并不是以这种独特的方式使用的。

首先,承认,即承认他人的自主权。因此,错误承认(mis-recognition)则相反:表现为对另一个人的蔑视、不尊重、漠视甚至鄙视。不尊重他人的自主权意味着在希尔提出的三层自主权的一个或多个层面上侵犯了此人,这三层自主权在本章第三节关于道德哲学、法律权利和身份的理论中有所提及。不尊重他人的自主权意味着认为一个人没有能力进行独立的道德判断;这将是对一个人独立的合法权利的侵犯,是对一个人具体身份的价值和合法性的拒绝。伤害或侵害在霍耐特的承认哲学中起着至关重要的作用,在黑格尔那里也是如此,因为正是通过对承认的法律形式的侵害,人类关系的主体间性才会被意识到。① 因此,为了理解承认,从理解什么是"错误承认"开始是有用的。

"非正义感觉"(德语:Unrechtsbewusstheit)的概念被霍耐特用来描述道德是如何在他所谓的下层社会中起作用的。这种在普通民众心中的伦理并没有像在"有资格的阶层"(qualified strata)中那样发展成为一种一致的、明确的、反思性的体系,而是主要由以"负面道德"(negative morality)即非正义为主导的情境性陈述构成。② 因此,焦点不在"正义"上,而在"非正义"上。可以说,非正义者比正义者更重要。我相信这适用于大多数人,无论涉及学

① Axel Honneth, *Kampf um Anerkennung* (Frankfurt am MainL Suhrkamp, 1992), p.43.

② 霍耐特对不公正意识概念的发展基于巴林顿·莫尔和 E. P. 汤姆森等人的著作。《道德意识与阶级统治:隐性道德分析中的一些问题》,见 Axel Honneth, *The Fragmented World of the Social* (New York: State University of New York Press, 1995), p.209.

术与否。要理解正义,就必须理解非正义。

霍耐特写道：

> 承认表达了另一个人应该具有社会"合法性"(social "validity")的事实……如果欺骗发生在承认的主体身上,因为他向另一个主体承认了某一"价值",而这个"价值"是合法要求的来源,这就会侵犯他的自爱。①

这种对伦理意识的理解并不罕见。它可以在一些哲学家的著作中找到,首先是柏拉图。柏拉图强调,我们不能理解"善",除非以"恶"为背景。这样的事实一直延续到现在。很明显,"善"与"恶"是相关的。一个人如果没有经历过或认识过恶,怎么可能有善的观念呢? 因此,这一理论是这样的:对什么是"正确"和"善"的积极认识,以对"罪恶"和"邪恶"的某种理性或感性的认识为前提。"罪恶"的认知是由羞辱和不公正的经历带来的。没有所谓的"负面道德"的体验,如苦难、嫉妒、腐败、侵犯、残忍、背叛等,就不可能思考和树立积极的价值观,如自主、正直、诚实、幸福、自由、关心他人等。一般来说,人们对不公正比对公正更敏感,这也是事实。

乔纳森·艾伦(Jonathan Allen)是这么阐述的：

---

① Axel Honneth, "Invisibility: On the Epistemology of 'Recognition'", *The Aristotelian Society*, Supp. Vol. LXXV(2001): 121. 这句话是说,被自己认可、信赖的人欺骗的话就会伤害自爱(self-love)。——译者注

　　　　我们不知道生活在一个完全公正的社会是什么样的,但我
们知道,我们中的一些人从日常经验中知道,生活在一个不公
正、残酷或羞辱的社会是什么样子……识别邪恶往往比识别和
理解善更容易。①

　　明确伦理的规范必须采取一种间接的途径,即必须通过负面
道德,即表现为罪恶、邪恶、不公正等来寻求"善"。艾伦提出的观
点是,在邪恶显而易见的地方,消除或最小化邪恶比追求善更重
要,负面道德在形成判断中扮演着重要的角色。

　　霍耐特的《隐形:承认的认识论》②很好地说明了我们应该如
何用"错误承认"的概念来理解承认。霍耐特在开头引用了拉尔
夫·埃里森(Ralph Ellison)的小说《看不见的人》(*Invisible Man*,
1952)③的序言。故事的叙述者是一位年轻的无名黑人,他经历了
20 世纪 50 年代的美国式不宽容:"我是一个隐形人。当他们走近
我时,他们只看到我的环境,看到他们自己,或者他们想象中的虚
构事实:说实在的,他们看到了所有的一切,唯独看不到我。"埃里
森在书的序言中如上写道。叙述者在这里说的是白人对黑人的
忽视,以及这种忽视是如何被用作一种有意的不被承认的标志。

---

　　①　Jonathan Allen, "The Place of Negative Morality", *Political Theory* 29 No. 3
(2001): 350.

　　②　英文名为 *Invisibility: On the Epistemology of "Recognition"*。

　　③　*Invisible Man*, 1952. 中译本见:埃里森:《看不见的人》,任绍曾译,北京:外国
文学出版社,1984。

黑人没有被视为独立自主的个体，他们被认为是低人一等的，受制于白人的统治政权。在公共领域，黑人的实际存在被白人忽略了：黑人是不可见的。白人"看穿"了黑人，好像黑人根本不存在似的。《看不见的人》中的叙述者把这种忽视描述为一种羞辱或侵犯。

霍耐特用这个比喻描述被承认的意义，在非视觉意义上变得可见是承认的一种基本形式。承认依赖于他人表现出来的姿态（gestures），表明一个人"是可见的"，因此得到了社会的承认。没有这样的姿态，一个人会变得不可见，从而被排除在社会领域之外。

我现在从对霍耐特承认理论的简要描述，转向先前提出的两个问题，看看如何将其应用于市场和道德消费。

（1）消费者对生产历史和生产者、零售商的承认涉及什么样的承认？

（2）有伦理诉求的消费者的个人自主性如何得到承认？

从我们结束承认理论研究的地方开始，即对"错误承认"的分析，我们可以类比现代工业食物生产和分销体系，其特点是缺乏透明度和可追溯性。生产者和生产历史对消费者来说是看不见的；但我们应该注意到，反过来也一样：生产者也看不见消费者。由于缺乏相互可见性，对食物市场的认识和认可是困难的，在大多数情况下，市场行动者之间的相互认可是不可能的。消费者不能识别食物的生产者和生产历史，生产者也不能识别消费者关于生产历史的主张。

我们来分析第一个问题。尽管市场不透明，但一些经营商店或连锁超市的零售商,实际上消费者是看得见的。这不仅仅是一个微不足道的观察:这种可见性在上述调查的经验材料中被清晰地表达出来了,正是因为零售商是市场方与消费者接触的唯一代表,也是展示食物生产历史的唯一代表。当然,消费者会利用这种可见性,并根据个人喜好来判断、评估、选择或忽略某些超市或商店。就消费而言,我们不能不加批判地将上述《看不见的人》中的种族主义忽视类比为消费中的"错误承认的标志",因为这两种情况下的承认是完全不同的。在"非视觉"意义上,"变得可见"并不意味着生产者的自主权得到了消费者的承认。黑人之所以被忽视,是因为白人不愿意承认他们的个人自主权,因此他们被完全排除在"对社会有价值的成员"之外。这与有道德地消费的情形相去甚远。选择特定的商店或食物可以被看作是对其他"没有被选择"的商店和食物的忽略,而不是对商店或生产者自主权的"错误承认"。

那么,我们需要追问,从伦理消费的角度看,什么是被承认的呢?我的回答是,这是生产历史如何符合消费者自身的价值观的问题。道德消费者对某种产品的承认或者忽略,主要是衡量生产历史符合消费者对生产实践的期望的情况。消费者的伦理认同首先属于承认的第三个层面,即共同的价值取向。有道德诉求的消费者会评估一段生产的历史,而对这段历史的评估反过来也会影响对与这段历史有关的人的评估。对参与食物生产或制作历史的人的承认,一般是对他们在食物生产实践方面的价值的评估。

如果我们遵循霍耐特的承认理论,我们很容易得出这样的结论：消费者对生产者和零售商的承认对他们自身的自重和对其自身的社会合法性认知很重要。从生产者的角度来看，不仅在经济方面，而且在个人和社会方面，消费者的这种承认也是可取的，因为这与自重有关。当生产者和零售商"变得可见"时，对他们的正面承认是对他们工作的肯定，因此对他们的自我价值和工作自豪感很重要。

第二个问题是：自主和承认的哲学如何适用于道德消费者和消费？按照霍耐特的"隐形等于不被承认"的观点，对有道德的消费者而言，在道德意义上伤害他们的事是生产者对他们视而不见，即道德消费者是隐形的。在承认的三个领域——私人的、法律的和共同体领域，我们感兴趣的并不是爱情和友谊的私人领域。在私人领域，食物可以是一种表示承认甚至不尊重的手段；但在市场上，食物就与法律和公共领域相关。这种对消费者伦理要求的忽略带来的不是对道德消费者身体完整性的损害，而是对他们的法律程序性权利和社会价值的损害（见下文）。

有道德地消费很可能是某些消费者身份的一个重要因素，但在市场的不可渗透性中，这种身份被忽视了。如果没有别人的积极承认，这种法律领域的身份就会失去自尊。缺乏对个人自主权的尊重，使消费者认为自己是不值得信赖和不负责任的人。他们对道德问题的敏感性通常被低估，这可能是因为市场被认为是一个私人领域。

此外，消费者道德上的权利缺失使得道德消费的主张变得不合理。从司法的角度看，如果消费者对生产历史信息的要求没有得到尊重，就很难要求对生产历史有"知情权"。这表明从政者和食物管理当局在这方面应该扮演重要的角色。当然，没有从政者的支持，道德消费仍将在利基市场①里存在，这样说并不过分。

在社会领域中，承认与"社会价值"（德语：soziale Wertschätzung）有关。社会价值是指个体的特定性格和行为，以及社会其他成员对其赞赏的程度。当一个人的性格或行为被社会其他成员认为是"有价值的"时候，这个人就被认为是有社会价值的。②

从这种承认中，个人获得了对社会有价值的体验，这种体验会给个人带来自尊。但是，由于缺乏对道德消费的承认，我们必须指出，要从道德消费中获得自尊目前几乎只是一种幻想。那些希望能自认为有道德和负责任的消费者很快就会意识到，他们在自欺欺人。因此，大多数消费者都试图放弃这种身份，而坚持充当传统的普通消费者的角色。

这听起来似乎不可思议，因为人们常说"消费者为王"，③那些选择忽视消费者的人在商业上没有立足之地。那么，道德消费者在何种意义上被忽视和不受尊重呢？道德消费者被忽视了，因为他们仅仅被视为效用最大化的个体。承认道德消费者是负责任的和有社会价值的，这将意味着应该向道德消费者提供关于食物生产历史的信息。我的意思是"提供"，因为普通消费者没有资格

①　利基市场，英文为 niche，即小众市场。——译者注

②　Axel Honneth, *Kampf um Anerkennung* (Frankfurt am Main: Suhrkamp, 1992), p.209.

③　即我们经常说的"顾客是上帝"。——译者注

找到这些信息，即使是在他们要求的极少数情况下也是如此。因此，生产者、零售商、从政者和食物管理当局有责任让消费者能够获取这些信息。拒绝提供有关生产历史的信息，或者不积极地提供，意味着"错误承认"了消费者采取道德立场的能力。

了解生产历史是消费者做出伦理判断的条件之一。希腊动词"histereo"的词源意思是：(1)通过探究学习；(2)叙述自己所学的知识。名词"histor"是荷马使用的，荷马认为历史学家是判断者。① 对于消费者来说，历史的视角是至关重要的，这样他们才能从伦理的角度来判断食物是怎样的。关于历史这个词的起源，阿伦特谈道："观众和演员之间的冲突。观众面前的景象——可以说，是为了他的判断而制定的——就是整个历史。"②如果摆在消费者面前的景象是生产历史，那么对历史的判断就使他们成为历史的一部分。可以说，判断把消费者带入了生产历史，并使他们成为部分的政治行动者。

把消费排除在政治参与之外，会阻碍消费者成为"积极的民众"的一部分。目前的市场结构在很大程度上是由政策制定者决定的，这种结构现在阻碍了消费者和民众的政治参与。自由主义对市场的主导方式是有限干预。传统和普遍的自由主义的程序是把各种政治和伦理问题留给不受监管的市场，其中包括动物福

---

① Hannah Arendt, *Lectures on Kant's Political Philosophy* (Chicago: The University of Chicago Press, 1982), p.5. 另见本书第二章关于"历史"一词的原始用法。

② Hannah Arendt, *Lectures on Kant's Political Philosophy* (Chicago: The University of Chicago Press, 1982), p.58.

利、公平贸易和生态可持续性。如果关注这些问题的生产者生产的食物在市场上无法销售,那么人们就会认为这些伦理问题没有得到公众的支持。在这里,市场倾向于利己的、效用的最大化这一点被人们遗忘了。如果我的邻居不这样做,我为什么要多付钱?人们也忘记了,产品上的信息,特别是产品之间的差异,并不是生产商自愿提供的。这使得消费者不可能看到产品之间的差异。任何一个支持自由市场的简单政策都会促进利己主义、竞争和斗争;同时,也会影响团结和道德关切。诚然,把某些东西留给市场是一个好主意。事实上,从参与性的角度看,许多民众经常去市场消费,消费作为他们日常生活的一部分,甚至产生了积极的影响。但在我看来,如果消费者不能同时获得合理和公正的信息,使他们能够做出知情和自主的选择,消费就不能产生积极影响。

消费者的自主性以希尔在本章第三节中所描述的个人自主的三个层面的承认(或认可)为前提:道德哲学、法理学和人的哲学。保护消费者的个人自主权,从确保其独立性的意义上讲,属于法律范畴。从道德哲学和主体观念的角度看,自主性观念的力量在于它能够保护民众和消费者自由的、反思性的判断和行为。在消费领域以知情选择的形式发展个人自主权是发展社会参与新形式的核心。尊重消费者自主权是促使消费者和民众参与社会事务的一个强有力的激励因素——不一定是参与传统政治活动,而是参与一般的社会生活活动。之所以如此,是因为尊重个人的自主权使他们有可能通过积极参与来有所作为。因此,一个独立自主的人,即一个有思想、有意愿和有行动能力的人的想法,首先有助于个人的自尊和自我理解的培养；其次，能促进社会参与。因此，在考虑消费时，尊重消费者的自主权可以促进消费者的自尊和自我理解。消费者不仅是市场上的代理人，而且有可能成为道德和政治的代理人。此外，自主权使一个人成为自己行为的主体，因此也与责任相联系。

消费道德是建立在通过消费为公共利益做出贡献的愿望之上的。这也是消费者政治参与的一种愿景，因此它在某种程度上与美国哲学家约翰·杜威（John Dewey, 1859—1952）关于自由民主的激进概念有关，例如杜威在《公众及其问题》①中谈到的。虽然杜威不认为消费是一个政治参与的领域，而且他认为相关的政治参与者只应该是民众而不是消费者，但他的观点仍然说明了承认有道德地消费是一个合法的政治领域，可能会产生的后果。他认为民主是一种反身性的社会合作形式。这一观点表明，集体解决问题为政治观点的形成提供了范例。对问题的成功解决建立在参与讨论和自由获取信息的行动者的合作之上。根据杜威的观点，民主参与是我们个人自由的一部分。但与此同时，这种参与构成了与他人的联系或关系。参与将社区中的人们联系在一起。对杜威来说，民主参与并不局限于政治领域，而是适用于广泛的社会领域，如工作场所。杜威认为，公众讨论将揭示共同利益，因为讨论具有教育意义，"使人们认识到存在共同利益"。② 在

---

① John Dewey, *The Public and Its Problems* (Athens: Swallow Press, 1954). 中译本见：约翰·杜威：《公众及其问题》，本书翻译组译，上海：复旦大学出版社，2015。

② John Dewey, *The Public and Its Problems* (Athens: Swallow Press, 1954), p.207.

我们的道德消费的具体案例中,遵循这样的论点是合理的,即消费者、零售商和生产者在动物福利等方面都有共同利益,但目前却没有一个公共领域可以表达和分享这种利益。市场的不透明性将市场参与者分隔开来。公开复述食物的生产历史将产生一种让这些议题容易进入公共讨论的氛围,市场参与者可以参与其中并发表他们的意见。这种公开复述食物生产历史活动的好处是,它与民众的日常生活紧密相连,因为我们都要吃饭。这样一来,政治参与就不会远离所涉事项。这些讨论的问题将与市民消费者密切相关,因为他们是通过"吃东西"来参与政治的。消费者的意见和判断很容易通过购物行为转化为政治行动。购物行为将允许意见交流,甚至允许分歧、冲突和态度上的差异,因为它可能会为不同生产历史的食物留出空间。因此,将生产历史公之于众,完全符合多元主义的思想,也符合杜威的实用主义思想。

如果让杜威来处理食物消费问题,我想他会强调消费者参与对食物生产历史的评价和判断方面的教育。从前几章我们谈到的对生产历史的解读的意义而言,这意味着道德的发展、自我的发展(或自我的转变)。杜威清楚地认识到,一般来说,平等的参与要求贫富差距不能太大。① 在西方国家,人们常说,"用钱投票"的想法使穷人不能参与政治,而有利于富人。穷人无法公正地评判食物生产历史。然而,我们看到,公正对于道德和自主的判断是重要的,因此对于选择也是重要的。穷人容易带有倾向,因为

---

① William R. Caspary, *Dewey on Democracy* (Ithaca: Cornell University Press, 2000), p.12.

他们首先必须确保自己不饿着肚子上床睡觉。可以说，由于他们总是只能买得起最便宜的食物，他们没有真正的选择权。这是一个严肃的观点，我不会反对合理地平等获得财富或公平分配的重要性。然而，我不认为这是一个可以用来抑制道德消费的论点。考虑到自 20 世纪 50 年代以来，许多西方国家的食物价格一直按比例不断下降，也可以说食物支出已经达到一个水平，大部分人实际上能够在食物上花更多的钱——如果他们有这样做的动机。在丹麦，学生倾向于购买的比传统食物更贵的有机食物，而且他们的购买量在所有社会群体中最大，就突出地说明了这一点。学生显然属于低收入的社会群体。

　　总之，承认消费者的道德意味着承认消费者对信息的程序性要求，不仅是关于配料，还包括食物生产实践的道德方面。这使消费者能够承认（或不承认）生产历史及参与其中的人。生产者也可以识别消费者和他们对产品历史信息的要求。通过知情选择，消费者能够承认生产者。或者正如本节的标题所说，生产历史的相关信息可以帮助我们识别消费者、识别生产者①。

　　于是，让消费者在非视觉的意义上变得"可见"非常重要，即通过生产历史的传播，使消费者得到生产者和零售商的承认。生产者也可以通过向消费者讲述生产历史而使他们变得"可见"。在这两种情况下，生产者承认消费者的伦理身份，同时道德消费者承认生产者的社会合法性和生产实践，以及生产历史或生产过

---

　　① 识别消费者，是指能识别消费者是否有道德诉求、道德水平如何；识别生产者，指的是能识别出哪些生产者会遵循道德的要求生产食物。——译者注

程的透明度是确保构建消费者和生产者可能相互承认的框架的
手段。

然而，认知并不会自动导致承认。让生产者能被认知或"可
见"，即让消费者了解产品的生产历史或可追溯性，是没办法自动
保证生产者和零售商得到消费者的承认的。负面的反应可能有
两种方式：首先，消费者不认同食物生产历史；其次，消费者选择
忽略食物生产历史，进而从道德的角度忽视符合社会合法性的生
产者和食物生产实践。

社会实际或目前放松的管制和市场导向，为商业界提出关于
向消费者提供信息的新倡议铺平了道路。有生动的例子说明，从
政者和当局的承诺如何对消费者成功接受与承认生产者和生产
实践产生重大影响，例如有机产品标签。只要在引导社会（大众）
接受道德意见方面，以及在尊重人、社会、自然和环境方面能够维
持一种政治利益，政治行动就是关键的工具。

在某种意义上，消费已成为社会内部的一种社会实验，一种
表达意见的新方式，而且有足够的理由挑战现有的制度和参与形
式。因此，在追求民主的过程中，消费有利有弊。

对于现金拥有权等于投票权的政治消费社会，普遍存在的批
评是，富人拥有最大的影响力，而穷人被剥夺了民主上的影响力。
这是一个强有力但草率的结论，因为我们必须考虑道德消费的最
终目的是什么。把道德消费作为政治的替代品，也许要求太多
了。但要保持社会的活力，道德消费是一个强有力的工具，因为
我们每天都在买东西。而我们必须质疑的是，政治和道德消费的
可能性是否将造成比目前更大的贫富差距。相反地，我想说，人

们可以期待迥然不同的结果。事实上，我们不知道如果消费道德对消费者来说真的可能实现的话会发生什么。消费者政治中的消费者，即那些希望政治性地购物的人当然存在，但目前他们还没有任何意义，因为他们没有被赋予任何社会价值（他们的政治力量还没有完全突显出来）。我们需要更加认真地对待来自有道德和政治诉求的消费者的挑战。从政治的角度来看，消费者本身是没有价值的，因为必须有人向消费者提供必要的信息（这样消费者的政治倾向和力量才能发挥作用）。消费者的道德诉求应该被视为一个值得我们欢迎的挑战，因为它迫使我们反思个人在社会中扮演的角色——无论是作为民众，还是作为消费者。

参考文献

1. ACCUM F. Culinary chemistry[M]. London:R. Ackermann, 1821.

2. ALLEN J. The place of negative morality in political theory[J]. Political theory, 2001, 29(3):337-363.

3. ALLISON H. Kant's theory of taste. a reading of the critique of aesthetic judgment[M]. Cambridge:Cambridge University Press, 2001.

4. ARENDT H. What is existenz philosophy? [J]. Partisan review, 1946, XIII(1):34-56.

5. ARENDT H. On violence [M]. New York: Harcourt Brace Jovanovich, 1969.

6. ARENDT H. Lectures on Kant's political philosophy[M]. Chicago:The University of Chicago Press, 1982.

7. ARISTOTELES. The complete works of Aristotle[M]. Wat Sussex:Princeton University Press, 1984.

8. BACHELARD G. The philosophy of no[M]. New York:The Orion Press, 1968.

9. BACHELARD G. The new scientific spirit [M]. Boston: Beacon Press, 1984.

10. BARANZKE H, GOTTWALD F T, INGENSIEP H W. Leben, töten, essen. anthropologische dimensionen (Living, killing, eating) [M]. Stuttgart: Hirzel, 2000.

11. BAUDRILLARD J. The consumer society[M]. London:Sage Publica-

tions, 1998.

12. BECKETT J V. The agricultural revolution[M]. Oxford:Basil Blackwell Ltd, 1990.

13. BENTON D. Food for thought[M]. London:Penguin Books, 1996.

14. BERGSON H. Creative evolution [M]. New York: Holt and Company, 1911.

15. BÖHME H. Transsubstantiation und symbolisches mahl. die mysterien des essens und naturphilosophie (Transsubstantiation and the symbolic meal. the mysteries of eating and the philosophy of nature)[R]// Zum naturbegriff der gegenwart. Kongreßdokumentation zum projekt "natur im kopf" Stuttgart, 21-26 June 1993, Stuttgart, 1994:139-158.

16. BONDE N, HOFFMEYER J, STANGERUP H (eds.). Naturens historiefortœllere (Nature's storytellers) Vol. 1 [M]. København: Gads Forlag, 1985.

17. BORGES J L. Other inquisitions, 1937—1952[M]. New York:Washington Square Press, 1966. Original: Otras inquisiciones. Buenos Aires: Emecé, 1960.

18. BOURDIEU P. Distinction. a social critique of the judgement of taste [M]. New York:Routledge, 1986.

19. BRECHT B. The threepenny opera[M]. London: Methuen Modern Plays, 1979.

20. BRILLAT-SAVARIN J A. The physiology of taste[M]. Washington: Counterpoint, 1949.

21. BROCK W H. Justus von liebig. the chemical gatekeeper[M]. Cambridge:Cambridge University Press, 1997.

22. CANGUILHEM G. La connaissance de la vie (Knowledge of life) [M]. Paris: Librairie Philosophique J. Vrin, 1952.

23. CANGUILHEM G. Etudes d'histoire et de philosophie des sciences (Essays on the history and philosophy of the life sciences) [M]. Paris: Librairie Philosophique J. Vrin, 1968.

24. CASPARY W R. Dewey on democracy [M]. Ithaca: Cornell University Press, 2000.

25. CASTORIADIS C. World in fragments [M]. Redwood: Stanford University Press, 1997.

26. CERTEAU M. L'écriture de l'histoire (The writing of history) [M]. Paris: Gallimard, 1975.

27. CHATWIN B. The songlines [M]. London: Jonathan Cape, 1987.

28. COFF C, CHRISTIANSEN L W, MIKKELSEN E. Forbrugere, etik og sporbarhed (Consumers, ethics and traceability) [R]. Report from a survey conducted by Centre for Ethics and Law and The Danish Consumers Co-operative Society (FDB), 2005.

29. CROCKER D, LINDEN T. Ethics of consumption. the good life, justice and global stewardship [M]. Lanham: Rowman & Littelfield Publishers, 1998.

30. CURTIS N. Against autonomy. lyotard, judgement and action [M]. Aldershot: Ashgate, 2001.

31. DARWIN C. The origin of species [M]. London: Penguin Books, 1859. Reprinted in 1985.

32. DESCARTES R. Discourse on method [M]. Indianapolis: Hackett Publishing Company, 1993.

33. DESCARTES R. Meditations on first philosophy [M]. Indianapolis:

Hackett Publishing Company, 1993.

34. DEWEY J. The public and its problems [M]. Athens: Swallow Press, 1954.

35. DOUGLAS M. Purity and danger. an analysis of concepts of pollution and taboo[M]. London: Routledge, 1966.

36. DOUGLAS M. Thought styles[M]. London: Sage Publications, 1996.

37. DYRBERG T B. The circular structure of power. politics, identity, community[M]. London: Verso, 1997.

38. ELIAS N. The civilizing process[M]. Oxford: Blackwell Publishing, 2000.

39. FAIRCLOUGH N. Language and power[M]. London: Longman, 1989.

40. FARB P, ARMELAGOS G. Consuming passions. the anthropology of eating[M]. Boston: Houghton Mifflin Company, 1980.

41. ARMESTO F F. Truth. a history and a guide for the perplexed[M]. New York: Transworld Publishers, 1997.

42. FERRY L. The new ecological order[M]. Chicago: The University of Chicago Press, 1995.

43. FEUERBACH L. Die naturwissenschaft und die revolution [M]// Sämtliche Werke B.X. Kleinere Schriften III (1846—1850). Stuttgart: Frommann, 1982: 347-368.

44. FOUCAULT M. The order of things. (1966) [M]. London: Routledge, 1970.

45. FOUCAULT M. The history of sexuality. Vol. 1 [M]. New York: Vintage Books, 1978. Original title: Histoire de la sexualité, I. La volonté de savoir.

46. FOUCAULT M. The history of sexuality. Vol. 2 [M]. New York: Vintage Books, 1985. Original title: Histoire de la sexualité, II. L'usage des plaisirs.

47. FREUCHEN P. Book of the Eskimos[M]. Cleveland: The World Publishing Company, 1961.

48. GADAMER H G. Truth and method[M]. 2rd edition. London: Sheed & Ward, 1975.

49. GIDDENS A. The consequences of modernity[M]. Cambridge: Polity Press, 1990.

50. GOFTEN L. Bread to biotechnology; cultural aspects of food ethics [M]// MEPHAM B. Food Ethics. London: Routledge, 1996.

51. GRIGG D. Agricultural trade and agricultural systems; changes in the types of farming c. 1850—1930 [M]// Agriculture in the industrial state. University of Reading: Rural History Centre, 1995.

52. REYNIÈRE G, LAURENT A B. Almanach des gourmands. huitième année (Almanac of gourmets)[M]. Paris: Le petit Mercure, 2003.

53. GRONOW J, WARDE A. Ordinary consumption[M]. London: Routledge, 2001.

54. HEIDEGGER M. Being and time [M]. New York: Harper and Row, 1962.

55. HILL T E. Autonomy and self-respect[M]. Cambridge: Cambridge University Press, 1991.

56. HOFFMEYER J. Signs of meaning in the universe[M]. Bloomington: Indiana University Press, 1998.

57. HØJRUP T. Det glemte folk (The forgotten people)[M]. København: Statens Byggeforskningsinstitut, 1983.

58. HOLDERNESS B A. Apropos the third agricultural revolution. how productive was British agriculture in the long boom, 1954—1973? [M]// Agri-

culture and industrialization. Oxford: Blackwell Publishers, 1996.

59. HONNETH A. Kampf um anerkennung. zur moralischen grammatik sozialer konflikte (The struggle for recognition. the moral grammar of social conflicts) [M]. Frankfurt am Main: Suhrkamp, 1992.

60. HONNETH A. The fragmented world of the social: essays in social and political philosophy[M]. New York: State University of New York Press, 1995.

61. HONNETH A. Invisibility. on the epistemology of "recognition"[J]// The aristotelian society, supplementary, Vol. LXXV, 2001: 111-126.

62. HORKHEIMER M, ADORNO T W. Dialektik der aufklärung (Dialectic of enlightenment)[M]. Frankfurt am Main: Fischer, 1947.

63. HORSDAL M. Livets fortœllinger — en bog om livshistorier og identitet (Stories of life — a book about lifestories and identity) [M]. København: Borgen, 1999.

64. ISAGER S, SKYDSGAARD J E. Ancient greek agriculture[M]. London: Routledge, 1992.

65. JACOB F. The logic of life. a history of heredity[M]. New York: Pantheon Books, 1974. Translated from La logique du vivant. Une histoire de l'hérédité. Paris: Gallimard, 1970.

66. JENSEN H J W. Diffusionen af ny teknologi på bondebrug i Danmark 1800—1915 (The diffusion of new technology in agriculture in Denmark 1800—1915)[D]. Copenhagen: Ph.D. dissertation, 1998.

67. JOHANNSEN W. Elemente der exakten erblichkeitslehre (The elements of an exact theory ofheredity)[M]. Jena: Gustav Fischer, 1909.

68. JONAS H. The phenomenon of life. toward a philosophical biology [M]. New York: Delta, 1966.

69. JONAS H. The imperative of responsibility [M]. Chicago: The University of Chicago Press, 1984. Translation of Das Prinzip Verantwortung. Frankfurt am Main: Suhrkamp, 1979.

70. JONAS H. Das prinzip leben (The principle of life)[M]. Frankfurt am Main: Suhrkamp, 1997.

71. JØRGENSEN S E. Integration of ecosystem theories: a pattern [M]. Dordrecht: Kluwer Academic Publishers, 1992. Revised edition 1997.

72. KANT I. The critique of judgement [M]. Oxford: Oxford University Press, 1952.

73. KANT. First introduction to the critique of judgment[M]. Indianapolis: The Library of Liberal Arts, 1965.

74. KARAFYLLIS N C. Renewable resources and the idea of nature — what has biotechnology got to do with it? [J]. Journal of agricultural and environmental ethics, 2003(16):3-28.

75. KAY J, Schneider E D. Thermodynamics and measures of ecological integrity[M]// Proceedings of ecological indicators. Amsterdam: Elsevier, 1992: 159-182.

76. KEMP P. L' irremplaçable. une éthique de la technologie (The irreplaceable. an ethics of technology)[M]. Paris: Les Éditions du Cerf, 1997.

77. KEMP P. Tid og fortœlling. introduktion til Paul Ricœur (Time and narrative. an introduction to Paul Ricœur)[M]. Århus: Aarhus Universitetsforlag, 1999.

78. KEMP P. Four ethical principles in Biolaw[M]//Bioethics and biolaw. Copenhagen: Rhodos, 2000.

79. KEMP P. Praktisk visdom. om Paul Ricœurs etik (Practical wisdom. on the ethics of Paul Ricœur)[M]. København: Forum, 2001.

80. KETTLITZ B. Consumer perception of food risk and consumer trust [C]//Food safety, food quality and food ethics. 2001.

81. KJÆRGAARD T. Den danske revolution 1500—1800 (The Danish revolution 1500—1800)[M]. København: Gyldendal, 1991.

82. KORTHALS M. Taking consumers seriously. two concepts of consumer sovereignty[J]. Journal of agricultural and environmental ethics, 2001 (14): 201-215.

83. KORTHALS M. Before dinner. Philosophy and ethics of food[M]. Dordrecht: Springer, 2004.

84. KOSELLECK R. Futures past. on the semantics of historical time[M]. Cambridge: MIT Press, 1985.

85. LAVOISIER A L. Traité élémentaire de chimie[M]. Paris, 1793.

86. LEES M. Food authenticity and traceability[M]. Cambridge: Woodhead Publishing Limited, 2003.

87. LÉVINAS E. Totality and infinity[M]. The Hague: Martinus Nijhoff Publishers, 1979.

88. LÉVINAS E. La trace de l'autre (The trace of the other)[M]// En découvrant l'existence avec Husserl et Heidegger. Paris: Vrin, 1963.

89. LAKOFF G. Women, fire and dangerous things. What categories reveal about the mind[M]. Chicago: The University of Chicago Press, 1987.

90. LINNÉ C. Systema naturae[M]. Leiden: Lugduni Batavorum, 1756.

91. LUHMANN N. Trust. a mechanism for the reduction of social complexity[M]. Chichester: John Wiley & Sons, 1979.

92. LUKES S. Power: a radical view[M]. London: Macmillan Press, 1974.

93. LUPTON D. Food, the body and the self[M]. London: Sage Publica-

tions, 1996.

94. MACINTYRE A. After virtue [M]. 2rd edition. London: Duckworth, 1981.

95. MALTHUS T R. An essay on the principle of population [M]. New York: Cambridge University Press, 1989.

96. MARTIN L H, GUTMAN H, HUTTON P H. Technologies of the self. a seminar with Michel Foucault [M]. Amherst: The University of Massachusetts Press, 1988.

97. MARX K. Capital. Vol. One [M]. 1887.

98. MELLEMGAARD S. Kroppens natur. sundhedsoplysning og naturidealer i 250 år (The nature of the body) [M]. København: Museum Tusculanums Forlag, 1998.

99. MEPHAM B. Food ethics [M]. London: Routledge, 1996.

100. PONTY M M. Phenomenology of perception [M]. London: Routledge, 1989.

101. MEYER R, SAUTER A. Bedürfnis-und konfliktfeld ernährung: handlungsfelder für die politik [R]. Büro für Technikfolgen-abschätzung beim Deutschen Bundestag, Brief Nr. 20 June 2001.

102. MICHAELSEN K F. Probiotika —akterier, der fremmer sundheden. (Probiotics — acteria promoting health) [J]. Naturens verden, 2002/2003.

103. MISZTAL B A. Trust in modern societies [M]. Cambridge: Polity Press, 1996.

104. MITTELSTRAß J. Enzyklopädie philosophie und wissenschaftstheorie (Encyclopaedia of philosophy and philosophy of science) [M]. Stuttgart: J. B. Metzler Verlag, 1996.

105. MOBERG H. Jordbruksmekaniseringen i Sverige under tre sekel (Mechanization of Swedish agriculture over three centuries)[M]. Stockholm: Skogs-och Lantbruksakademien, 1989.

106. MOHR H. Natur und moral. ethik in der biologie (Nature and morality. ethics in biology)[M]. Darmstadt: Wissenschaftliche Buchgesellschaft, 1987.

107. MOORE G E. Principia ethica[M]. Cambridge: Cambridge University Press, 1903.

108. NERHEIM H. Estetisk rasjonalitet. en analyse av konstitusjonsbegrepet i Kants Kritik der Urtheilskraft (Aesthetic Rationality. an analysis of the concept of "constitution" in Kant's critique of judgement)[M]. Oslo: Solum Forlag, 1991.

109. NIETZSCHE F. The gay science [M]. New York: Vintage Books, 1974.

110. NIETZSCHE F. Twilight of the idols, or, how to philosophize with a hammer[M]. Oxford: Oxford University Press, 1998.

111. NIETZSCHE F. On the genealogy of morality [M]. Indianapolis: Hackett Publishing Company, 1998.

112. Nordic Council of Ministries. Safety assessment of novel food plants. Chemical analytical approaches to the establishment of substantial equivalence[R]. Copenhagen: Nordic Council of Ministries, 1998.

113. Nordisk Ministerråd. Forbrugernes fornemmelse for etik (Consumers' sense of ethics)[R]. København: 2001:583.

114. Nordic Council of Ministers. Food labelling: Nordic consumers' proposals for improvements[R]. Copenhagen: TemaNord, 2001:573.

115. TIERNEY E O. We eat each other's food to nourish our body. the global and the local as mutually constituent forces [M]// GREW R. Food in

global history. Boulder:Westview Press, 1999:240–272.

116. O'NEILL O. Autonomy and trust in bioethics[M]. Cambridge:Cambridge University Press, 2002.

117. ONFRAY M. Le ventre des philosophes. critique de la raison diététique (The stomach of philosophers)[M]. Paris:Grasset, 1989.

118. ONFRAY M. La raison gourmande. philosophie du goût. (The reasoning of gourmands. the philosophy of taste)[M]. Paris:Grasset, 1995.

119. OSWALD J. The cry of nature or, an appeal to mercy and to justice, on behalf of the persecuted animals[M]// GREW R. Radical food. the culture and politics of eating and drinking 1790—1820. London:Routledge, 2000:143–170.

120. OVERTON M. Agricultural revolution in England[M]. Cambridge:Cambridge University Press, 1996.

121. PEDROT P. Traçabilité et responsabilité (Traceability and responsibility)[M]. Paris:Economica, 2003.

122. PROUST M. In search of lost time. vol. one, swann's way.[M]. Translated by MONCRIEFF C K S, KILMARTIN T. Revised by Enright D J. New York:Modern Library, 1992.

123. RAINE K. William Blake — prophet of imagination[J]. Resurgence, 2001, 204:6–9.

124. RICŒUR P. Time and narrative. Vols I–III. (1983—1985)[M]. Chicago:The University of Chicago Press, 1984—1988.

125. RICŒUR P. From text to action. essays in hermeneutics, II[M]. Illinois:Northwestern University Press, 1991.

126. RICŒUR P. Oneself as another[M]. Chicago:The University of Chicago Press, 1992.

127. RILKE R M. Worpswede. monographie einer landschaft und ihrer maler[M]. Bremen：Carl Schünemann Verlag, 1987.

128. ROCHE D. Histoire des choses banales. naissance de la consommation XVIIe—XIXe siècle (The story of everyday items. the birth of consumption 1600—1800)[M]. France：Fayard, 1997.

129. ROOS J. Recollections[M]. Copenhagen：Net-Bog-Klubben, 1998.

130. ROUSSEAU J J. Emile or on education [M]. London：Penguin Books, 1979.

131. EXUPÉRY A S. The wisdom of the sands [M]. Chicago：The University of Chicago Press, 1979.

132. SASSATELLI R. Tamed hedonism：choice, desires and deviant pleasures[M]//GRONCOW J, WARDE A. Ordinary consumption. New York：Routledge, 2001.

133. SCHATTSCHNEIDER E E. The semi-sovereign people：a realist's view of democracy in america[M]. New York：Holt, Rinehart & Winston, 1960.

134. SCHMIDT A. The concept of nature in Marx [M]. London：NLB, 1972.

135. SCHMIDT L H. Viljen til orden (The will to order)[M]. Århus：Modtryk, 1988.

136. SCHMIDT L H. Smagens analytik (Analytics of taste)[M]. Århus：Modtryk, 1991.

137. SEEL M. Eine ästhetik der natur (Nature's aesthethics)[M]. Frankfurt am Main：Suhrkamp, 1991.

138. SIMMEL G. Sociology of the meal [M]// FRISBY D, FEATHERSTO-NE M. Simmel on culture. selected writings. London：Sage Pub-

lications, 1997:130-135.

139. SMITH L J. The psychology of food and eating[M]. Hampshire: Palgrave, 2002.

140. STERELNY K, GRIFFITHS P. Sex and death. an introduction to philosophy of biology[M]. Chicago: The University of Chicago Press, 1999.

141. TAYLOR C. The ethics of authenticity[M]. Cambridge: Harvard University Press, 1991.

142. THOMPSON M. The development of the agricultural substructure [M]// Agriculture in the industrial state. University of Reading: Rural History Centre, 1995.

143. THOMPSON P B. Food biotechnology in ethical perspective [M]. London: Blackie Academic & Professional, 1997.

144. THOREAU H D. Walking[J]. The Atlantic monthly, 1862, 9(56): 657-674.

145. THORPE I J. The origins of agriculture in Europe[M]. London: Routledge, 1996.

146. PLOEG J D V. The reconstitution of locality. Technology and labour in modern agriculture[M]// Labour and locality; uneven development and rural labour process. London: David Fulton, 1992:19-43.

147. VIEIRA E. Elementary food science[M]. 4th edition. New York: Chapman and Hall, 1996.

148. WARDE A. Consumption, food and taste. Culinary antinomies and commodity culture[M]. London: Sage Publications, 1997.

149. WHO. Strategies for assessing the safety of foods produced by biotechnology: report of a joint FAO/WHO consultation[R]. Geneva: WHO, 1991.

150. ZWART H. A short history of food ethics[J]. Journal of agricultural and environmental ethics, 1999(12):113-126.

中文版致谢

　　首先非常感谢广西师范大学马克思主义学院的领导班子对本书翻译工作的支持。学院为本书的出版提供了全部的经费支持。

　　非常感谢广西大学马克思主义学院的杨通进教授为本书审阅付出的艰辛劳动,对本书一些伦理学专用名词的翻译提出了中肯的建议。非常感谢谢玮璐、夏诗婷对本书的校对。非常感谢胡翌霖、刘胜利、张东林三位学者对本书关于自然史、现象学方面内容的翻译建议。